Langenscheidt
Sprachführer

Griechisch

Für alle wichtigen Situationen auf der Reise

Langenscheidt

Vorwort

Liebe Leserin, lieber Leser,

Sie reisen nach Griechenland und freuen sich darauf, das Land und seine Kultur näher kennenzulernen? Eines ist jedenfalls gewiss: Wenn Sie die Landessprache sprechen, kommen Sie den Menschen vor Ort auf jeden Fall näher und werden eine erlebnisreiche Reise genießen. Damit Ihnen das gelingt, finden Sie in unserem Sprachführer perfekt auf die Reise abgestimmtes Vokabular und vorformulierte Sätze für jede Situation.

Ob Sie nun ins Restaurant gehen möchten oder eine Reifenpanne haben: In den neun thematischen Kapiteln finden Sie immer den passenden Ausdruck. Und wenn es mal schnell gehen muss, schlagen Sie einfach in unserem alphabetischen Wörterbuchteil nach. Auch die Aussprache werden Sie im Nu beherrschen, denn die vereinfachte Lautschrift zu jedem griechischen Wort lässt sich problemlos ablesen. Und für die ganz spontanen Begegnungen sorgen die praktischen Klappen vorne und hinten im Buch dafür, dass die wichtigsten Ausdrücke immer griffbereit sind.

Sicherheit in der Sprache, Sicherheit im Umgang: Unser Sonderteil mit Top Tipps zu Land und Leuten hilft Ihnen dabei, Fettnäpfchen zu vermeiden und erleichtert die Kommunikation mit den Einheimischen. Durch die wertvollen Einblicke in die griechischen Verhaltensregeln, Sitten und Gepflogenheiten beherrschen Sie auch die nonverbale Kommunikation perfekt und treten immer souverän auf.

Genießen Sie Griechenland mit Ihrem Langenscheidt Sprachführer!

Wir wünschen Ihnen eine schöne und eindrucksvolle Reise.

Ihre Langenscheidt Redaktion

Inhalt

Essen & Trinken 85

Unterwegs in der Stadt 117

Einkaufen 135

Aktivitäten 165

Ernstfall 193

Zeit & Wetter 217

Abkürzungen:

adv	Adverb
f	weiblich
m	männlich
n	sächlich
pl	Plural
unv	unveränderlich

Bei Auslassungspunkten können Sie das einsetzen, was Sie gerade sagen möchten. Ergänzungen finden Sie in der Liste „Weitere Wörter" zu jedem Abschnitt oder Kapitel.

Wo bekomme ich ... ?	Πού θα βρω ...; pu tha wro ...?

Um Ihnen die Aussprache zu erleichtern, sind alle griechischen Sätze und Wörter zusätzlich in vereinfachter Lautschrift angegeben.

Wenn es mehrere Möglichkeiten gibt, einen Satz fortzuführen, stehen die möglichen Ergänzungen unter dem Satz. Setzen Sie die passende Ergänzung in die Lücke mit den drei Punkten ein.

Können Sie mir ... empfehlen?	Μπορείτε να μου προτείνετε ... boríte na mu protínete ...
... ein preiswertes Hotel	... ένα φτηνό ξενοδοχείο; ... éna ftinó kßenodhochío?
... eine Pension	... μία πανσιόν; ... mía panßión?
Woher kommen Sie | kommst du ?	Από πού είστε | είσαι ? apó pu íßte | íße ?

Manchmal sind in einem Satz die du- und Sie-Form angegeben. Die Varianten sind unterstrichen und mit einem Strich getrennt. Sie müssen den Satz entsprechend auflösen, je nachdem, was Sie sagen wollen: entweder Από πού είστε apó pu íßte oder Από πού είσαι apó pu íße.

Ich bin sehr zufrieden!	Είμαι πολύ ♂ ευχαριστημένος / ♀ ευχαριστημένη! íme polí ♂ efcharißtiménoß / ♀ efcharißtiméni!

Wenn es unterschiedliche Formen je nach Geschlecht der Person gibt, ist die männliche Form mit ♂ und die weibliche mit ♀ markiert. Als Mann sagen Sie also Είμαι πολύ ευχαριστημένος! und als Frau Είμαι πολύ ευχαριστημένη! In der Grammatik und im Reisewörterbuch verwenden wir dagegen die Abkürzung *m* für männlich und *f* für weiblich.

Wo ist die Touristeninformation?	Πού είναι το Γραφείο Τουρισμού; pu íne to ghrafío turißmú?

Das könnten Sie hören:

◂Τον πρώτο δρόμο δεξιά.
ton próto dhrómo dhekßjá.

Die erste Straße rechts.

Sätze, die Sie nicht selber sagen werden, die man aber vielleicht zu Ihnen sagt, haben wir in umgekehrter Sprachrichtung (also links Griechisch, rechts Deutsch) aufgenommen. Sie sind mit der Überschrift „Das könnten Sie hören:" versehen und mit Pfeilen gekennzeichnet.

Welches Material ist das? *▸Stoffe, S. 150*	Τι υλικό είναι αυτό; ti ilikó íne aftó?

Verweis auf andere Kapitel, in denen Sie weitere Wörter und Sätze finden.

Artikel

Die Artikel werden im Griechischen mitdekliniert, in dieser Übersicht wird jedoch nur die Nominativform angegeben. In den Sätzen finden Sie bisweilen auch deklinierte Formen.

Der bestimmte Artikel

	Singular		
	Maskulinum	Femininum	Neutrum
Nominativ	ο	η	το
	der	die	das

	Plural		
	Maskulinum	Femininum	Neutrum
Nominativ	οι	οι	τα
	die	die	die

Der bestimmte Artikel wird im Griechischen fast immer gesetzt, auch bei Personen-, Länder- und Städtenamen: ο Μιχάλης Michael, η Γερμανία Deutschland, η Αθήνα Athen.

Der unbestimmte Artikel

Genauso wie im Deutschen gibt es keinen unbestimmten Artikel im Plural.

	maskulin	feminin	Neutrum
Nominativ	ένας	μία	ένα
	ein	eine	ein

Substantive

Im Griechischen gibt es die Fälle Nominativ, Genitiv, Akkusativ und Vokativ (Anredefall). Der Vokativ unterscheidet sich nur im Singular der Maskulina auf -ος vom Akkusativ.

Die wichtigsten Deklinationstypen

Maskulinum

	-ος	-ας	-ης
Nominativ Singular	γιατρ -ός Arzt	άντρ -ας Mann	προφήτ -ης Prophet
Genitiv	γιατρ -ού	άντρ -α	προφήτ -η
Akkusativ	γιατρ -ό	άντρ -α	προφήτ -η
Vokativ	γιατρ -έ!	άντρ -α!	προφήτ -η!
Nominativ Plural	γιατρ -οί	άντρ -ες	προφήτ -ες
Genitiv	γιατρ -ών	αντρ -ών	προφητ -ών
Akkusativ	γιατρ -ούς	άντρ -ες	προφήτ -ες
Vokativ	γιατρ -οί!	άντρ -ες!	προφήτ -ες!

Ausnahme im Vokativ (Anredefall): auf der vorletzten Silbe betonte Eigennamen auf -ος bilden den Vokativ auf -ο, z. B. Νίκο!

Femininum

	-η	-ση	-α
Nominativ Singular	νίκ -η Sieg	παύσ -η Pause	γλώσσ -α Sprache
Genitiv	νίκ -ης	παύσ -ης	γλώσσ -ας
Akkusativ	νίκ -η	παύσ -η	γλώσσ -α
Nominativ Plural	νίκ -ες	παύσ -εις	γλώσσ -ες
Genitiv	νικ -ών	παύσ -εων	γλωσσ -ών
Akkusativ	νίκ -ες	παύσ -εις	γλώσσ -ες

Neutrum

	-ο	-ι	-μα
Nominativ Singular	νερ -ό Wasser	ψάρ -ι Fisch	γράμ -μα Brief
Genitiv	νερ -ού	ψαρ -ιού	γράμ -ματος
Akkusativ	νερ -ό	ψάρ -ι	γράμ -μα
Nominativ Plural	νερ -ά	ψάρ -ια	γράμ -ματα
Genitiv	νερ -ών	ψαρ -ιών	γραμ -μάτων
Akkusativ	νερ -ά	ψάρ -ια	γράμ -ματα

Bei den Neutra sind die Formen von Nominativ und Akkusativ immer identisch.

Der Dativ

Das griechische Äquivalent zum deutschen Dativ wird gebildet, indem man ein σ vor den Akkusativartikel setzt, z. B. στον άντρα (dem Mann). Dieses σ stammt übrigens von der Präposition σε ab, die in, an, auf bedeutet. Deswegen hat der Dativ oft eine örtliche Funktion, z. B. στον τοίχο (an der Wand).

Adjektiv und Adverb

Das Adjektiv

Das Adjektiv richtet sich in der Form nach dem Substantiv, zu dem es gehört. Die meisten griechischen Adjektive haben die Endung -ος für Maskulinum, -η für Femininum und -ο für Neutrum, z. B. καλός, καλή, καλό gut. Sie werden mit denselben Endungen wie die Substantive dekliniert. Die Adjektive stehen meist vor dem Substantiv.
In den Wortlisten und im Reisewörterbuch finden Sie Adjektive nur mit der maskulinen Endung -ος.

Endet der Stamm eines Adjektivs auf einen Vokal, bekommt es im Femininum die Endung -α, z. B. ωραίος → ωραία schön. Dekliniert wird es dann wie die Feminina auf -α.

Das Adverb

Die Adjektive auf -ος, -η/-α, -ο bilden das Adverb mit der Endung -α:

καλός	→	καλά	gut
ωραίος	→	ωραία	schön

Wichtige Ausnahme: λίγος → λίγο wenig.

Die Pronomen

Personalpronomen

Es gibt im Griechischen betonte und unbetonte Personalpronomen. Da im Griechischen die Verbform durch ihre Endung eindeutig die handelnden Personen ausdrückt, werden im Nominativ eigentlich keine Personalpronomen benötigt. Wenn man jedoch einen Sachverhalt wirklich betonen möchte, werden zur Verstärkung die betonten Personalpronomen gebraucht: Εγώ είμαι. Ich bin's.

	Singular		Plural	
Nominativ	εγώ	ich	εμείς	wir
	εσύ	du	εσείς	ihr
	αυτός	er	αυτοί	sie *m*
	αυτή	sie	αυτές	sie *f*
	αυτό	es	αυτά	sie *n*

Possessivpronomen

	Singular		Plural	
1. Person	μου	mein	μας	unser
2. Person	σου	dein	σας	euer
3. Person	του	sein *m*	τους	ihr
	της	ihr *f*		
	του	sein *n*		

Die Possessivpronomen werden nachgestellt und bleiben unverändert:

Ο άντρας μου είναι εδώ. Mein Mann ist hier.
Βλέπω τον άντρα μου. Ich sehe meinen Mann.

Fragepronomen

	maskulin	feminin	Neutrum
Nominativ Singular	ποιος	ποια	ποιο
Nominativ Plural	ποιοι	ποιες	ποια

Das Fragepronomen ποιος (wer) hat unterschiedliche Formen für die Geschlechter und für Singular und Plural. In Verbindung mit einem Substantiv bedeutet ποιος, ποια, ποιο welcher, welche, welches.

Demonstrativpronomen

Das wichtigste Demonstrativpronomen ist αυτός, αυτή, αυτό (dieser, diese, dieses). Es wird dem Substantiv vorangestellt, der bestimmte Artikel folgt ihm:

αυτός ο άντρας — dieser Mann

Verben

Im Neugriechischen gibt es keinen Infinitiv. An seiner Stelle wird die 1. Person Indikativ Präsens verwendet. Wir geben in diesem Grammatiküberblick nur die Präsensform an, da Sie diese am häufigsten brauchen werden.

Die griechischen Verben haben zwei Stämme. Mit den Formen von Stamm I drückt man Dauer und Wiederholung einer Handlung aus, mit den Formen von Stamm II eine einmalige, dann abgeschlossene Handlung.

Θέλω να φτάν-ω — Ich will (immer wieder, ständig) ankommen.

Θέλω να φτάσ-ω — Ich will (einmal) ankommen.

Da Stamm II vor allem für das Futur und die Vergangenheitsformen eine Rolle spielt, ist er hier nicht weiter angegeben. Auch im Reisewörterbuch und in den Wortlisten sind die griechischen Verben mit Stamm I dargestellt.

Verben auf -ω

φτάν-ω	Singular		
ankommen	1. Pers.	2. Pers.	3. Pers.
Stamm I Präsens	φτάν-ω	φταν- φτάν-εις	φτάν-ει
	Plural		
	1. Pers.	2. Pers.	3. Pers.
Stamm I Präsens	φτάν-ουμε	φταν- φτάν-ετε	φτάν-ουν

Verben auf -άω, -ώ

αγαπά-ω	Singular		
lieben	1. Pers.	2. Pers.	3. Pers.
Stamm I Präsens	αγαπ-άω	αγαπ αγαπ-άς	αγαπ-άει
	Plural		
	1. Pers.	2. Pers.	3. Pers.
Stamm I Präsens	αγαπ-άμε	αγαπ- αγαπ-άτε	αγαπ-άνε

κιν-ώ bewegen	Singular		
	1. Pers.	2. Pers.	3. Pers.
Stamm I Präsens	κιν-ώ	κιν- κιν-είς	κιν-εί
	Plural		
	1. Pers.	2. Pers.	3. Pers.
Stamm I Präsens	κιν-ούμε	κιν- κιν-είτε	κιν-ούν

Die Hilfsverben είμαι (sein) und έχω (haben)

είμαι	1. Pers.	2. Pers.	3. Pers.
Singular Präsens	είμαι	είσαι	είναι
Plural Präsens	είμαστε	είστε	είναι

έχω	1.Pers.	2. Pers.	3. Pers.
Singular Präsens	έχ-ω	έχ-εις	έχ-ει
Plural Präsens	έχ-ουμε	έχ-ετε	έχ-ουν

Die Verneinung

Mit δεν

Die Verneinung eines Verbs im Präsens wird mit δε(ν) gebildet:

Δεν έρχεται. Er kommt nicht.

Mit όχι

In Sätzen, in denen nicht das Verb verneint wird – oder gar keins vorhanden ist – wird όχι verwendet:

Είμαι από τη Γερμανία, όχι από την Ελλάδα.

Ich bin aus Deutschland, nicht aus Griechenland.

Einige Präpositionen

Die wichtigsten Präpositionen werden mit dem Akkusativ konstruiert:

auf	πάνω σε	nach	μετά από
außer	εκτός από	ohne	χωρίς
bis	μέχρι	über	πάνω από
für	για	unter	κάτω από
gegenüber	απέναντι από	von	από
hinter	πίσω από	vor (zeitl.)	πριν από
in, an, auf	σε	vor (örtl.)	μπροστά σε
mit	με	zwischen	ανάμεσα σε

Top Tipps Land & Leute

Ausgestreckte Hand

Die Mimik und Gestik im Griechischen sind im Allgemeinen expressiver als in deutschsprachigen Ländern, Ablehnung und Zustimmung finden durch Gesichtsausdrücke und Handbewegungen stärkeren Ausdruck und man spricht gerne viel und laut. In Griechenland verleiht man seinem Zorn oft durch die nach außen gewandte Handfläche mit ausgestreckten Fingern Ausdruck, bekannt als η μούντζα, was als die stärkste Geste der Beleidigung gilt. Beim Autofahren sieht man diese beispielsweise häufig.

Autofahren

Es gelten die üblichen Verkehrsregeln und -vorschriften wie in deutschsprachigen Ländern. Fahren Sie jedoch so vorsichtig wie möglich und gehen Sie nicht fest davon aus, dass sich die anderen Verkehrsteilnehmenden an die Straßenverkehrsordnung halten. Reagieren Sie flexibel und achten Sie auf Handzeichen und sonstige Signale der anderen Verkehrsteilnehmenden. Die Autobahn ist im Großteil des Landes auf dem Festland ausgebaut, Landwege jedoch inmitten von Gebirgen sind recht anspruchsvoll (Serpentinen, Steinschlaggefahr, freilaufende Tiere und Herden).

Bestellen

Oft gibt es in Essenslokalen, Cafés und Ähnlichem nicht alles, was auf der Karte steht. Seien Sie daher auf Alternativen eingestellt. Besonders in Lokalen mit Fischgerichten lohnt es sich, zu fragen, welche frischen Fische an dem Tag angeboten werden, Τι ψάρια έχετε σήμερα φρέσκα;

Besuche

Sind Sie bei Einheimischen zum Essen eingeladen, können Sie als Gastgeschenk Süßwaren, die Sie in Konditoreien (το ζαχαροπλαστείο) erhalten, oder alkoholische Getränke mitbringen.

Bus

Der Fernbus (το ΚΤΕΛ) ist ein bewährtes und günstiges Verkehrsmittel, um von Ort zu Ort zu gelangen. Innerhalb von Inseln und Ortschaften eignet sich die Benutzung des lokalen Busses (το Αστικό ΚΤΕΛ). Beachten Sie dabei, dass sich diese besonders in Großstädten und auf Inseln während der Hochsaison oft stark verspäten und überfüllt sind. Nicht an allen Orten gibt es regelmäßige Busverbindungen, sodass es hierfür ratsam ist, ein Auto, ein Motorrad oder ein Quad zu mieten, um die Region zu erkunden.

Duzen

In Griechenland ist es eher üblich, geduzt zu werden, wenn man etwa im gleichen Alter ist und die Atmosphäre lockerer ist. Wenn eine deutlich ältere Person Sie duzt, drückt das Nähe aus. Umgekehrt sollten Sie die Person siezen, außer sie bietet Ihnen das Du an. Werden Sie von jemandem mit Frau/Herr vorgestellt, wird die Form η κυρία (die Frau), ο κύριος (der Herr) verwendet, gefolgt von Ihrem Namen. Wenn man jemanden anspricht, sagt man κυρία und κύριε. Sehr oft verwendet man dabei auch nur den Vornamen, z. B. κυρία Μαρία, κύριε Γιώργο.

Essen
Die griechische Küche hat viele Einflüsse aus dem Nahen Osten und den umliegenden Ländern. Vor allem Vorspeisen, der klassische Bauernsalat (η χωριάτικη σαλάτα), Feta, Pasteten und Süßspeisen sind sehr beliebt. Gegessen wird gern in großen Gruppen, Griechen lieben Gesellschaft (η παρέα). Oft bestellt man gemischte Platten (η ποικιλία) oder verschiedene kleine Speisen, die man sich teilt. Alkoholische Getränke werden meist mit kleinen Appetithappen (ο μεζές) serviert.

Essenszeiten
Die Essenszeiten sind anders als in deutschsprachigen Ländern: Gegessen wird eher später, zu Mittag meistens zwischen 13 und 15 Uhr. Abends wird in den Essenslokalen auch noch nach Mitternacht Essen serviert.

Ferien
Die Schulferien sind in ganz Griechenland einheitlich, etwa je zwei Wochen an Weihnachten und Ostern sowie drei Monate von Mitte Juni bis Mitte September. In der Zeit vom 1. bis zum 15. August legen zahlreiche Unternehmen jeder Art und Größe eine Sommerpause ein.

Fladenbrot-Wraps
Beliebt sind Fladenbrot-Wraps mit Gyros/Fleischspießen (η πίτα με γύρο/σουβλάκι). Fleischspieße bestehen meist aus Hähnchen oder Rindfleisch.

Frühstück

In Griechenland frühstückt man wenig bis gar nicht und man begnügt sich mit einem Kaffee (ο καφές) und einem Sesamkringel (το κουλούρι), einem Zwieback (η φρυγανιά), einer Blätterteigtasche mit Vanillecreme (η μπουγάτσα) oder einer Käsepastete (η τυρόπιτα). Da es keine einheimische Frühstückskultur gibt, fällt auch an den touristisch erschlossenen Orten das Frühstück (το πρωινό) oft nicht sehr opulent aus. In größeren Hotels gibt es jedoch meist ein reichhaltiges Frühstücksbuffet. Eine Alternative sind Cafés, wo unter anderem Toasts (το τοστ) und Sandwiches (το σάντουιτς) serviert werden. Teilweise gibt es dort in den letzten Jahren an einigen Tagen ein reichhaltigeres Brunchangebot. Auch Bäckereien (το αρτοποιείο/ο φούρνος) sind eine günstige Alternative.

Historische Stätten

In ganz Griechenland gibt es historisch bedeutende Sehenswürdigkeiten, die von der Antike bis in die moderne Geschichte reichen. Die Akropolis in Athen (η Ακρόπολη Αθηνών) ist die wohl bekannteste Vertreterin der als Akropolis („Oberstadt“) bezeichneten Stadtfestungen des antiken Griechenlands. Diese besteht unter anderem aus dem Tempel des Parthenon (ο Παρθενώνας). Weitere wichtige Bauwerke sind der Tempel des Zeus, auch als Olympieion bezeichnet, und das Dionysostheater, das als Geburtsstätte des Dramas gilt. Sehenswert sind auch das vor ein paar Jahren errichtete Museum am Fuß des Akropolis-Hügels und die unmittelbar unter der Akropolis gelegene Altstadt Plaka. Die Küstenstadt Lindos auf Rhodos verfügt ebenfalls über eine bedeutende Akropolis. Auf Rhodos befindet sich unter anderem der Koloss, eine Bronzestatue zu Ehren des Helios, griechischer Sonnen- und Stadtgott. Diese ist eines der sieben Weltwunder der Antike. Außerdem gehören das Orakel von Delphi (το Μαντείο των Δελφών) in Zentralgriechenland, eine Weissagungsstätte des antiken

Griechenlands, die antike Stadt Olympia (η Ολυμπία) in Peloponnes, wo die olympischen Spiele der Antike stattfanden und der Palast von Knossos (το παλάτι της Κνωσσού), der größte minoische Palast auf Kreta, zum UNESCO-Welterbe.

Inseln

In Griechenland gibt es eine Vielzahl an Inseln (το νησί), die im Ionischen Meer (το Ιόνιο Πέλαγος) und in der Ägäis (το Αιγαίο Πέλαγος) liegen. Diese sind mit unterschiedlichen Landschaften, Architekturstilen, Sehenswürdigkeiten, kulturellen Veranstaltungen und Stränden sehr unterschiedlich. Fast jeder Ort hat sein kleines Museum, auf fast jedem Hügel thront eine Kirche oder eine Kapelle oder Sie finden die Überreste eines Tempels.

Kaffee

Frappé (ο φραπές) ist ein Kaffeekaltgetränk, ein aufgeschäumter Instantkaffee mit Wasser, ggf. Milch und Zucker und Eiswürfeln. Auch der Mokka (ο ελληνικός καφές) ist sehr beliebt und wird in einem kleinen Kaffeekocher (το μπρίκι) zubereitet.

Kleingeschäfte

Sehr üblich ist in Griechenland der Kiosk (το περίπτερο), wo verschiedener Krimskrams, wie Erfrischungsgetränke (το αναψυκτικό), Bus-, Straßenbahn- bzw. Metrofahrkarten (το εισιτήριο για λεωφορείο/τραμ/μετρό) und Kondome (το προφυλακτικό) erhältlich sind. Viele Kioske sind rund um die Uhr geöffnet. Es gibt auch viele Minimärkte (το μίνι μάρκετ), wo das Angebot größer ist und es mehr Lebensmittel gibt. Gemüse und Obst kann man auch in den zahlreichen Gemüse- und Obstläden (το μανάβικο) und auf dem Wochenmarkt (η λαϊκή αγορά) kaufen. Bei Letzterem sind die Kulturerlebnisse unbezahlbar.

Klima

In Griechenland ist die Sonne auch in den Wintermonaten stark, sodass eine geeignete Sonnencreme (η αντιηλιακή κρέμα) und eine Sonnenbrille ratsam sind. Durch die Nähe zum Meer ist außerdem die Luftfeuchtigkeit hoch. Unterkünfte und öffentliche Räume verfügen meist über eine Klimaanlage (το αιρ-κοντίσιον).

Mariä Himmelfahrt

Mariä Himmelfahrt (ο Δεκαπενταύγουστος – 15. August) zählt zu den bedeutendsten Festen der orthodoxen Kirche. Die Feiern hierbei variieren von einfachen Gottesdiensten mit Verkaufsständen vor den Kirchen bis hin zu Volksfesten (το πανηγύρι), begleitet von traditioneller Musik, Tanz und lokalen Bräuchen.

Mautstationen

Die Autobahnen sind zum Teil gebührenpflichtig. An Teilabschnitten und Einfahrten befinden sich Mautstationen (τα διόδια), wo je nach Fahrzeugklasse Gebühren anfallen.

Mittagsruhe

In Griechenland gilt zwischen etwa 14 bis 18 Uhr im Allgemeinen Mittagsruhe (η σιέστα). Diese sollten Sie beachten, wenn Sie in einem familienbetriebenen Hotel ein Zimmer mieten und beispielsweise den Zimmerwirt/die Zimmerwirtin nicht wegen einer Kleinigkeit herausklingeln.

Müllentsorgung

In Griechenland gibt es keine Mülltrennung. Zwar besteht ein 2-Tonnen-System (Restmüll: schwarze Tonnen, Recycling: blaue Tonnen), allerdings wird dieses nicht konsequent umgesetzt. Abfallbehälter stehen am Straßenrand und können frei genutzt werden. Darüber hinaus gibt es kein Pfand auf Flaschen.

Musik

Die griechische Musik ist so vielfältig wie das Land selbst. Im Laufe der Generationen wurde sie durch die jeweiligen politischen und gesellschaftlichen Ereignisse beeinflusst. Bei der traditionellen, regional unterschiedlichen Volksmusik (η δημοτική μουσική) werden als Instrumente Klarinetten, Gitarren, Geigen, Dudelsäcke, kretische Lyren und Rahmentrommeln mit Schellen verwendet. Die populäre Musik (η λαϊκή μουσική) wurzelt im Rebetiko. Dieser entstand in den 20er-Jahren als Folge der Vertreibung des griechischen Volkes aus Kleinasien, woraufhin sie sich in den Städten niederließen und diesen Musikstil entwickelten, der häufig als der griechische Blues bezeichnet wird. Prägendes Instrument ist die Bouzouki. Eine Mischung aus Rebetiko und westlich geprägter Musik sind die Kunstlieder (το έντεχνο τραγούδι). Heutzutage werden von jungen griechischen Künstlerinnen und Künstlern alle international vorherrschenden Musikstile interpretiert, wobei diese noch stark durch die Folklore geprägt sind. Live-Musik (η ζωντανή μουσική) kann man in Lokalen mit Pop-Live-Musik (το μπουζουξίδικο) und mit Rebetiko-Live-Musik (το ρεμπετάδικο) sowie gelegentlich in Tavernen und Cafés mit Live-Musik hören.

Namenstage

Für griechische Menschen ist der Namenstag des Heiligen, dessen Namen sie tragen (η ονομαστική γιορτή) sehr wichtig. „Alles Gute“ wünscht man mit Χρόνια πολλά. Häufig werden auch Kosenamen bzw. Kurzformen des Namens verwendet, z. B. Kostas für Konstantinos und Giota für Panagiota.

Nationalfeiertage

Die Nationalfeiertage (η εθνική γιορτή), d. h. der Tag der Unabhängigkeit, der gleichzeitig das Fest der Verkündigung des Herrn ist, η 25η Μαρτίου (25. März), sowie der Jahrestag des „Nein“ beim 2. Weltkrieg, η 28η Οκτωβρίου (28. Oktober), sind bedeutende Feste und werden in ganz Griechenland mit traditionellen Paraden gefeiert.

Öffnungszeiten

Die Öffnungszeiten von Geschäften (οι ώρες λειτουργίας) sind in Griechenland von etwa 10 bis 14 und von 18 bis 21 Uhr. Größere Geschäfte und Geschäfte in touristischen Gebieten sowie Supermärkte haben durchgehend geöffnet.

Ostern

Als wichtigster Feiertag im griechischen Kalender und einer der reichsten an Folklore ist die Feier der orthodoxen Ostern (το Πάσχα) einzigartig in ganz Griechenland. Eine Reise nach Griechenland während der Karwoche (η Μεγάλη Εβδομάδα) und an Ostern selbst bietet die Chance, einiges an traditioneller und festlicher Atmosphäre mitzuerleben. Gefeiert wird mit der Familie in großem Kreis, wobei ein reichhaltiges Essen ein Muss ist. Neben Ziege/Lamm am Grillspieß (το κατσίκι/το αρνί στη σούβλα), was auf Festen allgemein beliebt ist, isst man gerne Suppe mit Lamminnereien (η μαγειρίτσα), Hefezopf (το τσουρέκι) und eine Art Gebäck (τα κουλουράκια). Bei religiösen Feiertagen werden oft Volksfeste (το πανηγύρι) organisiert.

Parken

Häufig wird in zweiter Reihe geparkt, auch wenn dies nicht erlaubt ist. Es gibt zahlreiche Parkhäuser und Parkflächen im Freien (το πάρκινγκ), die teilweise kostenpflichtig sind.

Halteverbotsschilder mit senkrechter Linie gelten an ungeraden Monaten, Schilder mit zwei Linien an geraden Monaten. Parkuhren werden in vielen Regionen, besonders in Großstädten verwendet.

Taxi

Taxis (το ταξί) sind in den meisten Orten von Griechenland deutlich günstiger als in deutschsprachigen Ländern. Teilweise gibt es Zuschläge beispielsweise für Vorbestellungen und Abfahrten vom Flughafen, Bahnhof usw. Wenn Sie sich ein Taxi mit anderen Fahrgästen teilen, ohne sich zu kennen, sollten Sie das dem Taxifahrer gegenüber nicht signalisieren, da dann oft der volle Preis von allen Fahrgästen verlangt wird. Auch wenn dies verboten ist, ist es durchaus üblich.

Telefonieren

In Griechenland meldet man sich am Telefon mit ναι (ja) oder παρακαλώ (bitte). Ist man nicht sicher, wer am Apparat ist, so fragt man: Μιλώ με τον/την ...; (Spreche ich mit ...?) oder bittet darum, zum gewünschten Gesprächspartner durchgestellt zu werden: Θα μπορούσα να μιλήσω με τον/την...; Falls die gewünschte Person bereits am Apparat ist, antwortet sie mit ο ίδιος (männlich)/η ίδια (weiblich). Der Name wird meistens nur genannt, wenn er dem Gespräch dienlich ist. Handynummern beginnen mit 69. Die Vorwahl für Griechenland ist +30.

Trinkgeld

Auch in Griechenland freut man sich über eine kleine Zugabe zum Verdienst, ein Aufrunden des Betrags um bis zu 10 % ist üblich.

Wasser

Tafelwasser ist in Griechenland deutlich günstiger als in deutschsprachigen Ländern. Üblicherweise enthält es keine Kohlensäure, hierfür kann man Wasser mit Kohlensäure (το νερό με ανθρακικό) oder Soda (η σόδα) bestellen. Vor allem mit Kaffee, aber auch mit anderen Getränken und Speisen wird oft Leitungswasser serviert.

Zug

Die Züge in Griechenland werden von der griechischen Eisenbahnorganisation (Οργανισμός Σιδηροδρόμων Ελλάδος) betrieben. Das Streckennetz ist derzeit für die Linien in den Regionen um Athen, Thessaloniki sowie im Peloponnes ausgebaut.

Anreise & Weiterreise

... die wichtigsten Sätze

Entschuldigung, wo ist ...?

Συγνώμη, πού είναι ...;
ßighnómi, pu íne ...?

Wie komme ich nach ...?

Πώς θα πάω στο ...;
poß tha páo ßto ...?

Ist das die Straße nach ...?

▸Fragen nach dem Weg, S. 46

Αυτός είναι ο δρόμος για ...;
aftóß íne o dhrómoß ja ...?

Wann fährt ein Zug nach ...?

Πότε φεύγει τρένο για ...;
póte féwji tréno ja ...?

Wann fährt der nächste Zug nach ...?

Πότε φεύγει το επόμενο τρένο για ...;
póte féwji to epómeno tréno ja ...?

Wann ist er in ...?

Πότε φτάνει ...; póte ftáni ...?

Muss ich umsteigen?

Πρέπει ν' αλλάξω τρένο;
prépi nalákßo tréno?

Was kostet eine Fahrkarte nach ...?

▸Auskunft und Fahrkarten, S. 35

Πόσο κοστίζει ένα εισιτήριο για ...;
póßo koßtísi éna ißitírio ja ...?

Ist dies der Zug nach ...?

Αυτό είναι το τρένο για ...;
aftó íne to tréno ja ...?

Ist dieser Platz frei?
Αυτή η θέση είναι ελεύθερη;
aftí i théßi íne eléftheri?

Können Sie mir bitte helfen?
▸*Im Zug, S. 38*
Μπορείτε να με βοηθήσετε, σας παρακαλώ;
boríte na me woithíßete, ßaß parakaló?

Sagen Sie mir bitte, wo ich aussteigen muss?
▸*Fernbus, S. 40*
Παρακαλώ, μου λέτε πού πρέπει να κατέβω;
parakaló, mu léte pu prépi na katéwo?

Ich möchte ein Auto mieten.
Θα 'θελα να νοικιάσω ένα αυτοκίνητο.
tháthela na nikjáßo éna aftokínito.

Wie viel kostet das?
▸*Vermietung, S. 44*
Πόσο κάνει αυτό;
póßo káni aftó?

Wo ist die nächste Tankstelle?
Πού είναι το πλησιέστερο βενζινάδικο;
pu íne to plißiéßtero wensinádhiko?

Bitte volltanken.
▸*An der Tankstelle, S. 47*
Γεμίστε το, παρακαλώ.
jemíßte to, parakaló.

Können Sie mir Starthilfe geben?
▸*Panne, S. 48*
Μπορείτε να με βοηθήσετε να φορτίσω τη μπαταρία;
boríte na me woithíßete na fortíßo ti bataría?

Wo ist die nächste Werkstatt?
▸*In der Werkstatt, S. 50*
Πού είναι το πλησιέστερο συνεργείο;
pu íne to plißiéßtero ßinerjío?

Einreise

Das könnten Sie hören:

◂... σας, παρακαλώ. ... ßaß, parakaló. — Ihren ..., bitte.

Το διαβατήριο ... to dhiawatírio ... — ... Pass

Την ταυτότητα ... tin taftótita ... — ... Personalausweis

◂Το διαβατήριο σας έχει λήξει. to dhiawatírio ßaß éc͜hi líkßi. — Ihr Pass ist abgelaufen.

Das könnten Sie hören:

◂Έχετε κάτι να δηλώσετε; éc͜hete káti na dhilóßete? — Haben Sie etwas zu verzollen?

◂Αυτό πρέπει να το εκτελωνίσετε. aftó prépi na to ekteloníßete. — Das müssen Sie verzollen.

◂Ανοίξτε, σας παρακαλώ, ... aníkßte, ßaß parakaló, ... — Öffnen Sie bitte den ...

... το πορτμπαγκάζ. ... to portbagás. — ... Kofferraum.

... τη βαλίτσα. ... ti walítßa. — ... Koffer.

Weitere Wörter

EU-Bürger	πολίτης της Ε.Ε. polítiß tiß ee
Fahrzeugpapiere	χαρτιά του αυτοκινήτου chartjá tu aftokinítu
Familienname	επώνυμο epónimo
Führerschein	δίπλωμα οδήγησης dhíploma odhíjißiß
Grenze	σύνορο ßínoro
gültig	έγκυρος énggiroß
Impfpass	βιβλιάριο εμβολιασμού wiwliário emwoliaßmú
internationaler Führerschein	διεθνές δίπλωμα οδήγησης dhiethnéß dhíploma odhíjißiß
Mehrwertsteuer	φόρος προστιθέμενης αξίας (ΦΠΑ) fóroß proßtithémeniß akßíaß (fi-pi-á)
Nationalitätskennzeichen	σήμα χώρας προέλευσης ßíma chóraß proélefßiß
Nummer	νούμερο número
Papiere	χαρτιά chartjá
Pass	διαβατήριο dhiawatírio
Personalausweis	ταυτότητα taftótita
Quittung	απόδειξη apódhikßi
Rechnung	λογαριασμός logharjaßmóß
Reisegruppe	ταξιδιωτικό γκρουπ takßidhjotikó grup
Staatsangehörigkeit	υπηκοότητα ipikoótita
ungültig	άκυρος ákiroß
Unterschrift	υπογραφή ipoghrafí
grüne Versicherungskarte	πράσινη ασφαλιστική κάρτα práßini asfalißtikí kárta
verzollen	εκτελωνίζω ekteloníso
Wohnort	τόπος κατοικίας tópoß katikíaß
Zoll	τελωνείο telonío
Zollerklärung	τελωνειακή δήλωση teloniakí dhíloßi

Gepäck

Ich möchte mein Gepäck …	**Θα 'θελα … τις αποσκευές μου.** tháthela … tiß apoßkewés_mu.
… hierlassen.	**… ν' αφήσω εδώ** … nafíßo edhó
… abholen.	**… να πάρω** … na páro
Mein Gepäck ist (noch) nicht angekommen.	**Οι αποσκευές μου δεν έφτασαν (ακόμα).** i apoßkewés_mu dhen éftaßan (akóma).
Wo ist mein Gepäck?	**Πού είναι οι αποσκευές μου;** pu íne i apoßkewés_mu?
Mein Koffer ist beschädigt worden.	**Η βαλίτσα μου είναι χαλασμένη.** i walítßa mu íne chalaßméni.
An wen kann ich mich wenden?	**Σε ποιον μπορώ ν' απευθυνθώ;** ße pjon boró napefthinthó?

Weitere Wörter

aufgeben *(Gepäck)*	**δίνω** dhíno
Gepäckaufbewahrung	**χώρος φύλαξης αποσκευών** chóroß fílakßiß apoßkewón
Gepäckausgabe	**παράδοση αποσκευών** parádhoßi apoßkewón
Handgepäck	**χειραποσκευή** chirapoßkewí
Koffergurt	**ζώνη βαλίτσας** sóni walítßaß
Reisetasche	**σακ-βουαγιάζ** ßak wuajás
Rollkoffer	**βαλίτσα με ρόδες** walítßa me ródheß
Rucksack	**σακίδιο** ßakídhio
Übergepäck	**υπέρβαρο** ipérwaro

Flugzeug

Wo ist der Schalter der Fluggesellschaft ...?	Πού είναι το γκισέ της εταιρίας ...; pu íne to gißé tiß eteríaß ...?
Können Sie mir am Check-in-Automaten helfen?	Μπορείτε να με βοηθήσετε στο τσεκ-ιn μηχάνημα; boríte na me woithíßete ßto tßek-in michánima?
Wann fliegt die nächste Maschine nach ...?	Πότε είναι η επόμενη πτήση για ...; póte íne i epómeni ptíßi ja ...?
Wie viel kostet ein Flug nach ...?	Πόσο κοστίζει μία πτήση για ...; póßo koßtísi mía ptíßi ja ...?
Sind noch Plätze frei?	Υπάρχουν κενές θέσεις; ipárchun kenéß théßiß?
Bitte ein Flugticket ...	Παρακαλώ, ένα αεροπορικό εισιτήριο ... parakaló, éna aeroporikó ißitírio ...
... einfach.	... απλό. ... apló.
... hin und zurück.	... μετ 'επιστροφής. ... metepißtrofíß.
... Economyclass.	... οικονομικής θέσης. ... ikonomikíß théßiß.
... Businessclass.	... Business Class. ... bísneß klaß.
Ich hätte gern einen ...	Θα 'θελα μία θέση στο ... tháthela mía théßi ßto ...
... Fensterplatz.	... παράθυρο. ... paráthiro.
... Platz am Gang.	... διάδρομο. ... dhiádhromo.

Kann ich das als Handgepäck mitnehmen?	**Μπορώ να πάρω αυτό μαζί μου ως χειραποσκευή;** boró na páro aftó masí mu oß chirapoßkewí?
Kann ich meinen (zusammenklappbaren) Rollstuhl mitnehmen?	**Μπορώ να πάρω την (πτυσσόμενη) αναπηρική καρέκλα μαζί μου;** boró na páro tin (ptißómeni) anapirikí karékla masí mu?
Ich möchte meinen Flug ...	**Θα 'θελα ...** tháthela ...
... rückbestätigen lassen.	**... να επιβεβαιώσω την πτήση μου.** ... na epiweweóßo tin ptíßi mu.
... stornieren.	**... να ακυρώσω την πτήση μου.** ... na akiróßo tin ptíßi mu.
... umbuchen.	**... να αλλάξω την ημερομηνία της πτήσης μου.** ... na alákßo tin imerominía tiß ptíßiß_mu.

Weitere Wörter

Abflug ... **αναχώρηση** anachórißi
Ankunft ... **άφιξη** áfikßi
Anschlussflug ... **ανταπόκριση** andapókrißi
Ausgang ... **έξοδος** ékßodhoß
Bordkarte ... **κάρτα επιβίβασης** kárta epiwíwaßiß
mobile Bordkarte ... **κάρτα επιβίβασης στο κινητό** kárta epiwíwaßiß ßto kinitó
elektronisches Ticket ... **ηλεκτρονικό εισιτήριο** ilektronikó ißitírio
Flug ... **πτήση** ptíßi
Flugbegleiter(in) ... **αεροσυνοδός** aeroßinodhóß

Flughafen	αεροδρόμιο aerodhrómio
Flughafenbus	λεωφορείο για το αεροδρόμιο leoforío ja to aerodhrómio
Flughafengebühr	φόρος αεροδρομίου fóroß aerodhromíu
Flugzeit	διάρκεια πτήσης dhiárkia ptíßiß
Flugzeug	αεροπλάνο aeropláno
Kindersicherheitsgurt	παιδική ζώνη ασφαλείας pedhikí sóni aßfalíaß
Ortszeit	τοπική ώρα topikí óra
Pilot(in)	πιλότος pilótoß
Rückflug	πτήση επιστροφής ptíßi epißtrofíß
Spucktüte	σακούλα για τη ναυτία ßakúla ja ti naftía
Verspätung	καθυστέρηση kathißtérißi
Zwischenlandung	ενδιάμεση προσγείωση endhjámeßi proßjíoßi

Zug

Auskunft und Fahrkarten

Wo finde ich die ... — Πού είναι ... pu íne ...

... Gepäckaufbewahrung? — ... ο χώρος φύλαξης αποσκευών; ... o c̶h̶óroß fílakßiß apoßkewón?

... Schließfächer? — ... οι θυρίδες φύλαξης αποσκευών; ... i thirídheß fílakßiß apoßkewón?

Wann fährt ein Zug nach ...? — Πότε φεύγει τρένο για ...; póte féwji tréno ja ...?

Wann fährt der nächste Zug nach ...? — Πότε φεύγει το επόμενο τρένο για ...; póte féwji to epómeno tréno ja ...?

Wann ist er in ...? — Πότε φτάνει ...; póte ftáni ...?

Muss ich umsteigen?	Πρέπει ν' αλλάξω τρένο; prépi nalákßo tréno?
Von welchem Gleis fährt der Zug nach ...?	Από ποια γραμμή φεύγει το τρένο για ...; apo pja ghramí féwji to tréno ja ...?
Was kostet eine Fahrkarte nach ...?	Πόσο κοστίζει ένα εισιτήριο για ...; póßo koßtísi éna ißitírio ja ...?
Gibt es eine Ermäßigung für ...	Υπάρχει έκπτωση για ... ipárchi ékptoßi ja ...
... Familien?	... οικογένειες; ... ikojénieß?
... Rentner?	... συνταξιούχους; ... ßindakßiúchuß?
... Studenten?	... φοιτητές; ... fititéß?
Bis zu welchem Alter fahren Kinder umsonst?	Μέχρι ποια ηλικία είναι δωρεάν για τα παιδιά; méchri pja ilikía íne dhoreán ja ta pedhjá?
Ist dieser Zug zuschlagpflichtig?	Χρειάζεται συμπλήρωμα για αυτό το τρένο; chriásete ßimblíroma ja aftó to tréno?
Bitte zwei Karten nach ...	Δύο εισιτήρια για ..., παρακαλώ. dhío ißitíria ja ..., parakaló.
Bitte eine Karte ...	ένα εισιτήριο ..., παρακαλώ. éna ißitírio ..., parakaló.
... einfach.	... απλό ... apló
... hin und zurück.	... μετ' επιστροφής ... metepißtrofíß
... erster Klasse.	... πρώτης θέσης ... prótiß théßiß
... zweiter Klasse.	... δεύτερης θέσης ... dhéfteriß théßiß
... für Kinder.	... για παιδιά ... ja pedhjá
... für Erwachsene.	... για ενήλικους ... ja enílikuß

Bitte eine Platzkarte für den Zug um ... Uhr nach ...	**Παρακαλώ, μία θέση στο τρένο στις ... η ώρα για ...** parakaló, mía théßi ßto tréno ßtiß ... i óra ja ...
Ich hätte gerne einen Platz ...	**Θα 'θελα μία θέση ...** tháthela mía théßi ...
... am Fenster.	**... στο παράθυρο.** ... ßto paráthiro.
... am Gang.	**... στο διάδρομο.** ... ßto dhiádhromo.
... im Abteil.	**... στο κουπέ.** ... ßto kupé.
... im Großraum-wagen.	**... σε βαγόνι κεντρικού διαδρόμου.** ... ße waghóni kendrikú dhiadhrómu.
Gibt es im Zug etwas zu essen und zu trinken?	**Έχει φαγητά και ποτά μέσα στο τρένο;** éçhi fajitá ke potá méßa ßto tréno?
Ich möchte mein Fahrrad mitnehmen.	**Θα 'θελα να πάρω και το ποδήλατό μου.** tháthela na páro ke to podhílató‿mu.

Auf dem Bahnhof

αίθουσα αναμονής éthußa anamoníß .... Wartesaal
γραμμή ghramí .... Gleis
έξοδος ékßodhoß .... Ausgang
μη πόσιμο νερό mi póßimo neró .... Kein Trinkwasser
παραλαβή αποσκευών paralawí apoßkewón .... Gepäckannahme
πληροφορίες pliroforíeß .... Auskunft
πόσιμο νερό póßimo neró .... Trinkwasser
Προς αποβάθρες proß apowáthreß .... Zu den Bahnsteigen
τουαλέτες tualéteß .... Toiletten
θυρίδες φύλαξης αποσκευών thirídheß fílakßiß apoßkewón .... Schließfächer

Im Zug

Ist dies der Zug nach …?	**Αυτό είναι το τρένο για …;** aftó íne to tréno ja …?
Könnten Sie mir bitte beim … helfen?	**Μπορείτε να με βοηθήσετε στο …** boríte na me woithíßete ßto …
… Einsteigen	**… ανέβασμα;** … anéwaßma?
… Aussteigen	**… κατέβασμα;** … katéwaßma?
Ist dieser Platz frei?	**Αυτή η θέση είναι ελεύθερη;** aftí i théßi íne eléftheri?
Entschuldigen Sie, das ist mein Platz.	**Με συγχωρείτε, αυτή είναι η θέση μου.** me ßingchoríte, aftí íne i théßi mu.
Können Sie mir bitte helfen?	**Μπορείτε να με βοηθήσετε, σας παρακαλώ;** boríte na me woithíßete, ßaß parakaló?
Wie lange haben wir Aufenthalt?	**Πόση ώρα θα κάνουμε στάση;** póßi óra tha kánume ßtáßi?
Darf ich das Fenster …	**Μπορώ να … το παράθυρο;** boró na … to paráthiro?
… öffnen?	**… ανοίξω** … aníkßo
… schließen?	**… κλείσω** … klíßo
Wie viele Stationen sind es noch bis …?	**Πόσες στάσεις είναι ακόμη μέχρι …;** póßeß ßtáßiß íne akómi méchri …?
Erreiche ich den Zug nach … noch?	**Θα προλάβω ακόμα το τρένο για …;** tha proláwo akóma to tréno ja …?

Weitere Wörter

Abfahrt ………… αναχώρηση anachórißi
Abteil ………… κουπέ kupé
Ankunft ………… άφιξη áfikßi
Anschluss ………… ανταπόκριση andapókrißi
Ausgang ………… έξοδος ékßodhoß
aussteigen ………… κατεβαίνω katewéno
Bahnhof ………… σταθμός ßtathmóß
Bahnsteig ………… αποβάθρα apowáthra
besetzt ………… πιασμένος piaßménoß
einsteigen ………… ανεβαίνω anewéno
Ermäßigung ………… έκπτωση ékptoßi
Fahrplan ………… δρομολόγιο dhromolójio
Fahrpreis ………… τιμή εισιτηρίου timí ißitiríu
Fensterplatz ………… θέση στο παράθυρο théßi ßto paráthiro
Gepäckwagen ………… καροτσάκι karotßáki
Gleis ………… γραμμή ghramí
Großraumwagen ………… βαγόνι κεντρικού διαδρόμου waghóni kendrikú dhiadhrómu
Klasse ………… θέση théßi
Liegewagen ………… βαγόνι με κουκέτες waghóni me kukéteß
Platz ………… θέση théßi
reserviert ………… κλεισμένος klißménoß
Schaffner(in) ………… ελεγκτής, ελέγκτρια elengktíß, eléngktria
Schlafwagen ………… κλινάμαξα klinámakßa
Schließfächer ………… θυρίδες φύλαξης αποσκευών thirídheß fílakßiß apoßkewón
Speisewagen ………… βαγόνι-εστιατόριο waghóni eßtiatório
umsteigen ………… αλλάζω τρένο aláso tréno
Waggon ………… βαγόνι waghóni

Zug	τρένο tréno
Zuschlag	συμπλήρωμα ßimblíroma

Fernbus

Von wo fahren die Fernbusse nach ... ab?	Από που φεύγουν τα λεωφορεία για ...; apó pu féwghun ta leoforía ja ...?
Wie komme ich zum Busbahnhof?	Πώς θα πάω στο Κ.Τ.Ε.Λ.; póß tha páo ßto ktel?
Wann fährt der nächste Bus nach ...?	Πότε φεύγει το επόμενο λεωφορείο για ...; póte féwji to epómeno leoforío ja ...?
Bitte eine Karte nach ...	Παρακαλώ, ένα εισιτήριο για ... parakaló, éna ißitírio ja ...
Bitte zwei Karten nach ...	Παρακαλώ, δύο εισιτήρια για ... parakaló, dhío ißitíria ja ...
Ist dies der Bus nach ...?	Είναι αυτό το λεωφορείο για ...; íne aftó to leoforío ja ...?
Wie lange haben wir Aufenthalt?	Πόση ώρα θα κάνουμε στάση; póßi óra tha kánume ßtáßi?
Wie lange dauert die Fahrt?	Πόσο διαρκεί η διαδρομή; póßo dhiarkí i dhiadhromí?
Ist ... die Endhaltestelle?	... είναι το τέρμα; ... íne to térma?
Sagen Sie mir bitte, wo ich aussteigen muss?	Παρακαλώ, μου λέτε πού πρέπει να κατέβω; parakaló, mu léte pu prépi na katéwo?

Schiff

Wann geht das nächste Schiff nach ...?	**Πότε πάει το επόμενο καράβι για ...;** póte pái to epómeno karáwi ja ...?
Wann geht die nächste Fähre nach ...?	**Πότε πάει το επόμενο φεριμπότ για ...;** póte pái to epómeno feribót ja ...?
Wie lange dauert die Überfahrt nach ...?	**Πόσο διαρκεί το ταξίδι για ...;** póßo dhiarkí to takßídhi ja ...?
Wann legen wir in ... an?	**Πότε θα φτάσουμε ...;** póte tha ftáßume ...?
Wann müssen wir an Bord sein?	**Πότε πρέπει να επιβιβαστούμε;** póte prépi na epiwiwaßtúme?
Ich möchte mein Auto mitnehmen.	**Θα 'θελα να πάρω και το αυτοκίνητό μου.** tháthela na páro ke to aftokínitó_mu.
Bitte eine Schiffskarte erster Klasse nach ...	**Ένα εισιτήριο πλοίου πρώτης θέσης για ..., παρακαλώ.** éna ißitírio plíu prótiß théßiß ja ..., parakaló.
Bitte eine Schiffskarte Touristenklasse nach ...	**Ένα εισιτήριο πλοίου οικονομικής θέσης για ..., παρακαλώ.** éna ißitírio plíu ikonomikíß théßiß ja ..., parakaló.
Eine Karte für die Rundfahrt um ... Uhr bitte.	**Ένα εισιτήριο για τον περίπλου στις ... η ώρα, παρακαλώ.** éna ißitírio ja ton períplu ßtiß ... i óra, parakaló.

Ich möchte ...	Θα 'θελα ... tháthela ...
... eine Einzelkabine.	... μία μονόκλινη καμπίνα. ... mía monóklini kabína.
... eine Zweibett-kabine.	... μία δίκλινη καμπίνα. ... mía dhíklini kabína.
... eine Außenkabine.	... μία εξωτερική καμπίνα. ... mía ekßoterikí kabína.
... eine Innenkabine.	... μία εσωτερική καμπίνα. ... mía eßoterikí kabína.
An welcher Anlegestelle liegt die ...?	Σε ποια αποβάθρα είναι το πλοίο ...; ße pja apowáthra íne to plío ...?
Ich suche die Kabine Nummer ...	Ψάχνω την καμπίνα νούμερο ... pßá~~ch~~no tin kabína número ...
Kann ich eine andere Kabine bekommen?	Μπορώ να έχω μία άλλη καμπίνα; boró na é~~ch~~o mía áli kabína?
Haben Sie ein Mittel gegen Seekrankheit?	Έχετε φάρμακο για τη ναυτία; échete fármako ja ti naftía?

Weitere Wörter

Anlegestelle	**όρμος** órmoß
Außenkabine	**εξωτερική καμπίνα** ekßoterikí kabína
Autofähre	**φεριμπότ** feribót
Deck	**κατάστρωμα** katáßtroma
Decke	**κουβέρτα** kuwérta
Einzelkabine	**μονόκλινη καμπίνα** monóklini kabína

Fähre .... φεριμπότ feribót
Innenkabine .... εσωτερική καμπίνα eßoterikí kabína
Insel .... νησί nißí
Kapitän(in) .... πλοίαρχος plíarchoß
Klimaanlage .... αιρ-κοντίσιον erkondíßion
Kreuzfahrt .... κρουαζιέρα kruasjéra
Küste .... ακτή aktí
Landausflug .... εκδρομή στη στεριά ekdhromí ßti ßterjá
Liegestuhl .... ξαπλώστρα kßaplóßtra
Luftkissenboot .... ιπτάμενο δελφίνι iptámeno dhelfíni
Meer .... θάλασσα thálaßa
Rettungsboot .... ναυαγοσωστική λέμβος nawaghoßoßtikí lémwoß
Rettungsring .... σωσίβιο ßoßíwio
Rundfahrt .... περίπλους períplüß
Schiff .... πλοίο plío
Schiffsagentur .... πρακτορείο ναυτιλιακής εταιρίας praktorío naftiljakíß eteríaß
Schwimmweste .... σωσίβιο ßoßíwio
Seegang .... θαλασσοταραχή thalaßotarachí
seekrank (sein) .... (έχω) ναυτία (écho) naftía
Sonnendeck .... κατάστρωμα katástroma
Speisesaal .... τραπεζαρία trapesaría
Tragflächenboot .... ιπτάμενο πλοίο iptámeno plío
Überfahrt .... ταξίδι takßídhi
Vierbettkabine .... τετράκλινη καμπίνα tetráklini kabína

Auto & Motorrad

Vermietung

Ich möchte ... mieten.	Θα' θελα να νοικιάσω ... tháthela na nikjáßo ...
... ein Auto (mit Automatik)	... ένα (αυτόματο) αυτοκίνητο. ... éna (aftómato) aftokínito.
... einen Geländewagen	... ένα τζιπ. ... éna dzip.
... ein Motorrad	... μία μηχανή. ... mía michaní.
... ein Moped	... ένα μηχανάκι. ... éna michanáki.
... ein Quad	... μία γουρούνα. ... mía ghurúna.
... ein Wohnmobil	... ένα τροχόσπιτο. ... éna trochóßpito.

Das könnten Sie hören:

◂ Μπορώ να δω την (διεθνή) άδεια οδήγησής σας;
boró na dho tin (dhiethní) ádhia odhíjißíß‿ßaß?
Könnte ich bitte Ihren (internationalen) Führerschein sehen?

Ich möchte es für ... mieten.	Θα 'θελα να το νοικιάσω για ... tháthela na to nikjáßo ja ...
... morgen	... αύριο. ... áwrio.
... einen Tag	... μία μέρα. ... mía méra.
... eine Woche	... μία βδομάδα. ... mía wdhomádha.
Ich hätte gern einen Wagen mit Navi.	Θα 'θελα ένα αυτοκίνητο με GPS. tháthela éna aftokínito me dsi-pi-éß.
Wie viel kostet das?	Πόσο κάνει αυτό; póßo káni aftó?

Wie viele Kilometer sind im Preis enthalten?	Πόσα χιλιόμετρα συμπεριλαμβάνονται στην τιμή; póßa chiliómetra ßimberilamwánonde ßtin timí?
Was muss ich tanken?	Τι βενζίνη πρέπει να βάλω; tí wensíni prépi na wálo?
Ist eine Vollkaskoversicherung eingeschlossen?	Συμπεριλαμβάνεται ασφάλεια με μεικτή κάλυψη; ßimberilamwánete aßfálja me miktí kálipßi?
Kann ich das Auto auch in ... abgeben?	Μπορώ να παραδώσω το αυτοκίνητο και ...; boró na paradhóßo to aftokínito ke ...?
Bis wann muss ich zurück sein?	Μέχρι πότε πρέπει να έχω γυρίσει; méchri póte prépi na écho jiríßi?
Haben Sie einen Kinderautositz?	Έχετε παιδικό κάθισμα; échete pedhikó káthißma?
Bitte geben Sie mir einen Sturzhelm.	Παρακαλώ, δώστε μου κι ένα κράνος. parakaló dhóßte mu kjéna kránoß.
Haben Sie eine Straßenkarte?	Έχετε έναν οδικό χάρτη; échete énan odhikó chárti?

Info

Auf Autobahnen (εθνική οδός ethnikí odóß) darf man 130 km/h, auf Landstraßen (επαρχιακός δρόμος eparchiakóß dhrómoß) 90 bzw. 110 km/h, in geschlossenen Ortschaften 50 km/h fahren. Die Promillegrenze liegt bei 0,5 (für Fahranfänger, die den Führerschein weniger als zwei Jahre besitzen, bei 0,2).

Fragen nach dem Weg

Entschuldigung, wo ist ...? — Συγνώμη, πού είναι ...; ßighnómi, pu íne ...?

Wie komme ich nach ...? — Πώς θα πάω στο ...; poß tha páo ßto ...?

Können Sie mir das auf der Karte zeigen? — Μπορείτε να μου το δείξετε στο χάρτη; boríte na mu to dhíkßete ßto chárti?

Wie viele Minuten sind es mit dem Auto? — Πόσα λεπτά είναι με το αυτοκίνητο? póßa leptá íne me to aftokínito?

Wie weit ist es? — Πόσο μακριά είναι; póßo makriá íne?

Ist das die Straße nach ...? — Αυτός είναι ο δρόμος για ...; aftóß íne o dhrómoß ja ...?

Wie komme ich zur Autobahn nach ...? — Πώς θα πάω για την εθνική οδό προς ...; poß tha páo ja tin ethnikí odhó proß ...?

▸Orts- und Richtungsangaben, S. 121

Das könnten Sie hören:

◂Λυπάμαι, δεν το ξέρω. lipáme, dhen to kßéro. — Tut mir leid, das weiß ich nicht.

◂Τον πρώτο δρόμο ... ton próto dhrómo ... — Die erste Straße ...

◂Το δεύτερο δρόμο ... to dhéftero dhrómo ... — Die zweite Straße ...

... αριστερά. ... arißterá. — ... links.

... δεξιά. ... dhekßjá. — ... rechts.

◂ Στα επόμενα φανάρια ...
ßta epómena fanárja ...
An der nächsten Ampel ...

◂ Στην επόμενη διασταύρωση ...
ßtin epómeni dhiaßtávroßi ...
An der nächsten Kreuzung ...

◂ Μετά ξαναρωτήστε.
metá kßanarotíßte.
Dann fragen Sie noch einmal.

An der Tankstelle

Wo ist die nächste Tankstelle?	Πού είναι το πλησιέστερο βενζινάδικο; pu íne to plißiéßtero wensinádhiko?
Wie weit ist es zur nächsten Tankstelle?	Πόσο μακριά είναι το επόμενο βενζινάδικο; póßo makriá íne to epómeno wensinádhiko?
Wo gibt es eine Ladestation für Elektrofahrzeuge?	Πού υπάρχει εδώ ένας σταθμός φόρτισης για ηλεκτρικά αυτοκίνητα; Pu ipárchi edhó énaß ßtathmóß fórtißiß ja ilektriká aftokínita?
Bitte volltanken.	Γεμίστε το, παρακαλώ. jemíßte to, parakaló.
Bitte für ... Euro ...	Βάλτε για ... ευρώ ..., παρακαλώ. wálte ja ... ewró ..., parakaló.
... Super bleifrei.	... σούπερ αμόλυβδη ... ßúper amóliwdhi
... Super Plus bleifrei.	... σούπερ αμόλυβδη 100 οκτανίων ... ßúper amóliwdhi ekatón oktaníon
... Diesel	... ντίζελ. ... dísel.

Ich möchte ... Öl.	Θα 'θελα ... λάδι. tháthela ... ládhi.
... 1 Liter	... ένα λίτρο ... éna lítro
... 2 Liter	... δύο λίτρα ... dhío lítra

Panne

Ich habe kein Benzin mehr.	Έμεινα από βενζίνη. émina apó wensíni.
Ich habe eine Reifenpanne.	Έπαθα λάστιχο. épatha láßticho.
Ich habe eine Motorpanne.	Έπαθε βλάβη η μηχανή. épathe wláwi i michaní.
Können Sie mir Starthilfe geben?	Μπορείτε να με βοηθήσετε να φορτίσω τη μπαταρία; boríte na me woithíßete na fortíßo ti batería?
Können Sie ...	Μπορείτε ... boríte ...
... mich ein Stück mitnehmen?	... να με πάρετε μαζί σας μέχρι ένα σημείο; ... na me párete masí ßaß méchri éna ßimío?
... meinen Wagen abschleppen?	... να ρυμουλκήσετε τ' αμάξι μου; ... na rimulkíßete tamákßi_mu?
... mir einen Abschleppwagen schicken?	... να μου στείλετε ένα ρυμουλκό; ... na mu ßtílete éna rimulkó?
Können Sie mir bitte ... leihen?	Μπορείτε να μου δανείσετε ..., παρακαλώ; boríte na mu dhaníßete ..., parakaló?

Werkzeug und Flickzeug

Draht	σύρμα ßírma
Kabel	καλώδιο kalódhio
Kreuzschlüssel	σταυρός ßtawróß
Schmirgelpapier	γυαλόχαρτο jalócharto
Schraube	βίδα wídha
Schraubenschlüssel	κλειδί klidhí
Schraubenzieher	κατσαβίδι katßawídhi
Steckschlüssel	καρύδι karídhi
Trichter	χωνί choní
Wagenheber	γρύλος ghríloß
Werkzeug	εργαλείο erghalío
Zange	πένσα pénßa

Unfall

Rufen Sie bitte schnell ...	Παρακαλώ καλέστε γρήγορα ... parakaló kaléßte ghríghora ...
... einen Krankenwagen!	... ένα ασθενοφόρο! ... éna aßthenofóro!
... die Polizei!	... την αστυνομία! ... tin aßtinomía!
... die Feuerwehr!	... την πυροσβεστική! ... tin piroswеßtikí!
Es ist ein Unfall passiert!	Έγινε ατύχημα! éjine atíchima!
... Personen sind (schwer) verletzt.	... άτομα τραυματίστηκαν (σοβαρά). ... átoma trafmatíßtikan (ßowará).
Bitte helfen Sie mir.	Σας παρακαλώ, βοηθήστε με. ßaß parakaló, woithíßte‿me.
Ich brauche Verbandszeug.	Χρειάζομαι επίδεσμους. chriásome epídheßmuß.

Es ist nicht meine Schuld.	Δεν φταίω εγώ. dhen ftéo eghó.
Ich möchte, dass wir die Polizei holen.	Θα 'θελα να φωνάξουμε την αστυνομία. tháthela na fonákßume tin‿aßtinomía.
Ich hatte Vorfahrt.	Είχα προτεραιότητα. ícha protereótita.
Sie sind zu dicht aufgefahren.	Δεν κρατήσατε την απόσταση ασφαλείας. dhen kratíßate tin‿apóßtaßi aßfalíaß.
Sie sind zu schnell gefahren.	Παραβιάσατε το όριο ταχύτητας. parawjáßate to ório tachítitaß.
Bitte geben Sie mir Ihre Versicherung und Ihre Versicherungsnummer.	Παρακαλώ, πείτε μου το όνομα και τον αριθμό της ασφάλειάς σας. parakaló, píte mu to ónoma ke ton arithmó tiß aßfáliáß‿ßaß.
Bitte geben Sie mir Ihren Namen und Ihre Adresse.	Παρακαλώ, πείτε μου το όνομα και τη διεύθυνσή σας. parakaló, píte mu to ónoma ke ti dhiéfthinßí‿ßaß.
Können Sie eine Zeugenaussage machen?	Μπορείτε να καταθέσετε ως μάρτυρας; boríte na katathéßete oß mártiraß?

In der Werkstatt

Wo ist die nächste Werkstatt?	Πού είναι το πλησιέστερο συνεργείο; pu íne to plißiéßtero ßinerjío?
Mein Wagen steht (an der Straße nach) ...	Το αμάξι μου βρίσκεται (στο δρόμο προς) ... to amákßi‿mu wríßkete (ßto dhrómo proß) ...

Können Sie ihn abschleppen?	Μπορείτε να το ρυμουλκήσετε; boríte na to rimulkíßete?
Können Sie mal nachsehen?	Μπορείτε να το κοιτάξετε; boríte na to kitákßete?
Die Bremse funktioniert nicht.	Το φρένο δεν λειτουργεί. to fréno dhen liturjí.
Der Scheibenwischer funktioniert nicht.	Οι υαλοκαθαριστήρες δεν λειτουργούν. i jalokatharißtíreß dhen liturjún.
... funktioniert nicht.	... δεν λειτουργεί. dhen liturjí.
Mein Auto springt nicht an.	Το αυτοκίνητό μου δεν παίρνει μπρος. to aftokínitó‿mu dhen pérni broß.
Die Batterie ist leer.	Άδειασε η μπαταρία. ádhjaße i bataría.
Der Motor ...	Η μηχανή ... i michaní ...
... klingt merkwürdig.	... ηχεί παράξενα. ... ichí parákßena.
... zieht nicht.	... δεν τραβάει. ... dhen trawái.
Kann ich mit dem Auto noch fahren?	Μπορώ να κυκλοφορήσω το αυτοκίνητο ακόμη; boró na kikloforíßo to aftokínito akómi?
Machen Sie bitte nur die nötigsten Reparaturen.	Παρακαλώ, κάντε μόνο τις πιο απαραίτητες επισκευές. parakaló, kánde móno tiß pjo aparétiteß epißkewéß.
Wie viel wird die Reparatur ungefähr kosten?	Πόσο θα κοστίσει περίπου η επισκευή; póßo tha koßtíßi perípu i epißkewí?
Wann ist es fertig?	Πότε θα είναι έτοιμο; póte tha íne étimo?

Weitere Wörter

Abschleppseil	σκοινί ρυμούλκησης ßkiní rimúlkißiß
Achse	άξονας ákßonaß
Anlasser	μίζα mísa
Auffahrunfall	(οπίσθια) σύγκρουση (opíßthia) ßínggrußi
Auspuff	εξάτμιση ekßátmißi
auswechseln	αλλάζω aláso
Autobahnauffahrt	είσοδος εθνικής οδού íßodhoß ethnikíß odhú
Autoschlüssel	κλειδιά του αυτοκινήτου klidhjá tu aftokinítu
Batterie	μπαταρία bataría
Benzinkanister	μπιτόνι βενζίνης bitóni wensíniß
Blinklicht	φλας flaß
Bremse	φρένο fréno
Bremsflüssigkeit	υγρό φρένων ighró frénon
Bremslicht	φως φρένων foß frénon
Dichtung	φλάντζα flándsa
Ersatzreifen	ρεζέρβα resérwa
Ersatzteil	ανταλλακτικό andalaktikó
fahren *(Auto)*	οδηγώ odhighó
Feuerlöscher	πυροσβεστήρας piroswеßtíraß
Frostschutzmittel	αντιπηκτικό andipiktikó
Gang	ταχύτητα tachítita
Getriebe	κιβώτιο ταχυτήτων kiwótio tachitíton
Glühbirne	λάμπα lámba
Handbremse	χειρόφρενο chirófreno
Heizung	θέρμανση thérmanßi
Helm	κράνος kránoß
Hupe	κόρνα kórna
Kanister	μπιτόνι bitóni
kaputt	χαλασμένος chalaßménoß
Katalysator	καταλύτης katalítiß

Keilriemen	ιμάντας imándaß
Kfz-Schein	άδεια κυκλοφορίας αυτοκινήτου ádhia kikloforíaß aftokinítu
Kindersitz	παιδικό κάθισμα pedhikó káthißma
Klimaanlage	αιρ-κοντίσιον erkondíßion
Kotflügel	φτερό fteró
Kühler	ψυγείο pßijío
Kühlwasser	νερό ψύξης neró pßíkßiß
Kupplung	συμπλέκτης ßimbléktiß
Kurve	στροφή ßtrofí
Lack	βερνίκι werníki
Landstraße	επαρχιακός δρόμος eparchiakóß dhrómoß
Leerlauf	νεκρή ταχύτητα nekrí tachítita
Lenkung	τιμόνι timóni
Licht	φως foß
Lichtmaschine	δυναμό dhinamó
Luftfilter	φίλτρο αέρος fíltro aéroß
Maut(stelle)	διόδια dhiódhja
Motorhaube	καπό kapó
Motoröl	λάδια μηχανής ládhja michaníß
Ölwechsel	αλλαγή λαδιών alají ladhjón
Parkplatz	πάρκινγκ párking
Parkscheibe	χρονοδείκτης στάθμευσης chronodhíktiß ßtáthmefßiß
Parkuhr	παρκόμετρο parkómetro
Parkverbot	απαγόρευση στάθμευσης apaghórefßi ßtáthmefßiß
Rad	ρόδα ródha
Raststätte	χώρος αναψυχής chóroß anapßichíß
Reifen	λάστιχο láßticho
Reifendruck	πίεση στα λάστιχα píeßi ßta láßticha
Reparatur	επισκευή epißkewí
reparieren	επισκευάζω epißkewáso

Reservekanister	μπιτόνι bitóni
Reservereifen	ρεζέρβα resérwa
Rücklicht	πίσω φως píßo foß
Rückspiegel	πίσω καθρέφτης píßo kathréftiß
Schalter	διακόπτης dhiakóptiß
Scheibenwischer	υαλοκαθαριστήρας ialokatharirißtíraß
Scheibenwischer-blätter	λάστιχα υαλοκαθαριστήρα láßticha ialokatharißtíra
Scheinwerfer	προβολέας prowoléaß
Schiebedach	συρόμενη οροφή ßiròmeni orofí
Schutzbrief	οδική ασφάλεια odhikí aßfália
Sicherheitsgurt	ζώνη ασφαλείας sóni aßfalíaß
Sicherung	ασφάλεια aßfália
Spiegel	καθρέφτης kathréftiß
Starter	μίζα mísa
Starthilfekabel	καλώδιο φόρτισης μπαταρίας kalódhio fórtißiß batariaß
Stoßdämpfer	αμορτισέρ amortißér
Stoßstange	προφυλακτήρας profilaktíraß
Tachometer	ταχύμετρο tachímetro
Unfallprotokoll	πρωτόκολλο ατυχήματος protókolo atichímatoß
Ventil	βαλβίδα walwídha
Verbandskasten	φορητό φαρμακείο foritó farmakío
Vergaser	καρμπιρατέρ karbiratér
Vorfahrt	προτεραιότητα protereótita
Warndreieck	τρίγωνο κινδύνου tríghono kindhínu
Werkstatt	συνεργείο ßinerghío
Wohnmobil	τροχόσπιτο trochóßpito
Zeuge/Zeugin	μάρτυρας mártiraß
Zündkabel	καλώδιο ανάφλεξης kalódhio anáflekßiß
Zündkerze	μπουζί busí
Zündung	ανάφλεξη anáflekßi
Zusammenstoß	τρακάρισμα trakárißma

Erste Kontakte

... die wichtigsten Sätze

Deutsch	Griechisch	Aussprache
Guten Tag!	Καλημέρα!	kaliméra!
Guten Abend!	Καλησπέρα!	kalißpéra!
Hallo!	Γεια σας!	ja Baß!
Hallo!	Γεια σου!	ja ßu!
Tschüs!	Γεια χαρά!	ja chará!
Wie geht's?	Τι κάνεις;	Ti kániß?
Danke, gut. *▸Sich begrüßen, S. 59*	Καλά, ευχαριστώ.	kalá, efcharißtó.
Wie heißen Sie?	Πώς σας λένε;	poß ßaß léne?
Ich heiße ...	Με λένε ...	me léne ...
Treffen wir uns heute Abend?	Θα συναντηθούμε απόψε;	tha ßinandithúme apópße?
Sehr gerne.	Πολύ ευχαρίστως.	polí efcharíßtoß.
Vielleicht.	Ίσως.	íßoß.
Es tut mir leid, aber ich kann nicht. *▸Sich kennenlernen, S. 61*	Λυπάμαι, αλλά δε μπορώ.	lipáme, alá dhe boró.

Sprechen Sie Deutsch?

Μιλάτε γερμανικά;
miláte jermaniká?

Haben Sie verstanden?

Καταλάβατε;
kataláwate?

Ich habe das nicht verstanden.

▸*Sich verständigen, S. 58*

Δεν το κατάλαβα αυτό.
dhén to katálawa aftó.

Vielen Dank.

Ευχαριστώ πολύ.
efcharißtó polí.

Bitte, …

Παρακαλώ, … parakaló, …

Danke, gerne.

Ευχαρίστως. efcharíßtoß.

Entschuldigen Sie!

Με συγχωρείτε!
me ßingchoríte!

Können Sie mir bitte helfen?

Μπορείτε να με βοηθήσετε, παρακαλώ;
boríte na me woithíßete, parakaló?

Wie schade!

Τι κρίμα! ti kríma!

Das gefällt mir.

Αυτό μ' αρέσει.
aftó maréßi.

Das gefällt mir nicht.

▸*Höfliche Wendungen, S. 65*

Δε μ' αρέσει αυτό.
dhe maréßi aftó.

Sich verständigen

Sprechen Sie Deutsch?	Μιλάτε γερμανικά; miláte jermaniká?
Spricht hier jemand …	Μιλάει κανείς εδώ … milái kanís edhó …
… Deutsch?	… γερμανικά; … jermaniká?
… Englisch?	… αγγλικά; … anggliká?
Haben Sie verstanden?	Καταλάβατε; kataláwate?
Ich habe verstanden.	Κατάλαβα. katálawa.
Ich habe das nicht verstanden.	Δεν το κατάλαβα αυτό. dhén to katálawa aftó.
Könnten Sie bitte etwas langsamer sprechen?	Μπορείτε να μιλήσετε λίγο πιο αργά, παρακαλώ; boríte na milíßete lígho pjo arghá, parakaló?
Könnten Sie das bitte wiederholen?	Μπορείτε να το επαναλάβετε αυτό, παρακαλώ; boríte na to epanaláwete aftó, parakaló?
Wie heißt das auf Griechisch?	Πώς το λένε αυτό στα ελληνικά; poß to léne aftó ßta eliniká?
Was bedeutet …?	Τι σημαίνει …; ti ßiméni …?
Könnten Sie es mir bitte aufschreiben?	Μπορείτε να μου το γράψετε αυτό, παρακαλώ; boríte na mu to ghrápßete aftó, parakaló?

Sich begrüßen

Guten Tag!	Καλημέρα! kaliméra!
Guten Abend!	Καλησπέρα! kalißpéra!
Gute Nacht!	Καληνύχτα! kaliníchta!
Hallo!	Γεια σας! ja Baß!
Hallo!	Γεια σου! ja Bu!
Wie geht es Ihnen | dir?	Τι κάνετε | κάνεις; ti kánete | kániß?
Wie geht's?	Πώς πας; poß paß?
Danke, gut. Und Ihnen | dir?	Καλά, ευχαριστώ. Εσείς | Εσύ; kalá, efcharißtó. eßiß | eßi?
Schönen Tag noch!	Καλή σας μέρα! kalí ßaß méra!
Schönes Wochenende!	Καλό Σαββατοκύριακο! kaló ßawatokírjako!

Info

Bei dem Gruß *Hallo* gibt es eine Unterscheidung, ob Sie den Angesprochenen duzen (γεια σου ja ßu) oder siezen (γεια σας ja ßaß). Diese Begrüßung wird auch als Verabschiedung verwendet. Der Unterschied zwischen *du* und *Sie* gilt auch, wenn Sie sich einen schönen Tag bzw. Abend wünschen: in der Sie-Form καλή σας μέρα kalí ßaß méra (schönen Tag Ihnen) bzw. καλό σας βράδυ kaló ßaß wrádhi (schönen Abend Ihnen) und in der du-Form καλή σου μέρα kalí ßu méra (schönen Tag dir) bzw. καλό σου βράδυ kaló ßu wrádhi (schönen Abend dir). Die höfliche Variante für Hallo ist χαίρετε chérete (grüße Sie).

Info

Meist folgt auf die Begrüßung die Frage Τι κάνεις; ti kániß? (Wie geht es dir?) bzw. Τι κάνετε; ti kánete? (Wie geht es Ihnen?), bei der es sich mehr um eine Floskel handelt als um eine tatsächliche Frage nach dem Befinden. Man antwortet mit Πολύ καλά. polí kalá. (Sehr gut.), Καλά. kalá. (Gut.), Μια χαρά. mia chará. (wörtl. Eine Freude.) oder mit Έτσι κι έτσι. etßikétßi. (Es geht so.).

Einen schönen Abend!	Καλό σας βράδυ! kaló ßaß wrádhi!
Es tut mir leid, aber ich muss jetzt gehen.	Λυπάμαι, αλλά πρέπει να φύγω τώρα. lipáme, alá prépi na fígho tóra.
Auf Wiedersehen!	Αντίο! andío!
Bis bald!	Θα τα πούμε σύντομα! tha ta púme ßíndoma!
Bis morgen!	Θα τα πούμε αύριο! tha ta pume áwrio!
Tschüs!	Γεια χαρά! ja chará!
Schön, Sie | dich kennengelernt zu haben.	Χάρηκα που σας | σε γνώρισα. chárika pu ßaß | ße ghnórißa.
Vielen Dank für den netten …	Ευχαριστώ πολύ για την ωραία … efcharistó polí ja tin oréa …
… Abend.	… βραδιά. … wradhjá.
… Tag.	… μέρα. … méra.
Gute Reise!	Καλό ταξίδι! kaló takßídhi!

Sich kennenlernen

Sich bekannt machen

Wie heißen Sie | heißt du?	Πώς σας | σε λένε; poß ßaß | ße léne?
Ich heiße ...	Με λένε ... me léne ...
Darf ich Ihnen ... vorstellen?	Να σας συστήσω ... na ßaß ßißtíßo ...
... meinen Partner./ meine Partnerin.	... τον/την σύντροφό μου; ... ton/tin ßíndrofó_mu?
... meinen Mann	... τον άντρα μου; ... ton ándra_mu?
... meine Frau	... τη γυναίκα μου; ... ti jinéka_mu?
... meinen Freund	... το φίλο μου; ... to fílo_mu?
... meine Freundin	... τη φίλη μου; ... ti fíli_mu?
Woher kommen Sie | kommst du?	Από πού είστε | είσαι; apó pu íßte | íße?
Ich komme aus ...	Είμαι από ... íme apó ...
... Deutschland.	... τη Γερμανία. ... ti jermanía.
... Österreich.	... την Αυστρία. ... tin afßtría.
... der Schweiz.	... την Ελβετία. ... tin elwetía.
Wie alt sind Sie | bist du?	Πόσων χρονών είστε | είσαι; póßon chronón íßte | íße?
Ich bin ... Jahre alt.	Είμαι ... χρονών. íme ... chronón.
Sind Sie | Bist du verheiratet?	Είστε | Είσαι ♂ παντρεμένος / ♀ παντρεμένη; íßte | íße ♂ pandreménoß / ♀ pandreméni?

Ich bin ...	Είμαι ... íme ...
... ledig.	... ♂ ελεύθερος / ♀ ελεύθερη. ... ♂ eléftheroß / ♀ eléftheri.
... verheiratet.	... ♂ παντρεμένος / ♀ παντρεμένη. ... ♂ pandreménoß / ♀ pandreméni.
... geschieden.	... ♂ χωρισμένος / ♀ χωρισμένη. ... ♂ chorißménoß / ♀ chorißméni.
Wir leben getrennt.	Μένουμε χωριστά. ménume chorißtá.
Haben Sie | Hast du Kinder?	Έχετε | Έχεις παιδιά; échete | échiß pedhjá?
Was machen Sie | machst du beruflich?	Τι δουλειά κάνετε | κάνεις; ti dhuljá kánete | kániß?
Ich bin ...	Είμαι ... íme ...

Sich verabreden

Wir könnten etwas zusammen machen, wenn Sie möchten | du möchtest.	Θα μπορούσαμε να κάνουμε κάτι μαζί, εάν θέλετε | θέλεις. tha borúßame na kánume káti masí, eán thélete | théliß.
Treffen wir uns ...	Θα συναντηθούμε ... tha ßinandithúme ...
... heute Abend?	... απόψε; ... apópße?
... morgen?	... αύριο; ... áwrio?
Wollen wir heute Abend zusammen essen?	Να φάμε μαζί απόψε; na fáme masí apópße?
Ich möchte Sie | dich einladen.	Θα 'θελα να σας | σε κεράσω. tháthela na ßaß | ße keráßo.

Wann treffen wir uns?	Πότε να συναντηθούμε; póte na ßinandithúme?
Wo treffen wir uns?	Πού να συναντηθούμε; pú na ßinandithúme?
Wie ist Ihre ...	Πώς είναι το ... póß íne to ...
... Handynummer?	... κινητό σας; ... kinitó_ßaß?
... E-Mail-Adresse?	... email σας; ... iméil_ßaß?
Treffen wir uns doch um ... Uhr.	Ας συναντηθούμε στις ... η ώρα. aß ßinandithúme ßtiß ... i óra.
Ich hole Sie | dich um ... Uhr ab.	Θα περάσω να σας | σε πάρω στις ... η ώρα. tha peráßo na ßaß | ße páro ßtiß ... i óra.
Ich bringe Sie | dich nach Hause.	Θα σας | σε πάω σπίτι. tha ßaß | ße páo ßpíti.
Sehen wir uns noch einmal?	Θα ξαναειδωθούμε; tha kßanaidhothúme?
Sehr gerne.	Πολύ ευχαρίστως. polí efcharíßtoß.
In Ordnung.	Εντάξει. endákßi.
Ich weiß noch nicht.	Δεν ξέρω ακόμη. dhenggséro akómi.
Vielleicht.	Ίσως. íßoß.
Es tut mir leid, aber ich kann nicht.	Λυπάμαι, αλλά δε μπορώ. lipáme, alá dhe boró.
Ich habe schon etwas vor.	Έχω ήδη κανονίσει. écho ídhi kanoníßi.

Flirten

Sind Sie | Bist du alleine hier?	Είστε | Είσαι ♂ μόνος / ♀ μόνη σας | σου εδώ; íßte | íße ♂ mónoß / ♀ móni ßaß ßu edhó?
Darf ich mich zu Ihnen | dir setzen?	Να κάτσω μαζί σας | σου; na kátßo masí ßaß | ßu?
Sehr gerne.	Πολύ ευχαρίστως. polí efcharíßtoß.
Ich warte auf jemanden.	Περιμένω κάποιον. periméno kápjon.
Ich bin mit ... hier.	Είμαι εδώ με ... íme edhó me ...
Lassen Sie mich in Ruhe!	Αφήστε με ♂ ήσυχο / ♀ ήσυχη! afíßte me ♂ íßicho / ♀ íßichi!
Verschwinde!	Φύγε! físe!
Hast du einen Freund?	Έχεις φίλο; échiß fílo?
Hast du eine Freundin?	Έχεις φίλη; échiß fíli?
Du bist wunderschön.	Είσαι ♂ πανέμορφος / ♀ πανέμορφη. íße ♂ panémorfoß / ♀ panémorfi.
Du hast wunderschöne ...	Έχεις πανέμορφα ... échiß panémorfa ...
... Haare.	... μαλλιά. ... maljá.
... Augen.	... μάτια. ... mátja.
Du gefällst mir sehr.	Μ' αρέσεις πολύ. maréßiß polí.
Ich bin gerne mit dir zusammen.	Μ' αρέσει να είμαι μαζί σου. maréßi na íme masí ßu.

Kommst du mit zu mir?
Έρχεσαι σπίτι μου;
ércheße ßpíti mu?

Kann ich mit zu dir kommen?
Μπορώ να 'ρθω σπίτι σου;
boró nártho ßpíti ßu?

Ich mag dich.
Σε συμπαθώ πολύ. ße ßimbathó polí.

Ich liebe dich.
Σ' αγαπώ. ßaghapó.

Ich möchte mit dir schlafen.
Θέλω να κάνουμε έρωτα.
thélo na kánume érota.

Aber nur mit Kondom.
Αλλά μόνο με προφυλακτικό.
alá móno me profilaktikó.

Wann sehen wir uns wieder?
Πότε θα ξαναειδωθούμε;
póte tha kßanaidhothúme?

Höfliche Wendungen

Sehr gut!
Πολύ καλά! polí kalá!

Großartig!
Θαυμάσια! thafmáßia!

Das gefällt mir.
Αυτό μ' αρέσει. aftó maréßi.

Ich bin sehr zufrieden!
Είμαι πολύ ♂ ευχαριστημένος / ♀ ευχαριστημένη!
íme polí ♂ efcharißtiménoß / ♀ efcharißtiméni!

Es ist sehr schön hier.
Είναι πολύ ωραία εδώ. íne polí oréa edhó.

Sehr gerne.
Πολύ ευχαρίστως. polí efcharíßtoß.

Wie schade!
Τι κρίμα! ti kríma!

Das ist mir egal.	Το ίδιο μου κάνει. to ídhio mu káni.
Ich würde lieber ...	Θα προτιμούσα να ... tha protimúßa na ...
Das gefällt mir nicht.	Δε μ' αρέσει αυτό. dhe maréßi aftó.
Das möchte ich lieber nicht.	Καλύτερα όχι. kalítera óchi.
Auf keinen Fall.	Σε καμία περίπτωση. ße kamía períptoßi
Das ist sehr ärgerlich.	Αυτό είναι πολύ εκνευριστικό. aftó íne polí eknewrißtikó.
Vielen Dank.	Ευχαριστώ πολύ. efcharißtó polí.
Darf ich?	Επιτρέπετε; epitrépete?
Bitte, ...	Παρακαλώ, ... parakaló, ...
Danke, gerne.	Ευχαρίστως. efcharíßtoß.
Nein, danke.	Όχι, ευχαριστώ. óchi, efcharißtó.
Können Sie mir bitte helfen?	Μπορείτε να με βοηθήσετε, παρακαλώ; boríte na me woithíßete, parakaló?
Vielen Dank, das ist sehr nett von Ihnen.	Ευχαριστώ πολύ, είναι πολύ ευγενικό εκ μέρους σας. efcharißtó polí, íne polí ewjenikó ek méruß ßaß.
Vielen Dank für Ihre ...	Ευχαριστώ πολύ για ... efcharißtó polí ja ...
... Mühe.	... τον κόπο σας. ... tonggópo_ßaß.
... Hilfe.	... τη βοήθειά σας. ... ti woíthiá_ßaß.
Gern geschehen.	Ευχαρίστησή μου. efcharíßtißí_mu.

Ja, gerne.	Ναι, ευχαρίστως. ne, efcharíßtoß.
Keine Ursache.	Τίποτα. típota.
Entschuldigen Sie!	Με συγχωρείτε! me ßingchoríte!
Tut mir leid, dass ich mich verspätet habe.	Με συγχωρείτε που άργησα. me ßingchoríte pu árjißa.
Das tut mir leid.	Λυπάμαι. lipáme.
Macht nichts!	Δεν πειράζει! dhén pirási!
Das ist mir sehr unangenehm.	Αυτό μου είναι πολύ δυσάρεστο. aftó mu íne polí dhißáreßto.
Das war ein Missverständnis.	Έγινε μία παρεξήγηση. éjine mía parekßíjißi.

Weitere Wörter

Adresse	διεύθυνση dhiéfthinßi
allein	μόνος mónoß
Beruf	επάγγελμα epánggelma
Bruder	αδελφός adhelfóß
danke	ευχαριστώ efcharißtó
erfreut	χαίρομαι chérome
essen gehen	πηγαίνω να φάω pijéno na fáo
Foto	φωτογραφία fotoghrafía
Frau *(Ehefrau)*	σύζυγος ßísighoß
Frau *(Anrede)*	κυρία kiría
Freundin *(Partnerin)*	σύντροφος ßíndrofoß
Freundin *(allg.)*	φίλη fíli
Freund *(Partner)*	σύντροφος ßíndrofoß
Freund *(allg.)*	φίλος fíloß
Geschwister	αδέρφια adhérfja

ich heiße	με λένε me léne
Herr *(Anrede)*	κύριε kírie
Herr	κύριος kírioß
Junge	αγόρι aghóri
kennenlernen	γνωρίζω ghnoríso
Kind	παιδί pedhí
kommen aus	είμαι από íme apó
Land	χώρα chóra
langsam	σιγά sighá
Mädchen	κορίτσι korítßi
Mann	άντρας ándraß
Mann *(Ehemann)*	σύζυγος ßísighoß
mögen	μου αρέσει mu aréßi
Mutter	μητέρα mitéra
Schule	σχολείο ßcholío
Schwester	αδελφή adhelfí
Sohn	γιος joß
sprechen	μιλάω miláo
Stadt	πόλη póli
Student	φοιτητής fititíß
Studentin	φοιτήτρια fitítria
studieren	σπουδάζω ßpudháso
tanzen gehen	πηγαίνω να χορέψω pijéno na chorépßo
Tochter	κόρη kóri
sich treffen	συναντιέμαι ßinandjéme
Urlaub	διακοπές dhiakopéß
Vater	πατέρας patéraß
verheiratet	παντρεμένος pandreménoß
verlobt	αρραβωνιασμένος arawonjaßménoß
sich verabreden	κλείνω ραντεβού klíno randewú
verstehen	καταλαβαίνω katalawéno
warten	περιμένω periméno
wenig	λίγο lígho
wiedersehen	ξαναβλέπω kßanawlépo

Übernachten

... die wichtigsten Sätze

Haben Sie ein Doppelzimmer frei?
Έχετε ένα ελεύθερο δίκλινο δωμάτιο;
échete éna eléfthero dhíklino dhomátio?

Wie viel kostet es? Πόσο κοστίζει; póßo koßtísi?

Gibt es WLAN auf den Zimmern?
Έχει ασύρματη πρόσβαση στο διαδίκτυο στα δωμάτια;
échi aßírmati próswaßi ßto dhiadhíktio ßta dhomátja?

Wie lautet der WLAN-Schlüssel?
Ποιος είναι ο κωδικός πρόσβασης;
pjóß íne o kodhikóß próßwaßiß?

Kann ich mir das Zimmer ansehen?
Μπορώ να δω το δωμάτιο;
boró na dho to dhomátio?

Es ist sehr schön. Ich nehme es.
Είναι πολύ ωραίο. Θα το πάρω.
íne polí oréo. tha to páro.

Wo können wir das Auto abstellen?
Πού μπορούμε να παρκάρουμε το αυτοκίνητο;
pu borúme na parkárume to aftokínito?

Wann gibt es Frühstück?
Τι ώρα σερβίρεται το πρωινό;
ti óra ßerwirete to proinó?

Bitte den Schlüssel für Zimmer ...
Το κλειδί για το δωμάτιο ..., παρακαλώ.
to klidhí ja to dhomátio ..., parakaló.

Machen Sie bitte die Rechnung fertig.
Ετοιμάστε το λογαριασμό, παρακαλώ.
etimáßte to loghariaßmó, parakaló.

Es war sehr schön hier.
▸*Hotel, S. 72*
Περάσαμε πολύ ωραία εδώ.
peráßame polí oréa edhó.

Wir haben die Wohnung ... gemietet.
Νοικιάσαμε το διαμέρισμα ...
nikjáßame to dhiaméribma ...

Wo bekommen wir die Schlüssel?
▸*Ferienwohnung, S. 78*
Από πού θα πάρουμε τα κλειδιά;
apó pu tha párume ta klidhjá?

Wo können wir unser Zelt aufstellen?
Που μπορούμε να στήσουμε
τη σκηνή μας;
pu borúme na ßtíßume ti ßkiní‿maß?

Wo sind die Waschräume?
Που είναι τα λουτρά;
pu íne ta lutrá?

Gibt es hier Stromanschluss?
▸*Camping, S. 79.*
Υπάρχει παροχή ρεύματος εδώ;
ipárc̮hi paroc̮hí réfmatoß edhó?

Hotel

Ankunft

Ich habe ein Zimmer reserviert auf den Namen ...	Έκλεισα ένα δωμάτιο στο όνομα ... éklißa éna dhomátio ßto ónoma ...
Haben Sie ein Einzelzimmer frei?	Έχετε ένα ελεύθερο μονόκλινο δωμάτιο; échete éna eléfthero monóklino dhomátio?
Haben Sie ein Doppelzimmer frei ...	Έχετε ένα ελεύθερο δίκλινο δωμάτιο ... échete éna eléfthero dhíklino dhomátio ...
... für eine Nacht?	... για μία νύχτα; ... ja mía níchta?
... für ... Nächte?	... για ... νύχτες; ... ja ... níchteß?
... mit Bad?	... με μπάνιο; ... me bánio?
... mit Dusche?	... με ντους; ... me dúß?
... mit Balkon?	... με μπαλκόνι; ... me balkóni?
... mit Klimaanlage?	... με αιρ-κοντίσιον; ... me erkondíßion?
... mit Ventilator?	... με ανεμιστήρα; ... me anemißtíra?
... mit Blick aufs Meer?	... με θέα στη θάλασσα; ... me théa ßti thálaßa?
... nach hinten hinaus?	... που να κοιτάει πίσω; ... pu na kitái píßo?

Das könnten Sie hören:

◂Δυστυχώς είμαστε πλήρεις.
dhißtichóß imaßte plíriß.
Wir sind leider ausgebucht.

◂ Αύριο αδειάζει ένα δωμάτιο.
áwrio adhiási éna dhomátio.
Morgen wird ein Zimmer frei.

◂ Στις ... του μηνός αδειάζει ένα δωμάτιο.
ßtiß ... tu minóß adhiási éna dhomátio.
Am ... wird ein Zimmer frei.

Wie viel kostet es ...	Πόσο κοστίζει ... póßo koßtísi ...
... mit Frühstück?	... με πρωινό; ... me proinó?
... ohne Frühstück?	... χωρίς πρωινό; ... choríß proinó?
... mit Halbpension?	... με ημιδιατροφή; ... me imidhiatrofí?
... mit Vollpension?	... με πλήρη διατροφή; ... me plíri dhiatrofí?
Gibt es für ... Nächte eine Ermäßigung?	Κάνετε έκπτωση για ... νύχτες; kánete ékptoßi ja ... níchteß?
Gibt es WLAN auf den Zimmern?	Έχει ασύρματη πρόσβαση στο διαδίκτυο στα δωμάτια; échi aßírmati próswaßi ßto dhiadhíktio ßta dhomátja?

Info

Übernachten können Sie in Griechenland in Hotels (ξενοδοχείο kßenodochío), Privatunterkünften (ενοικιαζόμενο δωμάτιο enikjazómeno dhomátio), Ferienwohnungen (ενοικιαζόμενο διαμέρισμα enikjasómeno dhiaméríßma) oder auf dem Campingplatz (κάμπινγκ kámbing). Spontanreisende, die sich erst vor Ort eine Unterkunft suchen möchten, werden außerhalb der Saison kaum Probleme haben.

Wie lautet der WLAN-Schlüssel?	Ποιος είναι ο κωδικός πρόσβασης; pjóß íne o kodhikóß próßwaßiß?
Brauche ich ein Passwort?	Χρειάζομαι έναν κωδικό πρόσβασης; chriásome énan kodhikó próswaßiß?
Kann ich mir das Zimmer ansehen?	Μπορώ να δω το δωμάτιο; boró na dho to dhomátio?
Haben Sie noch ein anderes Zimmer?	Έχετε και άλλο δωμάτιο; échete ke álo dhomátio?
Es ist sehr schön. Ich nehme es.	Είναι πολύ ωραίο. Θα το πάρω. íne polí oréo. tha to páro.
Könnten Sie ein zusätzliches Bett aufstellen?	Θα μπορούσατε να βάλετε ένα κρεβάτι επιπλέον; tha borúßate na wálete éna krewáti epipléon?
Könnten Sie ein Kinderbett aufstellen?	Θα μπορούσατε να βάλετε ένα παιδικό κρεβάτι; tha borúßate na wálete éna pedhikó krewáti?
Können Sie mein Gepäck aufs Zimmer bringen?	Μπορείτε να φέρετε τις αποσκευές μου στο δωμάτιο; boríte na férete tiß apoßkewés‿mu ßto dhomátio?
Wo ist das Bad?	Πού είναι το μπάνιο; pu íne to bánio?
Wo kann ich meinen Wagen abstellen?	Πού μπορώ να παρκάρω το αυτοκίνητό μου; pu boró na parkáro to aftokínitó‿mu?

Wann gibt es Frühstück?	Τι ώρα σερβίρεται το πρωινό; ti óra ßerwirete to proinó?
Wo ist der …	Πού είναι η … pu íne i …
… Speisesaal?	… τραπεζαρία; … trapesaría?
… Frühstücksraum?	… αίθουσα πρωινού; … éthußa proinú?
Gibt es eine Kinderbetreuung?	Υπάρχει υπηρεσία φύλαξης παιδιών; ipárchi ipireßía fílakßiß pedhjón?
Haben Sie eine Schlüsselkarte für mich?	Έχετε μία κάρτα-κλειδί για μένα; échete mía kárta-klidhí ja ména?

Service

Bitte den Schlüssel für Zimmer …	Το κλειδί για το δωμάτιο …, παρακαλώ. to klidhí ja to dhomátio …, parakaló.
Ist eine Nachricht für mich da?	Υπάρχουν μηνύματα για μένα; ipárchun minímata ja ména?
Kann ich Ihnen meine Wertsachen zur Aufbewahrung geben?	Μπορώ να σας δώσω τα αντικείμενα αξίας μου για να τα φυλάξετε; boró na ßaß dhóßo ta andikímena akßiaß‿mu ja na ta filákßete?
Ich möchte meine Wertsachen abholen.	Θα 'θελα να πάρω τα αντικείμενα αξίας μου. tháthela na páro ta andikímena akßiaß‿mu.
Meine Tür lässt sich nicht abschließen.	Η πόρτα μου δεν κλειδώνει. i pórta mu dhen klidhóni.

Kann ich bitte noch ... haben?	Μπορώ να έχω ... ακόμη, παρακαλώ; boró na écho ... akómi, parakaló?
... eine Decke	... μία κουβέρτα ... mía kuwérta
... ein Handtuch	... μία πετσέτα ... mía petßéta
... ein paar Kleiderbügel	... λίγες κρεμάστρες ... líjeß kremáßtreß
... ein Kopfkissen	... ένα μαξιλάρι ... éna makßilári
Das Fenster geht nicht ...	Το παράθυρο δεν ... to paráthiro dhen ...
... auf.	... ανοίγει. ... aníji.
... zu.	... κλείνει. ... klíni.
Es kommt kein (warmes) Wasser.	Δεν έχει (ζεστό) νερό. dhen échi (seßtó) neró.
Der Wasserhahn tropft.	Η βρύση στάζει. i wríßi ßtási.
Der Abfluss ist verstopft.	Βούλωσε το σιφόνι. wúloße to ßifóni.
Die Toilette ist verstopft.	Βούλωσε η τουαλέτα. wúloße i tualéta.
... ist schmutzig.	... είναι βρώμικος. ... íne wrómikoß.
... funktioniert nicht.	... δε λειτουργεί. ... dhe liturjí.
Ich habe mich aus meinem Zimmer ausgesperrt.	Κλειδώθηκα έξω από το δωμάτιό μου. klidhóthika ékßo apó to dhomatió mu.

Abreise

Wecken Sie mich bitte (morgen) um ... Uhr.	Παρακαλώ, ξυπνήστε με (αύριο) στις ... η ώρα. parakaló, kßipníßte_me (áwrio) ßtiß ... i óra.
Wir reisen morgen ab.	Φεύγουμε αύριο. féwghume áwrio.
Machen Sie bitte die Rechnung fertig.	Ετοιμάστε το λογαριασμό, παρακαλώ. etimáßte to logharıaßmó, parakaló.
Kann ich mit ... zahlen?	Μπορώ να πληρώσω με ... κάρτα; boró na pliróßo me ... kárta?
... Debitkarte	... χρεωστική ... chreoßtikí
... Kreditkarte	... πιστωτική ... pißtotikí
Es war sehr schön hier.	Περάσαμε πολύ ωραία εδώ. peráßame polí oréa edhó.
Bis wann muss man auschecken?	Μέχρι τι ώρα πρέπει να κάνουμε check out; méchri ti óra prépi na kánume tßek áut?
Kann ich später auschecken?	Μπορώ να κάνω check out αργότερα; boró na káno tßek áut arghótera?
Kann ich mein Gepäck noch bis ... Uhr hierlassen?	Μπορώ ν' αφήσω τις αποσκευές μου εδώ μέχρι τις ... η ώρα; boró nafíßo tiß apoßkewés_mu edhó méchri tiß ... i óra?
Rufen Sie bitte ein Taxi.	Καλέστε ένα ταξί, παρακαλώ. kaléßte éna takßí, parakaló.

Info

Die Abflussrohre haben in der Regel einen sehr geringen Durchmesser. Deshalb sollten Sie das Toilettenpapier nicht hinunterspülen, sondern in den dafür vorgesehenen Eimer werfen. In den meisten Toiletten hängt daher auch das Schild: Μη ρίχνετε χαρτιά στη λεκάνη mi ríchnete chartjá ßti lekáni (Werfen Sie kein Papier in die Toilettenschüssel).

Ferienwohnung

Wir haben die Wohnung ... gemietet.	Νοικιάσαμε το διαμέρισμα ... nikjáßame to dhiaméríßma ...

Das könnten Sie hören:

◂ Θα μπορούσα να έχω το voucher σας;
tha borúßa na écho to wáutßer‿ßaß?
Dürfte ich bitte Ihren Gutschein haben?

Wo bekommen wir die Schlüssel?	Από πού θα πάρουμε τα κλειδιά; apó pu tha párume ta klidhjá?
Wo können wir das Auto abstellen?	Πού μπορούμε να παρκάρουμε το αυτοκίνητο; pu borúme na parkárume to aftokínito?
Wie ist hier die Netzspannung?	Πως είναι εδώ η τάση ηλεκτρικού δικτύου; poß íne edhó i táßi ilektrikú diktíu?
Wir brauchen noch ...	Χρειαζόμαστε και ... chriasómaßte ke ...
... Bettwäsche.	... άλλα σεντόνια. ... ála ßedónia.
... Geschirrtücher.	... άλλες πετσέτες κουζίνας. ... áleß petßéteß kusínaß.

Wo ist der Sicherungskasten?
Πού είναι ο πίνακας διανομής;
pu íne o pínakaß dhianomíß?

Erklären Sie uns bitte, wie ... funktioniert?
Εξηγήστε μας πώς λειτουργεί ..., παρακαλώ;
ekßijíßte‿maß poß liturjí ..., parakaló?

... die Spülmaschine
... το πλυντήριο πιάτων
... to plindírio piáton

... der Herd
... η κουζίνα ... i kusína

... die Waschmaschine
... το πλυντήριο
... to plindírio

Wohin kommt der Müll?
Πού θα πετάξουμε τα σκουπίδια;
pu tha petákßume ta ßkupídhja?

Wo ist ...
Πού είναι ... pu íne ...

... die nächste Bushaltestelle?
... η πλησιέστερη στάση του λεωφορείου;
... i plißiéßteri ßtáßi tu leoforíu?

... ein Lebensmittelgeschäft?
... ένα μπακάλικο; ... éna bakáliko?

... eine Bäckerei?
... ένας φούρνος; ... énaß fúrnoß?

Camping

Dürfen wir auf Ihrem Grundstück zelten?
Μπορούμε να κατασκηνώσουμε στο οικόπεδό σας;
borúme na kataßkinóßume ßto ikópedhó‿ßaß?

Haben Sie noch Platz für ...?
Έχετε ακόμα χώρο για ...;
échete akóma chóro ja ...?

Wie hoch ist die Gebühr für ...
Πόσο κοστίζει για ...
póßo koßtísi ja ...

... zwei Erwachsene und ... Kinder?
... δύο ενήλικες και ... παιδιά;
... dhío enílikeß ke ... pedhjá?

... einen Pkw mit Wohnwagen?
... ένα αυτοκίνητο κι ένα τροχόσπιτο;
... éna aftokínito kjéna trochóßpito?

... ein Wohnmobil?
... ένα τροχόσπιτο; ... éna trochóßpito?

... ein Zelt?
... μία σκηνή; ... mía ßkiní?

Vermieten Sie auch ...
Νοικιάζετε και ... nikjásete ke ...

... Bungalows?
... μπαγκαλόου; ... banggalóu?

... Wohnwagen?
... τροχόσπιτα; ... trochóßpita?

Vermieten Sie auch Hütten?
Νοικιάζετε και καλύβες;
nikjásete ke kalíweß?

Wir möchten einen Tag bleiben.
Θα θέλαμε να μείνουμε μία μέρα.
tha thélame na mínume mía méra.

Wir möchten ... Tage bleiben.
Θα θέλαμε να μείνουμε ... μέρες.
tha thélame na mínume ... méreß.

Wo können wir ... aufstellen?
Πού μπορούμε να στήσουμε ...
pu borúme na ßtíßume ...

... unser Zelt
... τη σκηνή μας; ... ti ßkiní_maß?

... unseren Wohnwagen
... το τροχόσπιτό μας;
... to trochóßpitó_maß?

Wo sind die ...
Πού είναι ... pu íne ...

... Waschräume?
... τα λουτρά; ... ta lutrá?

... Toiletten?
... οι τουαλέτες; ... i tualéteß?

Wo kann ich das Chemieklo entsorgen?	**Πού μπορώ να αδειάσω τη χημική τουαλέτα;** pu boró na adhiáßo ti chimikí tualéta?
Kann ich hier Gasflaschen ...	**Μπορώ να ... φιάλες γκαζιού εδώ;** boró na ... fjáleß gasjú edhó?
... kaufen?	**... αγοράσω** ... aghoráßo
... umtauschen?	**... αλλάξω** ... alákßo
Gibt es hier Stromanschluss?	**Υπάρχει παροχή ρεύματος εδώ;** ipárchi parochí réfmatoß edhó?

Weitere Wörter

Abfluss .... **σιφόνι** ßifóni
abreisen .... **φεύγω** féwgho
Adapter .... **αντάπτορας** adáptoraß
Anmeldung .... **δήλωση** dhíloßi
Anzahlung .... **προκαταβολή** prokatawolí
Appartement .... **διαμέρισμα** dhiaméríßma
Aschenbecher .... **σταχτοδοχείο** ßtachtodhochío
Aufzug .... **ασανσέρ** aßanßér
Badewanne .... **μπανιέρα** banjéra
Beanstandung .... **παράπονο** parápono
Besen .... **σκούπα** ßkúpa
Bett .... **κρεβάτι** krewáti
Bettdecke .... **κουβέρτα** kuwérta
Bettlaken .... **σεντόνι** ßedóni
Bettwäsche .... **σεντόνια** ßedónja
bügeln .... **σιδερώνω** ßidheróno
Bungalow .... **μπαγκαλόου** banggalóu
Campingplatz .... **κάμπινγκ** kámbing
Doppelbett .... **διπλό κρεβάτι** dhipló krewáti
Dusche .... **ντους** duß

Einzelbett .... μονό κρεβάτι monó krewáti
Empfang .... ρεσεψιόν reßepßión
Endreinigung .... τελικός καθαρισμός telikóß katharißmóß
Erdgeschoss .... ισόγειο ißójio
Etage .... όροφος órofoß
Etagenbetten .... κουκέτες kukéteß
Fenster .... παράθυρο paráthiro
Ferienhaus .... εξοχική κατοικία ekßochikí katikía
Ferienwohnung .... ενοικιαζόμενο διαμέρισμα enikjasómeno dhiaméríßma
Fernseher .... τηλεόραση tileóraßi
Fernsehraum .... αίθουσα τηλεόρασης éthußa tileóraßiß
Foyer .... φουαγιέ fuajé
Frühstücksbüfett .... πρωινός μπουφές proinóß bufėß
Gaskartusche .... φιάλη για το γκαζάκι fjáli ja to gasáki
Gaskocher .... γκαζάκι gasáki
Geschirr .... πιατικά pjatiká
Geschirrtuch .... πετσέτα κουζίνας petßéta kusínaß
Glas .... ποτήρι potíri
Glühbirne .... λάμπα lámba
Hammer .... σφυρί ßfirí
Handtuch .... πετσέτα petßéta
Hauptsaison .... υψηλή περίοδος ipßilí períodhoß
Hausverwaltung .... διαχείριση dhiachírißi
Heizung .... θέρμανση thérmanßi
Herdplatte .... μάτι máti
Hering .... πασσαλάκι paßaláki
Hütte .... καταφύγιο katafíjio
Internetanschluss .... πρόσβαση στο Ίντερνετ próswaßi ßto ínternet
Isomatte .... μονωτικό στρώμα monotikó ßtróma
Kaffeemaschine .... καφετιέρα kafetérja
Kamin .... τζάκι dsáki

Kaminholz .... ξύλα για το τζάκι kßíla ja to dsáki
kaputt .... χαλασμένος chalaßménoß
Kaution .... εγγύηση enggíißi
Kinderbett .... παιδικό κρεβάτι pedhikó krewáti
Kleiderbügel .... κρεμάστρα kremáßtra
Kocher .... βραστήρας wraßtíraß
Kopfkissen .... μαξιλάρι makßilári
Kühlschrank .... ψυγείο pßijío
Lampe .... λάμπα lámba
Leihgebühr .... τιμή ενοικίασης timí enikíaßiß
Licht .... φως foß
Luftmatratze .... φουσκωτό στρώμα fußkotó ßtróma
Matratze .... στρώμα ßtróma
Miete .... νοίκι níki
mieten .... νοικιάζω nikjáso
Minibar .... μινιμπάρ minibár
Moskitonetz .... κουνουπιέρα kunupjéra
Moskitospirale .... φιδάκι fidháki
Mülleimer .... σκουπιδοτενεκές ßkupidhotenekéß
Nachsaison .... χαμηλή περίοδος chamilí períodhoß
Netzspannung .... τάση ηλεκτρικού δικτύου táßi ilektrikú dhiktíu
Notausgang .... έξοδος κινδύνου ékßodhoß kindhínu
Putzmittel .... καθαριστικό katharißtikó
Rechnung .... λογαριασμός logharjaßmóß
reservieren .... κλείνω klíno
reserviert .... κλεισμένος klißménoß
Rezeption .... ρεσεψιόν reßepßión
Safe .... χρηματοκιβώτιο chrimatokiwótio
Schlafsaal .... θάλαμος thálamoß
Schlafsack .... σλίπινγκ-μπαγκ ßlípingbag
Schlüssel .... κλειδί klidhí
Schlüsselkarte .... κάρτα-κλειδί kárta klídhi
schmutzig .... βρώμικος wrómikoß

Schrank	ντουλάπα dulápa
Sessel	πολυθρόνα polithróna
Sicherung	ασφάλεια aßfália
Spiegel	καθρέφτης kathréftiß
Spülung	καζανάκι kasanáki
Steckdose	πρίζα prísa
Stecker	φις fiß
Stuhl	καρέκλα karékla
Swimmingpool	πισίνα pißína
Telefon	τηλέφωνο tiléfono
Terrasse	ταράτσα tarátßa
Tisch	τραπέζι trapési
Toilette	τουαλέτα tualéta
Toilettenpapier	χαρτί υγείας chartí ijíaß
Trinkwasser	πόσιμο νερό póßimo neró
Übernachtung	διανυκτέρευση dhianiktérefßi
Ventilator	ανεμιστήρας anemißtíraß
Verlängerungskabel	μπαλαντέζα baladésa
Verlängerungswoche	παράταση μίας εβδομάδας parátaßi míaß ewdomádhaß
Vermieter	ενοικιαστής enikjastís
Voranmeldung	κράτηση krátißi
Vorsaison	χαμηλή περίοδος chamilí períodhoß
Waschbecken	νιπτήρας niptíraß
waschen	πλένω pléno
Wäschetrockner	στεγνωτήριο steghnotírio
Waschmaschine	πλυντήριο plindírio
Waschmittel	απορρυπαντικό aporipandikó
Waschraum	λουτρό lutró
Wasser	νερό neró
Wasserhahn	βρύση wríßi

Essen & Trinken

... die wichtigsten Sätze

Einen Tisch für ... Personen bitte.
Ένα τραπέζι για ... άτομα, παρακαλώ.
éna trapési ja ... átoma, parakaló.

Ist dieser Tisch noch frei?
Είναι ελεύθερο αυτό το τραπέζι;
íne eléfthero aftó to trapési?

Entschuldigung, wo sind die Toiletten?
▸Restaurantsuche, S. 105
Συγγνώμη, πού είναι οι τουαλέτες;
ßighnómi, pu íne i tualéteß?

Die Karte bitte.
Τον κατάλογο, παρακαλώ.
ton katálogho, parakaló.

Ich möchte nur etwas trinken.
Θα 'θελα να πιω κάτι μόνο.
tháthela na pjo káti móno.

Gibt es jetzt noch etwas zu essen?
Έχετε ακόμη φαγητό;
échete akómi fajitó?

Was empfehlen Sie mir?
Τι μου προτείνετε;
ti mu protínete?

Ich möchte noch etwas Brot.
Θα 'θελα λίγο ψωμί ακόμη.
tháthela lígho pßomí akómi.

Bitte bringen Sie mir noch ...
▸Bestellen, S. 106
Παρακαλώ, φέρτε μου ... ακόμη.
parakaló, férte_mu ... akómi.

Guten Appetit!
Καλή όρεξη!
kalí órekßi!

Zum Wohl!
Γεια μας!
ja maß!

Danke, gleichfalls!
Ευχαριστώ, επίσης!
efcharißtó, epíßiß!

Was ist das?
Τι είναι αυτό;
ti íne aftó?

Danke, ich bin satt.
Ευχαριστώ. Χόρτασα.
efcharißtó. chórtaßa.

Danke für die Einladung.
Ευχαριστώ για την πρόσκληση.
efcharißtó ja tin próßklißi.

Es war ausgezeichnet.
▸Gemeinsam essen, S. 110
Ήταν εξαιρετικό.
ítan ekßeretikó.

Hier fehlt noch ...
▸Reklamieren, S. 112
Εδώ λείπει ακόμη ...
edhó lípi akómi ...

Die Rechnung bitte!
▸Bezahlen, S. 113
Το λογαριασμό, παρακαλώ!
to loghariaßmó, parakaló!

πρωινό proinó
Frühstück

αβγό awghó	Ei
αβγό μάτι awghó máti	Spiegelei
μελάτο βραστό αβγό meláto wraßtó awghó	weich gekochtes Ei
σφιχτό βραστό αβγό ßfichtó wraßtó awghó	hart gekochtes Ei
αμερικάνικο πρωινό amerikániko proinó	amerikanisches Frühstück
βούτυρο wútiro	Butter
γάλα ghála	Milch
γιαούρτι jaúrti	Joghurt
γιαούρτι με μέλι και καρύδια jaúrti me méli ke karídhja	Joghurt mit Honig und Walnüssen
ζάχαρη sáchari	Zucker
καφές kaféß	Kaffee
καφές με γάλα kaféß me ghála	Milchkaffee
κουλούρι kulúri	Sesamkringel
κρύα σοκολάτα kría ßokoláta	kalte Schokolade
μαρμελάδα marmeládha	Marmelade
μέλι méli	Honig
μούσλι múßli	Müsli
ομελέτα omeléta	Omelett

πρωινό continental proinó kontinéntal	kontinentales Frühstück
τηγανισμένα χτυπητά αβγά tighanißména chtipitá awghá	Rührei
τοστ toßt	Toast
τσάι tßái	Tee
τυρί tirí	Käse
φυσικός χυμός fißikóß chimóß	frisch gepresster Saft
φρυγανιά frighaniá	Zwieback
ψωμί pßomí	Brot

ορεκτικά και σαλάτες orektiká ke ßaláteß
Vorspeisen und Salate

αγγουροντοματοσαλάτα angurodomatoßaláta	Gurken-Tomatensalat
ελιές eljéß	Oliven
κοπανιστή kopanißtí	Käsecreme mit Knoblauch, Peperoni und Paprika
κρητικός ντάκος kritikóß dákoß	kretischer Brotsalat
μαρούλι marúli	Römersalat
μελιτζανοσαλάτα melidsanoßaláta	Auberginenmus
ντολμαδάκια dolmadhákja	gefüllte Weinblätter

πολίτικη σαλάτα politiki ßaláta	Kohlsalat
σαλάτα εποχής ßaláta epochíß	Saisonsalat
σαλάτα του σεφ ßaláta tu ßef	Chefsalat
ταραμοσαλάτα taramoßaláta	Fischrogenpaste
τζατζίκι dsadsíki	Zaziki
τυροκαυτερή tirokafterí	scharfe Käsecreme
χωριάτικη choriátiki	Bauernsalat

ζεστά ορεκτικά seßtá orektiká
Warme Vorspeisen

κολοκυθάκια τηγανητά kolokithákja tighanitá	gebratene Zucchini
κολοκυθοκεφτέδες kolokithokeftédheß	Zucchinifrikadellen
μελιτζάνες τηγανητές melidsáneß tighanitéß	gebratene Auberginen
πιπεριές Φλωρίνης τηγανητές piperjéß floríniß tighanitéß	gebratene Paprikaschoten
σαγανάκι ßaghanáki	gebratener/gegrillter Schafs- oder Hartkäse
σπανακοπιτάκια ßpanakopitákja	kleine Blätterteigtaschen mit Spinat- und Schafskäsefüllung

ντοματοκεφτέδες domatokeftédhes	Tomatenpuffer
τυροπιτάκια tiropitákja	kleine Blätterteigtaschen mit Schafskäsefüllung
φάβα fáwa	Platterbsenpüree

σνακ snak
Snacks

ζαμπονοτυρόπιτα sambonotirópita	Schinken-Käse-Tasche
κλαμπ σάντουϊτς klab ßánduitß	Club Sandwich mit Pommes frites
μπουγάτσα bughátßa	Teigtasche mit Puddingfüllung
σπανακόπιτα ßpanakópita	Spinat-Käse-Tasche
τοστ με τυρί και ζαμπόν toßt me tirí ke sambón	Schinken-Käse-Toast
τυρόπιτα tirópita	Käsetasche

σούπες ßúpeß
Suppen

κοτόσουπα kotóßupa	Hühnersuppe
μαγειρίτσα majirítßa	Ostersuppe aus Lamminnereien
φακές fakéß	Linsensuppe

φασολάδα faßoládha	Bohnensuppe
χορτόσουπα chortóßupa	Gemüsesuppe
ψαρόσουπα pßaróßupa	Fischsuppe

κρεατικά kreatiká
Fleischgerichte

αρνάκι στάμνας arnáki ßtámnaß	Lamm im Tontopf
γιουβαρλάκια juwarlákja	gekochte Fleischklößchen
γιουβέτσι juwétßi	Fleischstückchen mit Reisnudeln und Tomatensoße, im Ofen gebacken
γύρος jíroß	Gyros
κεφτεδάκια keftedhákia	gebratene Frikadellen
κλέφτικο kléftiko	Fleischstückchen, mit Gewürzen im Ofen gebacken
κοκορέτσι kokorétßi	Innereien, am Spieß gegrillt
κουνέλι kunéli	Kaninchen
κρεατόπιτα kreatópita	Fleischpastete
λαχανοντολμάδες lachanodolmádheß	Kohlrouladen
μακαρόνια με κιμά makarónja me kimá	Spaghetti mit Hackfleischsoße
μοσχάρι κοκκινιστό moßchári kokinißtó	Rindfleisch, in Tomatensoße gekocht
μοσχάρι λεμονάτο moßchári lemonáto	Rindfleisch, in Zitronensoße gekocht

μουσακάς mußakáß	Moussaka
μπεκρή μεζέ bekrí mesé	Rindfleischstückchen, gekocht mit Soße
μπιφτέκι biftéki	gegrillte Frikadelle
μπριζόλα μοσχαρίσια brisóla moßcharíßia	Rindersteak
μπριζόλα χοιρινή brisóla chiriní	Schweinesteak
παϊδάκια paidhákja	Lammrippchen
πανσέτα panßéta	Bauchspeck
παπουτσάκια paputßákia	Auberginen, gefüllt mit Käse und Hackfleisch, im Ofen gebacken
παστίτσιο paßtítßio	Auflauf aus Makkaroni, Hackfleisch und Béchamelsoße
η πίτα με γύρο i píta me jíro	Pita-Wrap mit Gyros
η πίτα με σουβλάκι i píta me suwláki	Pita-Wrap mit Souvlaki
η ποικιλία κρεατικών i pikilía kreatikón	gemischte Fleischplatte
σουβλάκι χοιρινό ßuwláki chirinó	Fleischspieß aus Schweinefleisch
σουβλάκι μοσχαρίσιο ßuwláki moßcharíßio	Fleischspieß aus Rindfleisch
σουτζουκάκια ßudsukákia	Hackröllchen
σπετσοφάι ßpedsofái	gewürzte Wurststücke in Tomatensoße mit Peperoni

στιφάδο ßtifádho	Rind oder Kaninchen gekocht mit Zwiebeln und Tomatensoße
συκώτι ßikóti	Leber
φιλέτο filéto	Filet
ψαρονέφρι pßaronéfri	Lende

πουλερικά pulerikà
Geflügel

γαλοπούλα ghalopúla	Truthahn
κόκορας με μακαρόνια kókoraß me makarónja	Hähnchen in Tomatensoße mit Nudeln
κόκορας κρασάτος kókoraß kraßátoß	Hähnchen, in Wein gekocht
κοτόπουλο στα κάρβουνα kotópulo ßta kárwuna	Hühnchen vom Grill
κοτόπουλο στο φούρνο kotópulo ßto fúrno	Hühnchen aus dem Ofen

ψάρια pßárja
Fisch

αθερίνα atherína	Sandstinte, gebraten
αντζούγιες adßújeß	Anchovis
γαλέος ghaléoß	Glatthai
γαύρος gháwroß	europ. Sardelle

γλώσσα ghlóßa	Seezunge
κουτσομούρα kutßomúra	Rotbarbe
λαβράκι lawráki	europäischer Wolfsbarsch
λιθρίνια lithrínja	Rotbrasse
μαρίδα marídha	Schnauzenbrasse, gebraten
μπακαλιάρος bakaliároß	Kabeljau
μπαρμπούνι barbúnji	Streifenbarbe
ξιφίας kßifíaß	Schwertfisch
σαρδέλα ßardhéla	Sardine
σολωμός ßolomóß	Lachs
σουπιά ßupjá	Sepia
συναγρίδα ßinaghrída	Zahnbrasse
τόνος tónoß	Thunfisch
τσιπούρα tßipúra	Goldbrasse

θαλασσινά thalaßiná
Meeresfrüchte

αστακός aßtakóß	Hummer
αχινός achinóß	Seeigel
γαρίδες gharídheß	Garnelen
καβούρι kawúri	Krabbe
καλαμαράκια kalamarákja	Calamari
μύδια mídhja	Miesmuscheln
χταπόδι chtapódhi	Oktopus

ποικιλία θαλασσινών pikilía thalaßinón	gemischte Meeresfrüchteplatte

Χορτοφαγικά φαγητά chortofajiká fajitá
Vegetarische Gerichte

τραχανάς trachanás	Suppe mit einer Getreideart und Milchprodukten
μελιτζάνες με ντομάτα και τυρί στον φούρνο melidsáneß me domáta ke tirí ston fúrno	Auberginen-Tomaten-Käse-Auflauf

Αυστηρά χορτοφαγικά φαγητά afstirá chortofajiká fajitá
Vegane Gerichte

πατάτες γιαχνί patáteß jachní	Kartoffeln mit geschmorten Zwiebeln und Tomaten
σπανακόρυζο ßpanakóriso	Spinatreis

γαρνιτούρες gharnitúreß
Beilagen

κριθαράκι kritharáki	Reisnudeln
μακαρόνια makarónja	Nudeln

πατάτες στο φούρνο patáteß ßto fúrno	Ofenkartoffeln
πατάτες βραστές patáteß wraßtéß	Salzkartoffeln
πατάτες τηγανητές patáteß tighanitéß	Pommes frites
πουρές πατάτας puréß patátaß	Kartoffelbrei
ρύζι rísi	Reis
σκορδαλιά ßkordhaljá	Knoblauchpaste
χυλοπίτες c͜hilopíteß	Eiernudeln

λαχανικά lachaniká
Gemüse

αγκινάρες angginároß	Artischocken
αρακάς arakáß	Erbsen
βλήτα wlíta	Amaranth-Wildgemüse
γεμιστά jemißtá	gefüllte Tomaten und Paprika (oft mit Hackfleisch)
γίγαντες jíghandeß	dicke Bohnen
ιμάμ μπαϊλντί imám baildí	gefüllte Auberginen mit Tomaten, Knoblauch, Zwiebeln und Petersilie
καρότο karóto	Karotte
κολοκυθάκια kolokithákja	Zucchini
κουνουπίδι kunupídhi	Blumenkohl

μανιτάρια manitárja	Pilze
μπάμιες bámieß	Okraschoten
μπριάμ briám	Zucchini, Auberginen, Paprikaschoten, Tomaten und Kartoffeln, im Ofen gegart
μπρόκολο brókolo	Brokkoli
ντομάτα domáta	Tomate
παντζάρια padsárja	Rote Bete
πιπεριά piperjá	Paprikaschote
ρεβύθια rewíthja	Kichererbsen
σέλινο ßélino	Sellerie
φασολάκια faßolákja	gekochte grüne Bohnen mit Tomatensoße und Zwiebeln
χόρτα chórta	gekochte Wildkräuter, lauwarm mit Öl und Zitrone

τρόποι μαγειρέματος trópi majirématoß
Zubereitungsarten

βραστός wraßtóß	in Wasser gekocht
γεμιστός jemißtóß	gefüllt
καλοψημένος kalopßiménoß	durchgebraten
κοκκινιστός kokinißtóß	in Tomatensoße gekocht
κρασάτος kraßátoß	in Wein gekocht
λεμονάτος lemonátoß	in Zitronensoße gekocht
μαγειρευτός majireftóß	gekocht

μαριναρισμένος marinarißménoß	mariniert
ογκρατέν ogratén	überbacken
πανέ pané	paniert
παστός paßtóß	eingelegt
σπιτικός ßpitikóß	hausgemacht
στη σούβλα ßti ßúwla	am Spieß
στη σχάρα ßti ßchára	auf Holzkohle gegrillt
στον ατμό ßton atmó	gedämpft
στο φούρνο ßto fúrno	gebacken
τηγανητός tighanitóß	gebraten/frittiert
φλαμπέ flambé	flambiert
ψητός pßitóß	gegrillt

τυριά tirjá
Käse

ανθότυρο anthótiro	frischer, milder Käse
γραβιέρα Κρήτης ghrawiéra krítiß	Hartkäse aus Kreta
κασέρι kaßéri	Hartkäse
κεφαλοτύρι kefalotíri	Hartkäse
μυζήθρα misíthra	weicher Frischkäse
παρμεζάνα parmesána	Parmesan
φέτα féta	Schafskäse
χαλούμι chalúmi	zypriotischer Käse

επιδόρπια και γλυκά epidhórpja ke ghliká

Nachspeisen und Kuchen

γαλακτομπούρεκο ghalaktobúreko	Blätterteigstrudel, gefüllt mit Gries-Milch-Vanille-Creme
γιαούρτι με μέλι jaúrti me méli	Joghurt mit Honig
γλυκό του κουταλιού ghlikó tu kutaliú	in Sirup eingekochte Früchte
γρανίτα ghraníta	Wassereis
κανταΐφι kadaífi	Pastetchen aus feinen Blätterteigfäden mit Nussfüllung
καρυδόπιτα karidhópita	Walnusskuchen
κέικ kéik	Kuchen
λουκούμι lukúmi	Loukoumi
μπακλαβάς baklawáß	Blätterteigstrudel mit Nussfüllung
μπουγάτσα bughátßa	Blätterteigtaschen, mit Vanillecreme gefüllt und mit Zimt und Puderzucker bestreut
παγωτό βανίλια paghotó waníljа	Vanilleeis
παγωτό σοκολάτα paghotó ßokoláta	Schokoladeneis
παγωτό φιστίκι paghotó fißtíki	Pistazieneis
παστέλι paßtéli	Sesamkrokant

τούρτα παγωτό túrta paghotó	Eistorte
τσουρέκι tßuréki	Hefezopf
φρουτοσαλάτα frutoßaláta	Obstsalat
χαλβάς chalwáß	Süßigkeit aus Grieß mit gemahlenen Mandeln

φρούτα frúta
Obst

αχλάδι achládhi	Birne
βερίκοκο werikoko	Aprikose
καρπούζι karpúsi	Wassermelone
κεράσι keráßi	Kirsche
λεμόνι lemóni	Zitrone
μανταρίνι mandaríni	Mandarine
μήλο mílo	Apfel
μούρο múro	Beere
μπανάνα banána	Banane
πεπόνι pepóni	Honigmelone
πορτοκάλι portokáli	Orange
ροδάκινο rodhákino	Pfirsich
ρόδι ródhi	Granatapfel
σταφίδες ßtafídheß	Rosinen
σταφύλια ßtafílja	Weintrauben

σύκο ßíko .... Feige

φιστίκια Αιγίνης ßfißtíkja ejíniß .... Pistazien aus Ägina

φραγκόσυκο frangóßiko .... Kaktusfeige

φράουλες fráuleß .... Erdbeeren

αλκοολούχα ποτά alkoolúcha potá
Alkoholische Getränke

βαρελίσιο warelíßio .... vom Fass

γλυκό glikó .... süß

κόκκινο κρασί kókino kraßí .... Rotwein

κρασί χύμα kraßí chíma .... offener Wein

λευκό κρασί lefkó kraßí .... Weißwein

Μαυροδάφνη mawrodháfni .... Mavrodafni

Μεταξά metakßá .... Metaxa

μπίρα bíra .... Bier

μπίρα χωρίς αλκοόλ bíra choríß alkoól .... alkoholfreies Bier

ξηρό kßiró .... trocken

ούζο úso .... Ouzo

ουίσκι uíßki .... Whisky

ρακή rakí .... Raki

ρετσίνα retßína .... Retsina

ροζέ rosé .... Rosé

τσίπουρο tßípuro	Tresterschnaps
μεζές meséß	Mez(z)e (meist mit alkoholischen Getränken serviert)

μη αλκοολούχα ποτά mi alkoolúcha potá
Alkoholfreie Getränke

λεμονάδα lemonádha	Zitronenlimonade
νερό χωρίς ανθρακικό neró choríß anthrakikó	Wasser ohne Kohlensäure
νερό με ανθρακικό neró me anthrakikó	Wasser mit Kohlensäure
νερό της βρύσης neró tiß wríßiß	Leitungswasser
πορτοκαλάδα portokaládha	Orangenlimonade
σόδα ßódha	Soda
φραπέ frapé	Kaffee frappé
χυμός πορτοκάλι chimóß portokáli	Orangensaft
φυσικός χυμός πορτοκάλι fißikóß chimóß portokáli	frisch gepresster Orangensaft
φυσικός χυμός ανάμεικτος fißikóß chimóß anámiktos	Smoothie aus saisonalem Obst

ζεστά ποτά seßtá potá
Heiße Getränke

γαλλικός καφές ghalikóß kaféß	Filterkaffee
γλυκός ghlikóß	mit viel Zucker
ελληνικός καφές elinikóß kaféß	griechischer Mokka
ελληνικός καφές διπλός elinikóß kaféß dhiplóß	doppelter griechischer Mokka
ζεστή σοκολάτα seßtí ßokoláta	heiße Schokolade
κακάο kakáo	Kakao
καπουτσίνο kaputßíno	Cappuccino
καφές kaféß	Kaffee
με γάλα me ghála	mit Milch
μέτριος métrioß	mit wenig Zucker
νεσκαφέ neßkafé	löslicher Kaffee
σκέτος ßkétoß	ohne Zucker
τσάι tßái	Tee
τσάι με λεμόνι tßái me lemóni	Tee mit Zitrone
τσάι του βουνού tßái tu wunú	Bergtee
χαμομήλι chamomíli	Kamillentee

Restaurantsuche

Wo gibt es hier in der Nähe ...	**Πού έχει ... εδώ κοντά;** pu échi ... edhó kondá?
... ein Café?	**... μία καφετέρια** ... mía kafetérja
... eine Bar?	**... ένα μπαράκι** ... éna baráki
... eine Grilltaverne?	**... μία ψησταριά** ... mía pßißtariá
... ein Lokal mit kleinen Speisen?	**... ένα μεζεδοπωλείο** ... éna mesedhopolío
... ein preiswertes Restaurant?	**... ένα φτηνό εστιατόριο** ... éna ftinó eßtiatório
... ein typisches Restaurant?	**... μία παραδοσιακή ταβέρνα** ... mía paradhoßiakí tawérna
Ich möchte einen Tisch für zwei Personen um ... Uhr reservieren.	**Θα 'θελα να κλείσω τραπέζι για δύο άτομα για τις ... η ώρα.** tháthela na klíßo trapési ja dhío átoma ja tiß ... i óra.
Ich möchte einen Tisch für sechs Personen um ... Uhr reservieren.	**Θα 'θελα να κλείσω τραπέζι για έξι άτομα για τις ... η ώρα.** tháthela na klíßo trapési ja ékßi átoma ja tiß ... i óra.
Wir haben einen Tisch für ... Personen reserviert (auf den Namen ...).	**Κλείσαμε τραπέζι για ... άτομα (στο όνομα ...).** klíßame trapési ja ... átoma (ßto ónoma ...).
Einen Tisch für ... Personen bitte.	**Ένα τραπέζι για ... άτομα, παρακαλώ.** éna trapési ja ... átoma, parakaló.

Ist dieser Tisch noch frei?	**Είναι ελεύθερο αυτό το τραπέζι;** íne eléfthero aftó to trapési?
Ist dieser Platz noch frei?	**Είναι ελεύθερη αυτή η θέση;** íne eléftheri aftí i théßi?
Haben Sie einen Hochstuhl?	**Έχετε μία παιδική καρέκλα;** échete mía pedhikí karékla?
Entschuldigung, wo sind die Toiletten?	**Συγγνώμη, πού είναι οι τουαλέτες;** ßighnómi, pu íne i tualéteß?

Bestellen

Ist hier Selbstbedienung?	**Είναι σελφ-σέρβις εδώ;** íne ßelf-ßérwiß edhó?
Die Karte bitte.	**Τον κατάλογο, παρακαλώ.** ton katálogho, parakaló.
Haben Sie die Speisekarte auch auf ...	**Έχετε κατάλογο στα ...** échete katálogho ßta ...
... Deutsch?	**... γερμανικά;** ... jermaniká?
... Englisch?	**... αγγλικά;** ... anggliká?
Ich möchte nur etwas trinken.	**Θα 'θελα να πιω κάτι μόνο.** tháthela na pjo káti móno.
Ich möchte nur eine Kleinigkeit essen.	**Θα 'θελα να τσιμπήσω κάτι μόνο.** tháthela na tßimbíßo káti móno.
Gibt es jetzt noch etwas zu essen?	**Έχετε ακόμη φαγητό;** échete akómi fajitó?

Gibt es jetzt noch etwas Warmes zu essen?	**Έχετε ακόμη ζεστό φαγητό;** échete akómi seßtó fajitó?
Das könnten Sie hören:	
◂**Τι θα πιείτε;** ti tha pjíte?	Was möchten Sie trinken?
Ich möchte ...	**Θα 'θελα ...** tháthela ...
... ein Glas Rotwein.	**... ένα ποτήρι κόκκινο κρασί.** ... éna potíri kókino kraßí.
... eine Flasche Weißwein.	**... ένα μπουκάλι λευκό κρασί.** ... éna bukáli lefkó kraßí.
... einen Liter Hauswein.	**... ένα κιλό κρασί χύμα.** ... éna kiló kraßí chíma.
... einen halben Liter Hauswein.	**... μισό κιλό κρασί χύμα.** ... mißó kiló kraßí chíma.
... ein Viertel Rosé.	**... ένα τέταρτο ροζέ.** ... éna tétarto rosé.
... ein Bier.	**... μία μπίρα.** ... mía bíra.
... eine Karaffe Wasser.	**... μία καράφα νερό.** ... mía karáfa neró.
... eine kleine Flasche Wasser.	**... ένα μικρό μπουκάλι νερό.** ... éna mikró bukáli neró.
... eine große Flasche Wasser.	**... ένα μεγάλο μπουκάλι νερό.** ... éna meghálo bukáli neró.
Haben Sie auch offenen Wein?	**Έχετε και κρασί χύμα;** échete ke kraßí chíma?
Das könnten Sie hören:	
◂**Τι θα φάτε;** ti tha fáte?	Was möchten Sie essen?

Was empfehlen Sie mir?	Τι μου προτείνετε; ti mu protínete?
Ich möchte ...	Θα 'θελα ... tháthela ...
... das Menü zu ... Euro.	... το μενού των ... ευρώ. ... to menú ton ... ewró.
... eine Portion ...	... μία μερίδα ... ... mía merídha ...
... ein Stück ...	... ένα κομμάτι ... ... éna komáti ...
Was ist heute das Tagesgericht?	Ποιο είναι το πιάτο ημέρας; pjo íne to piáto iméraß?
Was sind die Spezialitäten dieser Region?	Ποιες είναι οι σπεσιαλιτέ της περιοχής; pjeß íne i ßpeßialité tiß periochíß?
Haben Sie ...	Έχετε ... échete ...
... vegetarische Gerichte?	... φαγητά για χορτοφάγους; ... fajitá ja chortofághuß?
... vegane Gerichte?	... φαγητά για αυστηρά χορτοφάγους; ... fajitá ja afßtirá chortofághuß?
... glutenfreie Gerichte?	... φαγητά χωρίς γλουτένη; ... fajitá choríß ghluténi?
Ist ... in dem Gericht? Ich darf das nicht essen.	Έχει ... στο φαγητό; Δεν επιτρέπεται να το φάω. échi ... ßto fajitó? dhen epitrépete na to fáo.
Für mich bitte ohne ...	Για μένα χωρίς ..., παρακαλώ. ja ména choríß ..., parakaló.
Kann ich ... haben, statt ...?	Μπορώ να έχω ... αντί για ...; boró na écho ... andí ja ...?

Das könnten Sie hören:

◂ Πώς θέλετε τη μπριζόλα σας;
poß thélete ti brisóla‿ßaß?
Wie möchten Sie Ihr Steak?

Blutig.	λίγο ψημένη. lígho pßiméni.
Medium.	μισοψημένη. mißopßiméni.
Gut durchgebraten.	καλοψημένη. kalopßiméni.

Das könnten Sie hören:

◂ Τι θα πάρετε για ... ti tha párete ja ...	Was nehmen Sie als ...
... ορεκτικό; ... orektikó?	... Vorspeise?
... επιδόρπιο; ... epidhórpio?	... Nachtisch?

Danke, ich nehme ...	Ευχαριστώ, δεν θα πάρω ... efcharißtó, dhen tha páro ...
... keine Vorspeise.	... ορεκτικό. ... orektikó.
... keinen Nachtisch.	... επιδόρπιο. ... epidhórpio.
Ich möchte noch etwas Brot.	Θα 'θελα λίγο ψωμί ακόμη. tháthela lígho pßomí akómi.
Bitte bringen Sie mir noch ...	Παρακαλώ, φέρτε μου ... ακόμη. parakaló, férte‿mu ... akómi.
Haben Sie ein Kindermenü?	Έχετε παιδικό μενού; échete pedhikó menú?
Können wir für die Kinder eine halbe Portion bekommen?	Μπορούμε να έχουμε μισή μερίδα για τα παιδιά; borúme na échume mißí merídha ja ta pedhjá?

Bringen Sie uns bitte ... für unser Kind.	Φέρτε μας ... για το παιδί μας, παρακαλώ. férte‿maß ... ja to pedhí‿maß, parakaló.
... ein Extra-Gedeck	... ένα άλλο κουβέρ ... éna álo kuwér
... einen kleinen Löffel	... ένα κουταλάκι ... éna kutaláki
Können Sie bitte das Fläschchen aufwärmen?	Μπορείτε να ζεστάνετε το μπιμπερό, παρακαλώ; boríte na seßtánete to biberó, parakaló?

Gemeinsam essen

Guten Appetit!	Καλή όρεξη! kalí órekßi!
Danke, gleichfalls!	Ευχαριστώ, επίσης! efcharißtó, epíßiß!
Zum Wohl!	Γεια μας! ja maß!

Das könnten Sie hören:

◂ Σας | Σου αρέσει το φαγητό;
ßaß | ßu aréßi to fajitó?
Schmeckt es Ihnen | dir?

Danke, sehr gut.	Πάρα πολύ, ευχαριστώ. pára polí, efcharißtó.

Das könnten Sie hören:

◂ Λίγο ... ακόμη;
lígho ... akómi?
Noch etwas ...?

◂ Θέλετε | Θέλεις απ' αυτό;
thélete | théliß apaftó?
Möchten Sie | Möchtest du hiervon?

Ja, gerne.	Ναι, ευχαρίστως.	ne, efcharíßtoß.
Danke, ich bin satt.	Ευχαριστώ. Χόρτασα.	efcharißtó. chórtaßa.
Was ist das?	Τι είναι αυτό;	ti íne aftó?
Können Sie | Kannst du mir bitte ... reichen?	Μπορείτε να μου δώσετε | Μπορείς να μου δώσεις λίγο ..., παρακαλώ;	boríte na mu dhóßete | boríß na mu dhóßiß lígho ..., parakaló?
Ich möchte keinen Alkohol trinken.	Δεν θέλω να πιω αλκοόλ.	dhen thélo na pjo alkoól.
Stört es Sie | dich, wenn ich rauche?	Σας ενοχλεί | Σ' ενοχλεί αν καπνίσω;	ßaß enochlí | ßenochlí an kapníßo?
Ich möchte Sie | dich einladen.	Θέλω να σας | σε κεράσω.	thélo na ßaß | ße keráßo.
Danke für die Einladung.	Ευχαριστώ για την πρόσκληση.	efcharißtó ja tin próßklißi.
Es war ausgezeichnet. ▸*Höfliche Wendungen, S. 65*	Ήταν εξαιρετικό.	ítan ekßeretikó.

Info

Mit Στην υγειά μας! ßtin ijiá maß! (Auf unser Wohl) oder kürzer Γεια μας! ja maß! prostet man sich zu. Wenn Sie auf eine bestimmte Person anstoßen, sagen Sie Στην υγειά σου! ßtin ijiá ßu! (Auf dein Wohl) oder Γεια σου! ja ßu!. Vor dem Essen wünscht man sich Καλή όρεξη! kalí órekßi! (Guten Appetit).

Info

In Tavernen kommt das Essen oft lauwarm auf den Tisch, da man in Griechenland generell nicht so heiß isst. Offener Wein wird fast immer nach Gewicht verkauft, also in Kilogramm. Die Bedienung rufen Sie mit συγγνώμη ßighnómi (Entschuldigung) oder mit παρακαλώ parakaló (bitte).

Reklamieren

Das habe ich nicht bestellt. Ich wollte ...	Δεν το παράγγειλα αυτό. Ήθελα ... dhén to paránggila aftó. íthela ...
Haben Sie mein ... vergessen?	Ξεχάσατε το ... μου; kßecháßate to ... mu?
Haben Sie unser ... vergessen?	Ξεχάσατε το ... μας; kßecháßate to ... maß?
Hier fehlt noch ...	Εδώ λείπει ακόμη ... edhó lípi akómi ...
Das Essen ist ...	Το φαγητό είναι ... to fajitó íne ...
... kalt.	... κρύο. ... krío.
... versalzen.	... πολύ αλατισμένο. ... polí alatißméno.
Das Fleisch ist nicht lang genug gebraten.	Το κρέας δεν έχει ψηθεί αρκετά. to kréaß dhen échi pßithí arketá.
Das Fleisch ist zäh.	Το κρέας είναι σκληρό. to kréaß íne ßkliró.
Bitte nehmen Sie es zurück.	Παρακαλώ, πάρτε το πίσω. parakaló, párte to píßo.

Bezahlen

Die Rechnung bitte!	Το λογαριασμό, παρακαλώ! to loghariaßmó, parakaló!
Ich hätte gerne eine Quittung.	Θα 'θελα μία απόδειξη, παρακαλώ. tháthela mía apódhikßi, parakaló.
Wir möchten getrennt bezahlen.	Θα θέλαμε να πληρώσουμε ξεχωριστά. tha thélame na pliróßume kßechorißtá.
Bitte alles zusammen.	Όλα μαζί, παρακαλώ. óla masí, parakaló.

Das könnten Sie hören:

◂ Σας άρεσε το φαγητό; ßaß áreße to fajitó?	Hat es Ihnen geschmeckt?

Sagen Sie bitte dem Koch mein Kompliment!	Δώστε τα συγχαρητήριά μου στο μάγειρα! dhóßte ta ßingcharitíriá‿mu ßto májira!
Ich glaube, hier stimmt etwas nicht.	Μου φαίνεται πως έγινε κάποιο λάθος εδώ. mu fénete poß éjine kápjo láthoß edhó.
Rechnen Sie es mir bitte vor.	Ξανακάντε την πρόσθεση, παρακαλώ. kßanakánde tin próßtheßi, parakaló.
Es stimmt so.	Εντάξει είμαστε. endákßi ímaßte.
Vielen Dank.	Ευχαριστώ πολύ. efcharißtó polí.

Info

Es ist in Griechenland nicht üblich, getrennt zu bezahlen. Wenn Sie die Bedienung darum bitten, wird sie aber dennoch getrennt abrechnen. Am besten äußern Sie diesen Wunsch gleich bei der Bestellung: Μπορούμε να πληρώσουμε ξεχωριστά; borúme na pliróßume kßechorißtá? (Können wir getrennt bezahlen?). Geht man mit Freunden, der παρέα paréa (Clique), zum Essen, bezahlt entweder einer für alle oder man gibt dem, der bezahlt, seinen Anteil an der Zeche.

Weitere Wörter

Abendessen	δείπνο dhípno
Babyfläschchen	μπιμπερό biberó
Bar	μπαράκι baráki
Beilage	γαρνιτούρα gharnitúra
belegtes Brot	σάντουϊτς ßánduitß
Besteck	μαχαιροπίρουνα macheropíruna
Brötchen	ψωμάκι pßomáki
Butter	βούτυρο wútiro
Diät	δίαιτα dhíeta
durstig sein	διψάω dhipßáo
essen	τρώω tróo
Essig	ξίδι kßídhi
fett	λιπαρός liparóß
Fläschchenwärmer	συσκευή θέρμανσης μπιμπερό ßißkewí thérmanßiß biberó
Flasche	μπουκάλι bukáli
frisch	φρέσκος fréßkoß
frühstücken	τρώω πρωινό tróo proinó
Gabel	πιρούνι pirúni
Gang	πιάτο pjáto
Gebäck	κουλουράκι kuluráki

Gedeck	κουβέρ kuwér
Gericht	πιάτο pjáto
Getränk	ποτό potó
getrennt bezahlen	πληρώνω ξεχωριστά pliróno kßechorißtá
gewürzt	με μπαχαρικά me bacharikά
Glas	ποτήρι potíri
Gräte	ψαροκόκκαλο pßarokókalo
Hauptgericht	κύριο πιάτο kírio pjáto
hausgemacht	σπιτικός ßpitikóß
heiß	ζεστός seßtóß
hungrig sein	πεινάω pináo
kalt	κρύος kríoß
Kellner	σερβιτόρος ßerwitóroß
Kellnerin	σερβιτόρα ßerwitóra
Kinderteller	παιδικό πιάτο pedhikó pjáto
Knoblauch	σκόρδο ßkórdho
Kuchen	γλυκό ghlikó
Löffel	κουτάλι kutáli
mager	άπαχος ápachoß
Margarine	μαργαρίνη margharíni
Mayonnaise	μαγιονέζα majonésa
Messer	μαχαίρι machéri
Mittagessen	μεσημεριανό meßimerjanó
Nachtisch	επιδόρπιο epidhórpio
Nudeln	ζυμαρικά simariká
Öl	λάδι ládhi
Pfeffer	πιπέρι pipéri
Pilze	μανιτάρια manitárja
Pizza	πίτσα pítßa
Portion	μερίδα merídha
Reis	ρύζι rísi
Rindfleisch	μοσχαρίσιο κρέας moßcharíßio kréaß
roh	ωμός omóß
Rohkost	ωμά λαχανικά omá lachaniká

Sahne .... κρέμα γάλακτος kréma ghálaktoß
Salatsoße .... σάλτσα σαλάτας ßáltßa ßalátaß
Salz .... αλάτι aláti
Salzstreuer .... αλατιέρα alatjéra
satt sein .... χόρτασα chórtaßa
sauer .... ξινός kßinóß
scharf .... πικάντικος pikándikoß
schmecken .... είναι νόστιμο íne nóßtimo
Schonkost .... διαιτητική τροφή dhietitikí trofí
Senf .... μουστάρδα mußtárdha
Serviette .... χαρτοπετσέτα chartopetßéta
Soße *(Bratensoße)* .... ζουμί sumí
Soße .... σάλτσα ßáltßa
Spezialität .... σπεσιαλιτέ ßpeßialité
Stück .... κομμάτι komáti
Stuhl .... καρέκλα karékla
süß .... γλυκός ghlikóß
Süßstoff .... ζαχαρίνη sacharíni
Tasse .... φλιτζάνι flidsáni
Teelöffel .... κουταλάκι kutaláki
Teller .... πιάτο pjáto
Teller *(klein)* .... πιάτο γλυκού pjáto ghlikú
Tisch .... τραπέζι trapési
trinken .... πίνω píno
Trinkgeld .... πουρμπουάρ purbuár
vegan .... αυστηρά χορτοφαγικός afßtirá chortofághikóß
vegetarisch .... χορτοφαγικός chortofajikóß
Vorspeise .... ορεκτικό orektikó
Wasser .... νερό neró
Wein .... κρασί kraßí
Zahnstocher .... οδοντογλυφίδα odhondoghlifídha
Zucker .... ζάχαρη sáchari
zusammen bezahlen πληρώνω όλα μαζί pliróno óla masí

Unterwegs in der Stadt

... die wichtigsten Sätze

Entschuldigung, wo ist ...?

Συγνώμη, πού είναι ...;
ßighnómi, pu íne ...?

Wie komme ich zu ...?
▸*Orientierung, S. 120*

Πώς θα πάω στο ...;
poß tha páo ßto ...?

Wo ist die Touristeninformation?

Πού είναι το Γραφείο Τουρισμού;
pu íne to ghrafío turißmú?

Können Sie mir ein gutes Hotel empfehlen?

Μπορείτε να μου προτείνετε
ένα καλό ξενοδοχείο;
boríte na mu protínete
éna kaló kßenodhochío?

Ist es weit von hier?

Είναι μακριά από δώ;
íne makriá apó dhó?

Ich möchte einen Stadtplan.

Θα 'θελα έναν χάρτη της πόλης.
tháthela énan chárti tiß póliß.

Wann ist ... geöffnet?
▸*Touristeninformation, S. 122*

Πότε είναι ανοιχτό ...;
póte íne anichtó ...?

Wo ist die nächste U-Bahn-Station?

Πού είναι η πλησιέστερη στάση
του μετρό;
pu íne i plißiéßteri ßtáßi tu metró?

Fährt dieser Bus nach ...?

Αυτό το λεωφορείο πηγαίνει για ...;
aftó to leoforío pijéni ja ...?

Gibt es Tageskarten?

Υπάρχουν ημερήσια εισιτήρια;
ipárchun imeríßia ißitírja?

Bitte einen Fahrschein nach ...

▸*Mit Bus und Bahn, S. 125*

Παρακαλώ, ένα εισιτήριο για ...
parakaló, éna ißitírio ja ...

Wo bekomme ich ein Taxi?

▸*Mit dem Taxi, S. 127*

Πού θα βρω ταξί; pú tha wró takßí?

Wie viel kostet es nach ...?

Πόσο κοστίζει για ...; póßo koßtísi ja ...?

Entschuldigung, wo ist hier ein Geldautomat?

▸*Bank, S. 130*

Με συγχωρείτε, πού υπάρχει ένα ATM εδώ;
me ßingchoríte, pú ipárchi éna eitiém edhó?

Was kostet eine Karte nach ...?

▸*Post, S. 132*

Πόσο κάνει μία κάρτα για ...;
póßo káni mía kárta ja ...?

Wo gibt es kostenlosen WLAN-Zugang?

▸*Kommunikation, S. 133*

Πού έχει δωρεάν ασύρματη πρόσβαση στο διαδίκτυο;
pu échi dhoreán aßírmati próswaßi ßto dhiadhíktio?

Wie lautet das Passwort?

Ποιος είναι ο κωδικός πρόσβασης;
pjóß íne o kodhikóß próßwaßiß?

Orientierung

Entschuldigung, wo ist …?	Συγνώμη, πού είναι …; ßighnómi, pu íne …?
Wie komme ich zu …?	Πώς θα πάω στο …; poß tha páo ßto …?
Können Sie mir das auf der Karte zeigen?	Μπορείτε να μου το δίξετε στον χάρτη; boríte na mu to dhíkßete ßton chárti?
Wie viele Minuten zu Fuß?	Πόσα λεπτά με τα πόδια; póßa leptá me ta pódhja?
Ist das die Straße nach …?	Αυτός είναι ο δρόμος για …; aftóß íne o dhrómoß ja …?

Das könnten Sie hören:

◂Λυπάμαι, δεν το ξέρω.
lipáme, dhen to kßéro.
Tut mir leid, das weiß ich nicht.

◂Στα επόμενα φανάρια …
ßta epómena fanárja …
An der nächsten Ampel …

◂Στην επόμενη διασταύρωση …
ßtin epómeni dhiaßtáwroßi …
An der nächsten Kreuzung …

◂Τον πρώτο δρόμο … Die erste Straße …
ton próto dhrómo …

… αριστερά. … links.
… arißterá.

… δεξιά. … dhekßjá. … rechts.

◂ **Τον δεύτερο δρόμο ...** Die zweite Straße ...
ton dhéftero dhrómo ...

◂ **Διασχίστε την πλατεία.**
diaßchíßte tin platía.
Überqueren Sie den Platz.

◂ **Διασχίστε τον δρόμο.**
diaßchíßte ton dhrómo.
Überqueren Sie die Straße.

◂ **Μπορείτε να πάρετε το ...**
boríte na párete to ...
Sie können ... nehmen.

... λεωφορείο. ... den Bus
... leoforío.

... μετρό. ... die U-Bahn
... metró.

Orts- und Richtungsangaben

ανεβείτε τα σκαλιά anewíte ta ßkaljá ... die Treppe hinauf
από δώ apó dhó ... hier entlang
αριστερά arißterá ... links
αρκετά μακριά arketá makriá ... ziemlich weit
δεν είναι μακριά dhen íne makriá ... nicht weit
δεξιά dhekßiá ... rechts
δρόμος dhrómoß ... Straße
εκεί πίσω ekí píßo ... dort hinten
κατεβείτε τα σκαλιά katewíte ta ßkaljá ... die Treppe hinunter
κοντά σε kondá ße ... nahe bei
προς τα αριστερά proß ta arißterá ... nach links
προς τα δεξιά proß ta dhekßjá ... nach rechts

Info

Meist gibt es in gastronomischen Betrieben WLAN-Zugang. Als Gast können Sie nach dem Passwort fragen.

Touristeninformation

Wo ist die Touristen-information?	Πού είναι το Γραφείο Τουρισμού; pu íne to ghrafío turißmú?
Wissen Sie, wo ich hier ein Zimmer finden kann? ▸Hotel, S. 72	Ξέρετε πού μπορώ να βρω ένα δωμάτιο εδώ; kßérete pu boró na wro éna dhomátio edhó?
Können Sie mir … empfehlen?	Μπορείτε να μου προτείνετε … boríte na mu protínete …
… ein gutes Hotel	… ένα καλό ξενοδοχείο; … éna kaló kßenodhochío?
… ein preiswertes Hotel	… ένα φτηνό ξενοδοχείο; … éna ftinó kßenodhochío?
… eine Privatunter-kunft	… ενοικιαζόμενα δωμάτια; … enikjasómena dhomátia?
Wie viel kostet es (ungefähr)?	Πόσο κοστίζει (περίπου); póßo koßtísi (perípu)?
Können Sie für mich dort reservieren?	Μπορείτε να μου το κλείσετε; boríte na mu to klíßete?
Gibt es hier einen Campingplatz?	Υπάρχει κάμπινγκ εδώ; ipárchi kámbing edhó?
Ist es weit von hier?	Είναι μακριά από δώ; íne makriá apó dhó?

Wie komme ich dorthin?	**Πώς θα πάω εκεί;** poß tha páo ekí?
Wo gibt es hier ein Internet-Café?	**Πού έχει ένα Ίντερνετ-καφέ;** pu échi éna ínternet kafé?
Wo gibt es kostenlosen WLAN-Zugang?	**Πού έχει δωρεάν ασύρματη πρόσβαση στο διαδίκτυο;** pu échi dhoreán aßírmati próswaßi ßto dhiadhíktio?
Ich möchte ...	**Θα 'θελα ...** tháthela ...
... einen Plan von der Umgebung.	**... έναν χάρτη της περιοχής.** ... énan chárti tiß periochíß.
... einen Stadtplan.	**... έναν χάρτη της πόλης.** ... énan chárti tiß póliß.
... einen U-Bahn-Plan.	**... έναν χάρτη του μετρό.** ... énan chárti tu metró.
... einen Veranstaltungskalender.	**... ένα πρόγραμμα πολιτιστικών εκδηλώσεων.** ... éna próghrama politißtikón ekdhilóßeon.
Gibt es ...	**Γίνονται ... στην πόλη;** jínonde ... ßtin póli?
... Stadtrundfahrten?	**... περιηγήσεις** ... periijíßiß
... Stadtführungen?	**... ξεναγήσεις** ... kßenajíßiß
Haben Sie auch Prospekte auf Deutsch?	**Έχετε και φυλλάδια στα γερμανικά;** échete ke filádhia ßta jermaniká?
Was kostet die ...	**Πόσο κοστίζει η ...** póßo koßtísi i ...
... Rundfahrt?	**... περιήγηση;** ... periíjißi?

... Führung?	... ξενάγηση; ... kßenájißi?
Wie lange dauert die Führung?	Πόσο διαρκεί η ξενάγηση; póßo dhiarkí i kßenájißi?
Bitte ... für die Stadtrundfahrt.	Παρακαλώ, ... για την περιήγηση στην πόλη. parakaló, ... ja tin periíjißi ßtin póli.
... eine Karte	... ένα εισιτήριο ... éna ißitírio
... zwei Karten	... δύο εισιτήρια ... dhío ißitírja
Welche Sehenswürdigkeiten gibt es hier?	Τι αξιοθέατα υπάρχουν εδώ; ti akßiothéata ipárchun edhó?
Wann ist ... geöffnet?	Πότε είναι ανοιχτό ...; póte íne anichtó ...?
Bitte für den Ausflug morgen nach ... einen Platz.	Παρακαλώ, ένα εισιτήριο για την αυριανή εκδρομή στο ... parakaló, éna ißitírio ja tin awrianí ekdhromí ßto ...
Bitte für den Ausflug morgen nach ... zwei Plätze.	Παρακαλώ, δύο εισιτήρια για την αυριανή εκδρομή στο ... parakaló, dhío ißitíria ja tin awrianí ekdhromí ßto ...
Wann treffen wir uns?	Πότε να συναντηθούμε; póte na ßinandithúme?
Wo treffen wir uns?	Πού να συναντηθούμε; pú na ßinandithúme?
Besichtigen wir auch ...?	Θα επισκεφτούμε και ...; tha epißkeftúme ke ...?

Bus, Bahn, Taxi

Mit Bus und Bahn

Wo ist ...	Πού είναι ... pu íne ...
... die nächste U-Bahn-Station?	... η πλησιέστερη στάση του μετρό; ... i plißiéßteri ßtáßi tu metró?
... die nächste Bushaltestelle?	... η πλησιέστερη στάση του λεωφορείου; ... i plißiéßteri ßtáßi tu leoforíu?
... die nächste O-Bushaltestelle?	... η πλησιέστερη στάση του τρόλεϊ; ... i plißiéßteri ßtáßi tu trólei?
... die nächste Straßenbahn-haltestelle?	... η πλησιέστερη στάση του τραμ; ... i plißiéßteri ßtáßi tu tram?
Wo hält der Bus nach ...?	Πού είναι η στάση του λεωφορείου για ...; pu íne i ßtáßi tu leoforíu ja ...?
Wo hält die Straßen-bahn nach ...?	Πού είναι η στάση του τραμ για ...; pu íne i ßtáßi tu tram ja ...?
Welcher Bus fährt nach ...?	Ποιο λεωφορείο πηγαίνει στο ...; pjo leoforío pijéni ßto ...?
Welche U-Bahn fährt nach ...?	Ποιο μετρό πηγαίνει στο ...; pjo metró pijéni ßto ...?

Das könnten Sie hören:

◂Το λεωφορείο νούμερο ...
to leoforío número ...
Der Bus Nummer ...

◂Η γραμμή του μετρό νούμερο ...
i ghramí tu metró número ...
Die U-Bahn-Linie Nummer ...

◂Η γραμμή ... i ghramí ...	Die Linie ...
Wann fährt der nächste Bus nach ...?	Πότε περνάει το επόμενο λεωφορείο για ...; póte pernái to epómeno leoforío ja ...?
Wann fährt die nächste Straßenbahn nach ...?	Πότε περνάει το επόμενο τραμ για ...; póte pernái to epómeno tram ja ...?
Wann fährt der letzte Bus?	Πότε περνάει το τελευταίο λεωφορείο; póte pernái to teleftéo leoforío?
Fährt dieser Bus nach ...?	Αυτό το λεωφορείο πηγαίνει για ...; aftó to leoforío pijéni ja ...?
Gibt es Niederflurbusse?	Υπάρχουν χαμηλοδάπεδα λεωφορεία; ipárchun chamilodhápedha leoforía?
Muss ich nach ... umsteigen?	Για ..., πρέπει ν' αλλάξω συγκοινωνία; ja ..., prépi nalákßo ßingginonía?
Könnten Sie mir bitte beim ... helfen?	Μπορείτε να με βοηθήσετε στο ... boríte na me woithíßete ßto ...
... Einsteigen	... ανέβασμα; ... anéwaßma?
... Aussteigen	... κατέβασμα; ... katéwaßma?
Sagen Sie mir bitte, wo ich ... muss?	Παρακαλώ, μου λέτε πού πρέπει ... parakaló, mu léte pu prépi ...
... aussteigen	... να κατέβω; ... na katéwo?
... umsteigen	... ν' αλλάξω συγκοινωνία; ... nalákßo ßingginonía?

Wo gibt es die Fahrscheine?	Πού πουλάνε εισιτήρια; pu puláne ißitírja?
Bitte einen Fahrschein nach ...	Παρακαλώ, ένα εισιτήριο για ... parakaló, éna ißitírio ja ...
Gibt es ...	Υπάρχουν ... ipárchun ...
... Tageskarten?	... ημερήσια εισιτήρια; ... imeríßia ißitírja?
... Mehrfahrtenkarten?	... κάρτες πολλαπλών διαδρομών; ... kárteß polaplón dhiadromón?
... Wochenkarten?	... εβδομαδιαία εισιτήρια; ... ewdhomadhiéa ißitírja?
Bis zu welchem Alter fahren Kinder umsonst?	Μέχρι ποια ηλικία είναι δωρεάν για τα παιδιά; méchri pja ilikía íne dhoreán ja ta pedhjá?

Mit dem Taxi

Wo bekomme ich ein Taxi?	Πού θα βρω ταξί; pú tha wró takßí?
Bitte bestellen Sie mir für (morgen um) ... Uhr ein Taxi.	Παρακαλώ, καλέστε μου ένα ταξί για (αύριο στις) ... η ώρα. parakaló, kaléßte‿mu éna takßí ja (áwrio ßtiß) ... i óra.
Sind Sie frei?	Είστε ελεύθερος; íßte eléftheroß?
Bitte ...	Παρακαλώ, ... parakaló, ...

... zum Bahnhof!	**... στον σταθμό του Ο.Σ.Ε.!** ... ßton ßtathmó tu oßé!
... zum Flughafen!	**... στο αεροδρόμιο!** ... ßto aerodhrómio!
... zum Hotel ...!	**... στο ξενοδοχείο ...!** ... ßto kßenodhochío ...!
... in die Innenstadt!	**... στο κέντρο!** ... ßto kéndro!
... in die ... Straße!	**... στην οδό ...!** ... ßtin odhó ...!
... zu einem guten Club!	**... σ' ένα καλό κλαμπ!** ... ßéna kaló klab!
Wie viel kostet es nach ...?	**Πόσο κοστίζει για ...;** póßo koßtísi ja ...?
Man hat mir (im Hotel) gesagt, dass es nur ... kostet.	**Μου είπαν (στο ξενοδοχείο) ότι κοστίζει μόνο ....** mu ípan (ßto kßenodhochío) óti koßtísi móno ....
Bitte schalten Sie den Taxameter ein.	**Παρακαλώ, βάλτε το ταξίμετρο.** parakaló, wálte to takßímetro.
Fahren Sie bitte etwas langsamer.	**Λίγο πιο σιγά, παρακαλώ.** ligho pjo ßigha, parakaló.
Warten Sie hier bitte (einen Augenblick)!	**Περιμένετε εδώ (μία στιγμή), παρακαλώ!** periménete edhó (mía ßtighmí), parakaló!
Halten Sie hier bitte (einen Augenblick)!	**Σταματήστε εδώ (μία στιγμή), παρακαλώ!** ßtamatíßte edhó (mía ßtighmí), parakaló!
Das Wechselgeld ist für Sie!	**Τα ρέστα είναι δικά σας!** ta réßta íne dhiká ßaß!

Weitere Wörter

Abfahrt	αναχώρηση anachórißi
aussteigen	κατεβαίνω katewéno
Busbahnhof	σταθμός Κ.Τ.Ε.Λ. ßtathmóß ktel
Bushaltestelle	στάση του λεωφορείου ßtáßi tu leoforíu
Endstation	τέρμα térma
entwerten	ακυρώνω akiróno
Entwerter	μηχάνημα ακύρωσης εισιτηρίων michánima akíroßiß ißitiríon
Fahrer(in)	οδηγός odhighóß
Fahrkarte	εισιτήριο ißitírio
Fahrkartenautomat	αυτόματος πωλητής εισιτηρίων aftómatoß politíß ißitiríon
Fahrplan	δρομολόγιο dhromolójio
Fahrpreis	τιμή εισιτηρίου timí ißitiríu
Fahrstuhl	ασανσέρ aßanßér
halten	κάνω στάση káno ßtáßi
Haltestelle	στάση ßtáßi
Kontrolleur(in)	ελεγκτής elengtíß, ελέγκτρια eléngtria
Richtung	κατεύθυνση katéfthinßi
Rollstuhl	αναπηρικό καροτσάκι anapirikó karotßáki
Rolltreppe	κυλιόμενη σκάλα kiliómeni ßkála
S-Bahn®	ηλεκτρικός ilektrikóß
Schaffner(in)	εισπράκτορας ißpráktoraß
Stadtzentrum	κέντρο kéndro
stufenlos	επίπεδος epípedhoß
Taxi	ταξί takßí
Taxistand	πιάτσα ταξί pjátßa takßí
umsteigen	αλλάζω aláso

Bank

Entschuldigen Sie bitte, wo ist hier ...	Με συγχωρείτε, πού υπάρχει ... me ßingchoríte, pú ipárchi ...
... eine Bank?	... μία τράπεζα ... mía trápesa?
... ein Geldautomat?	... ένα ATM ... éna eitiém?
Wo kann ich Geld wechseln?	Πού μπορώ ν' αλλάξω λεφτά; pu boró nalákßo leftá?
Ich möchte ... Schweizer Franken umtauschen.	Θα 'θελα ν' αλλάξω ... ελβετικά φράγκα. tháthela nalákßo ... elwetiká frángga.
Wie hoch sind die Gebühren?	Ποσό είναι τα τέλη; poßó íne ta téli?
Wie ist der Wechselkurs heute?	Ποια είναι η συναλλαγματική ισοτιμία σήμερα; pja íne i ßinalaghmatikí ißotimía ßímera?

Das könnten Sie hören:

◂Την ταυτότητά σας, παρακαλώ.
tin taftótitá_ßaß, parakaló.
Ihren Ausweis bitte.

◂Υπογράψτε εδώ, παρακαλώ.
ipoghrápßte edhó, parakaló.
Unterschreiben Sie bitte hier.

◂Πώς θα θέλατε τα χρήματά σας;
poß tha thélate ta chrímata?
Wie möchten Sie das Geld haben?

In kleinen Scheinen, bitte.	Σε μικρά χαρτονομίσματα, παρακαλώ. ße mikrá chartonomíßmata, parakaló.
Geben Sie mir bitte auch etwas Kleingeld.	Δώστε μου και μερικά ψιλά, παρακαλώ. dhóßte mu ke meriká pßilá, parakaló.
Der Geldautomat hat meine Karte einbehalten.	Το ATM κράτησε την κάρτα μου. to eitiém krátiße tin kárta‿mu.
Ich habe meine Geheimzahl vergessen.	Ξέχασα το PIN μου. kßéchaßa to pin‿mu.

Weitere Wörter

Banküberweisung	τραπεζικό έμβασμα trapesikó émwaßma
Betrag	ποσό poßó
Euro	ευρώ ewró
Debitkarte	χρεωστική κάρτα chreoßtikí kárta
Geheimzahl	προσωπικός μυστικός αριθμός proßopikóß mißtikoß arithmóß
Geld	χρήματα chrímata
Geldautomat	μηχάνημα αυτόματης ανάληψης μετρητών (ATM) michánima aftómatiß análipßiß metritón (eitiém)
Kartennummer	αριθμός της κάρτας arithmóß tiß kártaß
Kreditkarte	πιστωτική κάρτα pißtotikí kárta
Kurs	συναλλαγματική ισοτιμία ßinalaghmatikí ißotimía
Münze	κέρμα kérma
Schalter	θυρίδα thirídha
Schweizer Franken	ελβετικά φράγκα elwetiká frángga

Sparkasse	ταμιευτήριο tamieftírio
Überweisung	έμβασμα émwaßma
Unterschrift	υπογραφή ipoghrafí
Währung	νόμισμα nómißma
Wechselstube	ανταλλακτήριο συναλλάγματος andalaktírio ßinalághmatoß

Post

Wo ist ...	Πού είναι το πλησιέστερο ... pu íne to plißiéßtero ...
... das nächste Postamt?	... ταχυδρομείο; ... tachidhromío?
... der nächste Briefkasten?	... γραμματοκιβώτιο; ... ghramatokiwótio?
Was kostet ein Brief nach ...?	Πόσο κάνει ένα γράμμα για ...; póßo káni éna ghráma ja ...?
Ich möchte dieses Paket per Luftpost aufgeben.	Θα 'θελα να στείλω αυτό το δέμα αεροπορικώς tháthela na ßtílo aftó to dhéma aeroporikóß

Weitere Wörter

Absender	αποστολέας apoßtoléaß
Adresse	διεύθυνση dhiéfthinßi
Empfänger	παραλήπτης paralíptiß
Päckchen	δέμα dhéma
Postleitzahl	ταχυδρομικός κώδικας tachidhromikóß kódhikaß

Wertpaket	δέμα δηλωμένης αξίας dhéma dhiloméniß akßíaß
zerbrechlich	εύθραυστο éfthrafsto

Kommunikation

Telefon

Ich möchte eine SIM-Karte kaufen.	Θα 'θελα μία κάρτα SIM. tháthela mía kárta SIM.
Hallo? Hier ist ...	Εμπρός; Εδώ είναι ... embróß? edhó íne ...
Ich möchte ... sprechen.	Θα 'θελα να μιλήσω με ... tháthela na milíßo me ...

Das könnten Sie hören:

◂ ♂ Ο ίδιος / ♀ Η ίδια. ♂ o ídhioß / ♀ i ídhia.	Am Apparat.
◂ ... δυστυχώς δεν είναι εδώ. ... dhißtichóß dhen íne edhó.	... ist leider nicht da.
◂ Σας συνδέω. ßaß ßindhéo.	Ich verbinde.
◂ Παρακαλώ, περιμένετε. parakaló, periménete.	Bitte bleiben Sie am Apparat.

Ich rufe später noch mal an.	Θα πάρω αργότερα. tha páro arghótera.

Weitere Wörter

Akku … μπαταρία batаría
aufladen … φορτίζω fortíso
Benutzername … όνομα χρήστη ónoma chrißti
Handy … κινητό kinitó
Handynummer … αριθμός κινητού arithmóß kinitú
Ladekabel … καλώδιο φόρτισης kalódhio fórtißiß
Ladegerät … φορτιστής fortißtíß
Mobiltelefon … κινητό kinitó
Passwort … κωδικός πρόσβασης kodhikóß próswaßiß
SMS … SMS eßeméß
Telefon … τηλέφωνο tiléfono
Telefonnummer … αριθμός τηλεφώνου arithmóß tilefónu

Einkaufen

... die wichtigsten Sätze

Wie viel kostet das?	Πόσο κάνει αυτό;	póßo káni aftó?
Das ist mir zu teuer.	Είναι πολύ ακριβό.	íne polí akriwó.
Kann ich mit (dieser) Kreditkarte zahlen?	Μπορώ να πληρώσω με (αυτήν την) πιστωτική κάρτα;	boró na pliróßo me (aftín tin) pißtotikí kárta?
Wo bekomme ich ...?	Πού θα βρω ...;	pu tha wro ...?
Danke, ich sehe mich nur um.	Ευχαριστώ, ρίχνω μόνο μία ματιά.	efcharißtó, ríchno móno mía matjá.
Ich hätte gerne ...	Θα 'θελα ...	tháthela ...
Das gefällt mir nicht so gut.	Αυτό δε μου αρέσει και τόσο.	aftó dhe mu aréßi ke tóßo.
Ich nehme es.	Θα το πάρω.	tha to páro.
Danke, das ist alles. ▸*Fragen & Wünsche, S. 138*	Ευχαριστώ, αυτά.	efcharißtó, aftá.
Was ist das?	Τι είναι αυτό;	ti íne aftó?

Bitte ein Stück davon.
Ένα κομμάτι απ' αυτό, παρακαλώ.
éna komáti apaftó, parakaló.

Bitte geben Sie mir 1 Kilo ...
Παρακαλώ, μου δίνετε ένα κιλό ...
parakaló, mu dhínete éna kiló ...

Kann ich probieren?
▸*Lebensmittel, S. 144*
Μπορώ να δοκιμάσω;
boró na dhokimáßo?

Ich suche ...
Ψάχνω ... pßáchno ...

Ich habe Größe ...
Το νούμερό μου είναι ...
to númeró‿mu íne ...

Kann ich das anprobieren?
Μπορώ να το δοκιμάσω;
boró na to dhokimáßo?

Es steht mir nicht.
Δε μου πάει. dhe mu pái.

Das passt mir nicht.
Δε μου κάνει. dhe mu káni.

Das passt gut.
▸*Kleidung, S. 149*
Μου έρχεται καλά.
mu érchete kalá.

Ich habe Schuhgröße ...
Το νούμερό μου είναι ...
to númeró‿mu íne ...

Sie sind zu groß.
▸*Schuhe, S. 153*
Είναι πολύ μεγάλα.
íne polí meghála.

Ich möchte eine Sonnenbrille.
▸*Optiker, S. 158*
Θα 'θελα γυαλιά ηλίου.
táthela jaljá ilíu.

Fragen & Wünsche

Wie viel kostet das?	Πόσο κάνει αυτό; póßo káni aftó?
Was kostet ...?	Πόσο κάνει ...; póßo káni ...?
Was kosten ...?	Πόσο κάνουν ...; póßo kánun ...?
Können Sie den Preis aufschreiben?	Μπορείτε να μου γράψετε την τιμή; boríte na mu ghrápßete tin timí?
Das ist mir zu teuer.	Είναι πολύ ακριβό. íne polí akriwó.
Können Sie mir mit dem Preis entgegenkommen?	Μπορείτε να μου κάνετε μία καλύτερη τιμή; boríte na mu kánete mía kalíteri timí?
Machen Sie mir einen guten Preis!	Κάντε μου μία καλή τιμή! kánde‿mu mía kalí timí!
Kann ich es etwas billiger bekommen?	Μου κάνετε μία έκπτωση; mu kánete mía ékptoßi?
Geben Sie einen Nachlass, wenn ich bar zahle?	Θα μου κάνετε έκπτωση, αν πληρώσω με μετρητά; tha mu kánete ékptoßi, an pliróßo me metritá?
Für ... nehme ich es.	Για ... το παίρνω. ja ... to pérno.
Haben Sie auch etwas Preiswerteres?	Έχετε κάτι πιο φτηνό; éc͜hete káti pjo ftinó?
Haben Sie ein Sonderangebot?	Έχετε ειδικές προσφορές; éc͜hete idhikéß proßforéß?
Wo bekomme ich ...?	Πού θα βρω ...; pu tha wro ...?

Kann ich mit ... zahlen?	Μπορώ να πληρώσω με ... boró na pliróßo me ...
... Debitkarte	... χρεωστική κάρτα; ... chreoßtikí kárta?
... (dieser) Kreditkarte	... (αυτήν την) πιστωτική κάρτα; ... (aftín tin) pißtotikí kárta?
Ich hätte gerne eine Quittung.	Θα 'θελα μία απόδειξη. tháthela mía apódhikßi.

Das könnten Sie hören:

◂Τί θα θέλατε; tí tha thélate?	Was wünschen Sie?
◂Μπορώ να σας βοηθήσω; boró na ßaß woithíßo?	Kann ich Ihnen helfen?

Danke, ich sehe mich nur um.	Ευχαριστώ, ρίχνω μόνο μία ματιά. efcharißtó, ríchno móno mía matjá.
Ich werde schon bedient.	Εξυπηρετούμαι. ekßipiretúme.
Ich hätte gerne ...	Θα 'θελα ... tháthela ...

Info

In Griechenland ist es üblich, zu handeln (κάνω παζάρια káno pasária) – in kleineren Geschäften, auf dem Markt, aber auch bei der Auto- oder Zimmervermietung. Am besten fragen Sie: Μπορείτε να μου κάνετε μία καλύτερη τιμή; boríte na mu kánete mía kalíteri timí? (Können Sie mir einen besseren Preis machen?)

Info

Lassen Sie sich beim Einkaufen den Kassenbon (απόδειξη apódhikßi) geben. Es könnte passieren, dass das Finanzamt (εφορία eforía) das Geschäft überprüft. Der Kassenbon gilt als Beleg dafür, dass der Geschäftsinhaber die Einnahme ordnungsgemäß registriert hat. Wenn Sie keinen Kassenbon haben, können auch Sie bestraft werden.

Das könnten Sie hören:

◂ Λυπάμαι, δεν έχουμε πια ...
lipáme, dhen échume pja ... — Es tut mir leid, wir haben keine ... mehr.

Das gefällt mir nicht so gut.	Αυτό δε μου αρέσει και τόσο. aftó dhe mu aréßi ke tóßo.
Zeigen Sie mir bitte ...	Δείξτε μου ..., παρακαλώ. dhíkßte‿mu ..., parakaló.
Können Sie mir noch etwas anderes zeigen?	Μπορείτε να μου δείξετε κάτι άλλο ακόμη; boríte na mu dhíkßete káti álo akómi?
Ich muss mir das noch mal überlegen.	Πρέπει να το ξανασκεφτώ. prépi na to kßanaßkeftó.
Ich nehme es.	Θα το πάρω. tha to páro.

Das könnten Sie hören:

◂ Θα θέλατε κάτι άλλο; tha thélate káti álo? — Darf es sonst noch etwas sein?

Danke, das ist alles.	Ευχαριστώ, αυτά. efcharißtó, aftá.
Haben Sie eine Tüte?	Έχετε μία σακούλα; échete mía ßakúla?

Können Sie es als Geschenk einpacken?	**Μπορείτε να το τυλίξετε για δώρο;** borίte na to tilίkßete ja dόro?
Können Sie es mir für die Reise verpacken?	**Μπορείτε να μου το πακετάρετε για το ταξίδι;** borίte na mu to paketárete ja to takßίdhi?
Können Sie das nach Deutschland schicken?	**Μπορείτε να το στείλετε στη Γερμανία;** borίte na to ßtίlete ßti jermanίa?
Ich möchte das ...	**Θα 'θελα να το ...** tháthela na to ...
... umtauschen.	**... αλλάξω.** ... alákßo.
... zurückgeben.	**... επιστρέψω.** ... epißtrépßo.

Weitere Wörter

Ausverkauf	**ξεπούλημα** kßepúlima
billig(er)	**(πιο) φτηνός** (pjo) ftinόß
Geld	**λεφτά** leftá
Geschenk	**δώρο** dhόro
(zu) groß	**(πολύ) μεγάλος** (polί) megháloß
größer	**μεγαλύτερος** meghalίteroß
kosten	**κοστίζω** koßtίso
Kreditkarte	**πιστωτική κάρτα** pißtotikί kárta
Quittung	**απόδειξη** apόdhikßi
Schaufenster	**βιτρίνα** witrίna
Schlussverkauf	**εκπτώσεις** ekptόßiß
Selbstbedienung	**σελφ-σέρβις** ßelf-ßérwiß
Sonderangebot	**ειδική προσφορά** idhikί proßforá
umtauschen	**αλλάζω** aláso
(zu) teuer	**(πολύ) ακριβός** (polί) akriwόß
Tüte	**σακούλα** ßakúla
zurückgeben	**επιστρέφω** epißtréfo

Geschäfte

Andenkenladen	κατάστημα με τουριστικά είδη katáßtima me turißtiká ídhi
Antiquitätengeschäft	κατάστημα με αντίκες katáßtima me andíkeß
Apotheke	φαρμακείο farmakío
Bäckerei	φούρνος fúrnoß (v. a. beim Sprechen) αρτοποιείο artopiío (als Betriebsschild)
Bioladen	κατάστημα βιολογικών προϊόντων katáßtima wiolojikón projónton
Blumengeschäft	ανθοπωλείο anthopolío
Boutique	μπουτίκ butík
Buchhandlung	βιβλιοπωλείο wiwliopolío
Einkaufszentrum	εμπορικό κέντρο emborikó kéndro
Elektrohandlung	κατάστημα ηλεκτρικών ειδών katáßtima ilektrikón idhón
Feinkostgeschäft	κατάστημα delicatessen katáßtima delikatéßen
Fischgeschäft	ιχθυοπωλείο ichthiopolío
Fleischerei	κρεοπωλείο kreopolío
Flohmarkt	παζάρι pasári
Fotogeschäft	φωτογραφείο fotoghrafío
Friseur *(Herren)*	κουρείο kurío
Friseursalon	κομμωτήριο komotírio
Gemüsehändler	οπωροπωλείο oporopolío
Haushaltswaren	κατάστημα με οικιακά είδη katáßtima me ikiaká ídhi
Juwelier	κοσμηματοπωλείο koßmimatopolío
Kaufhaus	πολυκατάστημα polikatáßtima
Kiosk	περίπτερο períptero
Konditorei	ζαχαροπλαστείο sacharoplaßtío

Lebensmittelgeschäft	**μπακάλικο** bakáliko
Lederwarengeschäft	**κατάστημα με δερμάτινα είδη** katáßtima me dhermátina ídhi
Markt	**αγορά** aghorá
Musikgeschäft	**κατάστημα με μουσικά προϊόντα** katáßtima me mußiká projónda
Obst- und Gemüseladen	**μανάβικο** manáwiko
Optiker	**κατάστημα οπτικών** katáßtima optikón
Parfümerie	**κατάστημα καλλυντικών** katáßtima kalindikón
Reinigung	**καθαριστήριο** katharißtírio
Schreibwarengeschäft	**χαρτοπωλείο** chartopolío
Schuhgeschäft	**κατάστημα υποδημάτων** katáßtima ipodhimáton
Schuhmacher	**τσαγκάρης** tßanggáriß
Sportgeschäft	**κατάστημα με αθλητικά είδη** katáßtima me athlitiká ídhi
Supermarkt	**σουπερμάρκετ** ßúpermárket
Süßwarengeschäft	**καραμελάδικο** karameládhiko
Tabakwaren	**κατάστημα με είδη καπνιστού** katáßtima me ídhi kapnißtú
Uhrmacher	**ωρολογοποιός** orologhopióß
Waschsalon	**πλυντήριο** plindírio
Zeitungsstand	**περίπτερο εφημερίδων** períptero efimerídhon

Lebensmittel

Was ist das?	Τι είναι αυτό; ti íne aftó?
Bitte ein Stück davon.	Ένα κομμάτι απ' αυτό, παρακαλώ. éna komáti apaftó, parakaló.
Bitte zwei Stück davon.	Δύο κομμάτια απ' αυτό, παρακαλώ. dhío komátja apaftó, parakaló.
Bitte geben Sie mir ...	Παρακαλώ, μου δίνετε ... parakaló, mu dhínete ...
... 100 Gramm ...	... εκατό γραμμάρια ... ... ekató ghramária ...
... 1 halbes Kilo ...	... μισό κιλό ... ... mißó kiló
... 1 Kilo ...	... ένα κιλό ... ... éna kiló ...
... 1 Liter ...	... ένα λίτρο ... ... éna lítro ...
... 1 halben Liter ...	... μισό λίτρο ... ... mißó lítro ...
... 4 Scheiben ...	... τέσσερις φέτες ... ... téßeriß féteß ...
... 1 Stück ...	... ένα κομμάτι ... ... éna komáti ...

Das könnten Sie hören:

◂ Είναι λίγο παραπάνω. Να το αφήσω;
íne lígho parapáno. na to afíßo?
Darf es etwas mehr sein?

Etwas weniger bitte.	Λίγο λιγότερο, παρακαλώ. lígho lighótero, parakaló.
Etwas mehr bitte.	Λίγο περισσότερο, παρακαλώ. lígho perißótero, parakaló.
Kann ich probieren?	Μπορώ να δοκιμάσω; boró na dhokimáßo?

Weitere Wörter

Apfel ... μήλο mílo
Aprikose ... βερίκοκο weríkoko
Artischocke ... αγκινάρα angginára
Aubergine ... μελιτζάνα melidsána
Austern ... στρείδια ßtrídhia
Avocado ... αβοκάντο awokádo
Basilikum ... βασιλικός waßilikóß
alkoholfreies Bier ... μπίρα χωρίς αλκοόλ bíra choríß alkoól
Birne ... αχλάδι achládhi
Blumenkohl ... κουνουπίδι kunupídhi
Bohnen ... φασόλια faßólja
grüne Bohnen ... φασολάκια faßolákja
weiße Bohnen ... άσπρα φασόλια áßpra faßólja
Brokkoli ... μπρόκολο brókolo
Brot ... ψωμί pßomí
Brötchen ... ψωμάκι pßomáki
Butter ... βούτυρο wútiro
Champignons ... μανιτάρια manitárja
Ei ... αβγό awghó
Eis ... παγωτό paghotó
Erbsen ... αρακάς arakáß
Erdbeeren ... φράουλες fráuleß
Erdnüsse ... φιστίκια fißtíkja
Essig ... ξίδι kßídhi
Esskastanien ... κάστανα káßtana
Filet ... φιλέτο filéto
Fisch ... ψάρι pßári
Fleisch ... κρέας kréaß
Geflügel ... πουλερικά pulerikáá
Gemüse ... λαχανικά lachaniká
Gewürze ... μπαχαρικά bachariká
Grieß ... σιμιγδάλι ßimighdháli

Gurke *(Salatgurke)* αγγούρι anggúri
eingelegte Gurken αγγουράκια τουρσί anggurákja turßí
Hackfleisch κιμάς kimáß
Haferflocken κουάκερ kuáker
Hähnchen κοτόπουλο kotópulo
Haselnüsse φουντούκια fundúkja
Himbeeren βατόμουρα watómura
Honig μέλι méli
Joghurt γιαούρτι jaúrti
Kaffee καφές kaféß
Kakao κακάο kakáo
Kalbfleisch μοσχάρι moßchári
Kartoffeln πατάτες patáteß
Käse τυρί tirí
Kaugummi τσίχλα tßíchla
Kekse μπισκότα bißkóta
Ketchup κέτσαπ kétßap
Kirschen κεράσια keráßia
Kiwi ακτινίδιο aktinídhio
Knoblauch σκόρδο ßkórdho
Kohl λάχανο láchano
ohne Konservierungsstoffe χωρίς συντηρητικά choríß ßindiritiká
Kräuter βότανα wótana
Kräutertee τσάι από βότανα tßái apó wótana
Kuchen γλυκό ghlikó
Lammfleisch αρνί arní
Lauch πράσο práßo
Limonade λεμονάδα lemonádha
Mais καλαμπόκι kalambóki
Margarine μαργαρίνη margharíni
Marmelade μαρμελάδα marmeládha
Mastix-Harz μαστίχα maßtícha
Mayonnaise μαγιονέζα majonésa

Melone	πεπόνι	pepóni
Milch	γάλα	ghála
fettarme Milch	άπαχο γάλα	ápacho ghála
Möhren	καρότα	karóta
Multivitaminsaft	χυμός ανάμεικτος	c͜himóß anámiktoß
Müsli	μούσλι	múßli
Nektarine	νεκταρίνι	nektaríni
Nudeln	ζυμαρικά	simariká
Nüsse	ξηροί καρποί	kßirí karpí
Obst	φρούτα	frúta
Öl	λάδι	ládhi
Oliven	ελιές	eljéß
Olivenöl	ελαιόλαδο	eleóladho
Ölsardinen	σαρδέλες σε λάδι	ßardhéleß ße ládhi
Orange	πορτοκάλι	portokáli
Orangensaft	χυμός πορτοκάλι	c͜himóß portokáli
Oregano	ρίγανη	ríghani
Paprika *(Gewürz)*	πάπρικα	páprika
Paprikaschote	πιπεριά	piperjá
Peperoni	καυτερή πιπεριά	kafterí piperjá
Petersilie	μαϊντανός	maidanóß
Pfeffer	πιπέρι	pipéri
Pfirsich	ροδάκινο	rodhákino
Pflaume	δαμάσκηνο	dhamáßkino
Pilze	μανιτάρια	manitárja
Reis	ρύζι	rísi
Rindfleisch	βοδινό κρέας	wodhinó kréaß
Rosmarin	δεντρολίβανο	dhendrolíwano
Rotwein	κόκκινο κρασί	kókino kraßí
Saft	χυμός	c͜himóß
Sahne	κρέμα γάλακτος	kréma ghálaktoß
Salami	σαλάμι	ßalámi
Salat	μαρούλι	marúli
Salz	αλάτι	aláti

gekochter Schinken ... βραστό ζαμπόν wraßtó sambón
geräucherter Schinken ζαμπόν καπνιστό sambón kapnißtó
Schnittlauch ... φρέσκο κρεμμύδι fréßko kremídhi
Schnitzel ... σνίτσελ ßnítßel
Schokolade ... σοκολάτα ßokoláta
Schwarzbrot ... μαύρο ψωμί máwro pßomí
Schweinefleisch ... χοιρινό κρέας chirinó kréaß
Sesammuß ... ταχίνι tachíni
Spargel ... σπαράγγι ßparánggi
Spinat ... σπανάκι ßpanáki
Steak ... μπριζόλα brisóla
Süßstoff ... ζαχαρίνη sacharíni
Tee ... τσάι tßái
Thunfisch ... τόνος tónoß
Thymian ... θυμάρι thimári
Tomate ... ντομάτα domáta
Vollkornbrot ... ψωμί ολικής άλεσης pßomí olokíß áleßiß
Walnuss ... καρύδι karídhi
Wassermelone ... καρπούζι karpúsi
Wein ... κρασί kraßí
Weintrauben ... σταφύλια ßtafílja
Weißbrot ... άσπρο ψωμί áßpro pßomí
Weißkohl ... άσπρο λάχανο áßpro láchano
Weißwein ... άσπρο κρασί áßpro kraßí
Wurst ... αλλαντικά alandiká
Wurst(aufschnitt) ... φέτες αλλαντικών féteß alandikón
Würstchen ... λουκάνικο lukániko
Ziegenfleisch ... κατσίκι katßíki
Zitrone ... λεμόνι lemóni
Zucchini ... κολοκύθι kolokíthi
Zucker ... ζάχαρη sáchari
Zwieback ... φρυγανιά frighanjá
Zwiebel ... κρεμμύδι kremídhi

Kleidung

Ich suche ...	Ψάχνω ... pßáchno ...
Das könnten Sie hören:	
◂Τί νούμερο φοράτε; tí número foráte?	Welche Größe haben Sie?
Ich habe (die deutsche) Größe ...	Το νούμερό μου (στη Γερμανία) είναι ... to números_mu (ßti jermanía) íne ...
Haben Sie das auch in Größe ...?	Το έχετε και στο νούμερο ...; to échete ke ßto número ...?
Haben Sie das auch in einer anderen Farbe? ▸*Farben, S. 151*	Το έχετε και σε άλλο χρώμα; to échete ke ße álo chróma?
Welches Material ist das? ▸*Stoffe, S. 150*	Τι υλικό είναι αυτό; ti ilikó íne aftó?
Kann ich das anprobieren?	Μπορώ να το δοκιμάσω; boró na to dhokimáßo?

Info

Bei Damenbekleidung sind z. T. noch die alten griechischen Größen angegeben. Sie müssen dann von der griechischen Größe 10 abziehen. Wer Größe 40 trägt, braucht also in Griechenland Größe 50. Die Schuhgrößen entsprechen aber denen in Deutschland. Wenn Sie etwas gekauft haben, wünscht Ihnen der Verkäufer zum Abschied με γειά σας me ja ßaß, was wörtlich „mit Gesundheit" heißt.

Wo sind die Umkleidekabinen?	**Πού είναι τα δοκιμαστήρια;** pu íne ta dhokimaßtíria?
Wo ist ein Spiegel?	**Πού έχει καθρέφτη;** pu échi kathréfti?
Es steht mir nicht.	**Δε μου πάει.** dhe mu pái.
Das passt mir nicht.	**Δε μου κάνει.** dhe mu káni.
Das ist mir zu ...	**Μου είναι πολύ ...** mu íne polí ...
... groß.	**... μεγάλο.** ... meghálo.
... klein.	**... μικρό.** ... mikró.
Das passt gut.	**Μου έρχεται καλά.** mu érchete kalá.

Stoffe

Baumwolle	**βαμβάκι** wamwáki
Filz	**τσόχα** tßócha
Fleece	**φλις** fliß
Kamelhaar	**μαλλί καμήλας** malí kamílaß
Kaschmir	**κασμίρι** kaßmíri
Leder	**δέρμα** dhérma
Leinen	**λινό** linó
Mikrofaser	**μικροΐνες** mikroíneß
Naturfaser	**φυσικές ίνες** fißikéß íneß
Schafwolle	**μαλλί προβάτου** malí prowátu
reine Schurwolle	**αγνό παρθένο μαλλί** aghnó parthéno malí
Seide	**μετάξι** metákßi
Synthetik	**συνθετικό** ßinthetikó
Wildleder	**καστόρι** kaßtóri
Wolle	**μαλλί** malí

Farben

beige	μπεζ bes
blau	μπλε ble
braun	καφέ kafé
bunt	πολύχρωμος políchromoß
dunkelblau	σκούρος μπλε ßkúroß ble
dunkelrot	σκούρος κόκκινος ßkúroß kókinoß
einfarbig	μονόχρωμος monóchromoß
gelb	κίτρινος kítrinoß
golden	χρυσαφί chrißafí
grau	γκρι gri
grün	πράσινος práßinoß
hellblau	γαλάζιος ghalásioß
lila	μωβ mow
pink	φούξια fúkßia
rosa	ροζ ros
rot	κόκκινος kókinoß
schwarz	μαύρος máwroß
silbern	ασημί aßimí
türkis	τιρκουάζ tirkuás
weiß	άσπρος áßproß

Weitere Wörter

Anorak	μπουφάν bufán
Anzug	κοστούμι koßtúmi
kurze Ärmel	κοντά μανίκια kondá maníkja
lange Ärmel	μακριά μανίκια makriá maníkja
Badeanzug	μαγιό majó
Badehose	(ανδρικό) μαγιό (andhrikó) majó
Bademantel	μπουρνούζι burnúsi
BH	σουτιέν ßutjén

Bikini	μπικίνι	bikíni
Blazer	σακάκι	ßakáki
Bluse	(γυναικείο) πουκάμισο	(jinekío) pukámißo
bügelfrei	χωρίς σιδέρωμα	chorіß ßidhéroma
Gürtel	ζώνη	sóni
Halstuch	μαντίλι	mandíli
Handschuhe	γάντι	ghándi
Hemd	πουκάμισο	pukámißo
Hose	παντελόνι	pandelóni
Hut	καπέλο	kapélo
Jacke	μπουφάν	bufán
Jeans	τζιν	dsin
Jogginganzug	αθλητική φόρμα	athlitikí fórma
Jogginghose	αθλητικό παντελόνι	athlitikó pandelóni
Kleid	φόρεμα	fórema
Kostüm	ταγιέρ	tajér
Krawatte	γραβάτα	ghrawáta
kurz	κοντός	kondóß
lang	μακρύς	makríß
Leggins	κολάν	kolán
Mantel	παλτό	paltó
Mütze	σκούφος	ßkúfoß
Pullover	πουλόβερ	pulówer
Regenjacke	αδιάβροχο	adhiáwrocho
Regenmantel	αδιάβροχο	adhiáwrocho
Reißverschluss	φερμουάρ	fermuár
Rock	φούστα	fúßta
Sakko	σακάκι	ßakáki
Schal	κασκόλ	kaßkól
Schlafanzug	πιτζάμα	pidsáma
Shorts	σορτς	ßortß
Slip	σλιπ	ßlip
Slip *(für Damen)*	(γυναικείο) σλιπ	(jinekío) ßlip

Socken	κάλτσες	káltßeß
Sonnenhut	καπέλο ηλίου	kapélo ilíu
Strümpfe	κάλτσες	káltßeß
Strumpfhose	καλσόν	kalßón
T-Shirt	μπλουζάκι	blusáki
Unterhemd	φανέλα	fanéla
Unterwäsche	εσώρουχα	eßórucha
Weste	γιλέκο	jiléko

Schuhe

Ich möchte ein Paar ... **Θα 'θελα ένα ζευγάρι ...**
tháthela éna sewghári ...

Das könnten Sie hören:
◂**Τί νούμερο παπούτσι φοράτε;**
tí número papútßi foráte?
Welche Schuhgröße haben Sie?

Ich habe Schuhgröße ... **Το νούμερό μου είναι ...**
to número‿mu íne ...

Der Absatz ist zu ... **Το τακούνι είναι πολύ ...**
to takúni íne polí ...

... hoch. **... ψηλό.** ... pßiló.

... niedrig. **... χαμηλό.** ... chamiló.

Sie sind zu ... **Είναι πολύ ...** íne polí ...

... groß. **... μεγάλα.** ... meghála.

... klein. **... μικρά.** ... mikrá.

Sie drücken hier.	Με χτυπάνε εδώ. me ehtipáne edhó.
Bitte erneuern Sie die ...	Παρακαλώ, αλλάξτε ... parakaló, alákßte ...
... Absätze.	... τα τακούνια. ... ta takúnia.
... Sohlen.	... τις σόλες. ... tiß ßóleß.

Weitere Wörter

Badeschuhe ..... παπούτσια για θάλασσα papútßja ja thálaßa
Bergschuhe ..... παπούτσια ορειβασίας papútßja oriwaßíaß
Einlegesohlen ..... πάτοι páti
eng ..... στενός ßtenóß
Flipflops ..... σαγιονάρες ßajonáreß
Größe ..... νούμερο número
Gummistiefel ..... γαλότσες ghalótßeß
Halbschuhe ..... σκαρπίνια ßkarpínja
Leder ..... δέρμα dhérma
Ledersohle ..... δερμάτινη σόλα dhermátini ßóla
Pumps ..... γόβες ghóweß
Sandalen ..... σανδάλια ßandhálja
Schnürsenkel ..... κορδόνια kordhónja
Schuhcreme ..... βερνίκι παπουτσιών werníki paputßjón
Schuhe ..... παπούτσια papútßja
Schuhputzmittel ..... προϊόντα περιποίησης παπουτσιών projónda peripíißiß paputßjón
Stiefel ..... μπότες bóteß
Turnschuhe ..... αθλητικά παπούτσια athlitiká papútßja
Wanderschuhe ..... παπούτσια πεζοπορίας papútßia pesoporíaß
Wildleder ..... καστόρι kaßtóri

Körperpflege

allergiegetestet	υποαλλεργικός	ipoalerjikóß
Babyfläschchen	μπιμπερό	biberó
Binden *(Damenbinden)*	σερβιέτες	ßerwiéteß
Bürste	βούρτσα	wúrtßa
Deo	αποσμητικό	apoßmitikó
Duschgel	αφρόλουτρο	afrólutro
feuchte Tücher	υγρά μαντιλάκια	ighrá mandilákja
Haargel	τζελ για τα μαλλιά	dsél ja ta maliá
Haargummi	λαστιχάκι	laßticháki
Haarklammern	κοκκαλάκια	kokalákja
Haarspange	κοκκαλάκι	kokaláki
Haarspray	λακ	lak
Handcreme	κρέμα χεριών	kréma cherión
Kajalstift	μολύβι ματιών	molíwi matjón
Kamm	χτένα	chténa
Kondome	προφυλακτικά	profilaktiká
Körperlotion	λοσιόν σώματος	loßjón ßómatoß
Kosmetiktücher	μαντιλάκια	mandilákja
Lichtschutzfaktor	δείκτης προστασίας	dhíktiß proßtaßíaß
Lidschatten	σκιές ματιών	ßkiéß matjón
Lippenpflegestift	βούτυρο κακάο	wútiro kakáo
Lippenstift	κραγιόν	krajón
Mückenschutz	αντικουνουπικό	andikunupikó
Nachtcreme	κρέμα νύχτας	kréma níchtaß
Nagelbürste	βούρτσα νυχιών	wúrtßa nichión
Nagelfeile	λίμα	líma
Nagellack	μανό	manó
Nagellackentferner	ασετόν	aßetón
Nagelschere	ψαλίδι νυχιών	pßalídhi nichión
Papiertaschentücher	χαρτομάντιλα	chartomándila

Parfüm	άρωμα	ároma
parfümfrei	χωρίς άρωμα	choríß ároma
Pflaster	τραυμαπλάστ	trafmapláßt
Pinzette	τσιμπιδάκι	tßimbidháki
Rasierklinge	λεπίδα ξυρίσματος	lepídha kßiríßmatoß
Rasierschaum	αφρός ξυρίσματος	afróß kßiríßmatoß
Reinigungsmilch	γαλάκτωμα καθαρισμού	ghaláktoma katharißmú
Rouge	ρουζ	rus
Sauger	θηλή του μπιμπερό	thilí tu biberó
Schaumfestiger	αφρός μαλλιών	afróß malión
Schnuller	πιπίλα	pipíla
Seife	σαπούνι	ßapúni
Shampoo	σαμπουάν	ßambuán
Sonnencreme	αντιηλιακή κρέμα	andiiliakí kréma
Sonnenmilch	αντιηλιακό γαλάκτωμα	andiiliakó ghaláktoma
Spiegel	καθρέφτης	kathréftiß
Tagescreme	κρέμα ημέρας	kréma iméraß
Tampons	ταμπόν	tambón
Toilettenpapier	χαρτί υγείας	chartí ijíaß
Waschlappen	σφουγγάρι	ßfungári
Waschmittel	απορρυπαντικό	aporipandikó
Watte	βαμβάκι	wamwáki
Wattestäbchen	μπατονέτες	batonéteß
Wimperntusche	μάσκαρα	máßkara
Zahnbürste	οδοντόβουρτσα	odhondówurtßa
elektrische Zahnbürste	ηλεκτρική οδοντόβουρτσα	ilektrikí odhondówurtßa
Zahnpasta	οδοντόκρεμα	odhondókrema
Zahnseide	οδοντικό νήμα	odhondikó níma
Zahnstocher	οδοντογλυφίδα	odhondoghlifídha

Haushalt

Adapter	προσαρμογέας	proßarmojéaß
Alkohol (zum Desinfizieren)	οινόπνευμα	inópnefma
Alufolie	αλουμινόχαρτο	aluminócharto
Batterie	μπαταρία	bataría
Besen	σκούπα	ßkúpa
Dosenöffner	ανοιχτήρι	anichtíri
Eimer	κουβάς	kuwáß
Feuerzeug	αναπτήρας	anaptíraß
Flaschenöffner	ανοιχτήρι	anichtíri
Fleckenentferner	διαλυτικό λεκέδων	dhialitikó lekédhon
Föhn	πιστολάκι	pißtoláki
Frischhaltefolie	πλαστική μεμβράνη	plaßtikí memwráni
Gabel	πιρούνι	pirúni
Glühlampe	λάμπα	lámba
Glas	ποτήρι	potíri
Grillanzünder	προσανάμματα	proßanámata
Grillkohle	κάρβουνο	kárwuno
Insektenspray	σπρέι εντομοκτόνο	ßpréi endomoktóno
Kerzen	κεριά	kerjá
Korkenzieher	ανοιχτήρι κρασιού	anichtíri kraßjú
Küchenrolle	χαρτί κουζίνας	chartí kusínaß
Kühltasche	φορητό ψυγείο	foritó pßijío
Löffel	κουτάλι	kutáli
Messer	μαχαίρι	machéri
Moskitospirale	φιδάκι	fidháki
Nähgarn	κλωστή	kloßtí
Nähnadel	βελόνα	welóna
Pfanne	τηγάνι	tigháni
Rasierapparat	ξυριστική μηχανή	kßirißtikí michaní
Reinigungsmittel	καθαριστικό	katharißtikó
Plastikteller	πλαστικό πιάτο	plaßtikó pjáto

Schere ψαλίδι pßalídhi
Servietten χαρτοπετσέτες chartopetßéteß
Sicherheitsnadel παραμάνα paramána
Spülmittel υγρό πιάτων ighró pjáton
Spültuch πετσέτα κουζίνας petßéta kusínaß
Streichhölzer σπίρτα ßpírta
Taschenlampe φακός fakóß
Taschenmesser σουγιάς ßujáß
Taschenrechner κομπιουτεράκι kombjuteráki
Tasse φλιτζάνι flitsáni
Teller πιάτο pjáto
Thermosflasche® θερμός thermóß
Topf κατσαρόλα katßaróla
Verlängerungsschnur μπαλαντέζα baladésa
Wäscheklammern μανταλάκια mandalákja
Wäscheleine σκοινί για άπλωμα ρούχων ßkiní ja áploma rúchon
Waschpulver απορρυπαντική σκόνη aporipandikí ßkóni
Wasserkocher βραστήρας wraßtíraß
Wecker ξυπνητήρι kßipnitíri
Wischlappen πανί paní

Optiker

Meine Brille ist kaputt.
Χάλασαν τα γυαλιά μου.
chálaßan ta jaljá_mu

Können Sie das reparieren?
Μπορείτε να το επισκευάσετε;
boríte na to epißkewáßete?

Ich möchte eine Sonnenbrille.
Θα 'θελα γυαλιά ηλίου.
tháthela jaljá ilíu.

Ich brauche Eintageslinsen.
Χρειάζομαι φακούς επαφής συχνής αντικατάστασης.
chriásome fakúß epafíß ßichníß andikatáßtaßiß.

Ich bin kurzsichtig.
Έχω μυωπία. écho miopía.

Ich bin weitsichtig.
Έχω πρεσβυωπία. écho preswiopía.

Das könnten Sie hören:

◂Έχετε βιβλιάριο για ...
échete wiwliárjo ja ...
Haben Sie einen ...

... γυαλιά ... jaljá?
... Brillenpass?

... φακούς επαφής
... fakúß epafíß?
... Kontaktlinsenpass?

◂Πόσους βαθμούς έχετε;
póßuß wathmúß échete?
Wie viel Dioptrien haben Sie?

Ich habe links ... Dioptrien und rechts ... Dioptrien.
Έχω ... βαθμούς αριστερά και ... βαθμούς δεξιά.
écho ... wathmúß arißterá ke ... wathmúß dhekßiá.

Ich habe eine Kontaktlinse ...
... έναν φακό επαφής.
... énan fakó epafíß.

... verloren.
... Έχασα ... échaßa

... kaputt gemacht.
... Χάλασα ... chálaßa

Ich brauche Aufbewahrungslösung für ... Kontaktlinsen.	Χρειάζομαι υγρό συντήρησης για ... φακούς επαφής. chriásome ighró ßindírißiß ja ... fakúß epafíß.
... harte	... σκληρούς ... ßklirúß
... weiche	... μαλακούς ... malakúß
Ich brauche Reinigungslösung für ... Kontaktlinsen.	Χρειάζομαι καθαριστικό υγρό για ... φακούς επαφής. chriásome katharißtikó ighró ja ... fakúß epafíß.
... harte	... σκληρούς ... ßklirúß
... weiche	... μαλακούς ... malakúß

Fotoartikel

Ich hätte gern ...	Θα 'θελα ... tháthela ...
... eine Speicherkarte.	... μία κάρτα μνήμης. ... mía kárta mnímiß.
... einen USB-Stick.	... ένα στικάκι USB. ... éna ßtikáki jueßbí.

Souvenirs

Ich möchte ...	Θα 'θελα ... tháthela ...
... ein Geschenk.	... ένα δώρο. ... éna dhóro.
... ein hübsches Andenken.	... ένα όμορφο ενθύμιο. ... éna ómorfo enthímio.
... etwas Typisches aus dieser Gegend.	... κάτι χαρακτηριστικό για την περιοχή. ... káti charaktiribtikó ja tin periochí.

Ist das Handarbeit? — Είναι χειροποίητο;
íne chiropíito?

Ist das antik? — Είναι αντίκα;
íne antíka?

Ist das echt? — Είναι αυθεντικό;
íne afthendikó?

Weitere Wörter

Andenken .... ενθύμιο enthímio
antik .... αρχαίος archéoß
Antiquität .... αντίκα andíka
Backgammon .... τάβλι táwli
Becher .... κούπα kúpa
Decke .... κουβέρτα kuwérta
echt .... αυθεντικός afthendikóß
Gürtel .... ζώνη sóni
fluchabweisendes blaues Auge .... μάτι máti
Granatapfel-Glücksbringer .... ρόδι ródhi
Handarbeit .... χειροτεχνία chirotechnía
handgeknüpft .... υφαντός στο χέρι ifandóß ßto chéri
handgemacht .... χειροποίητος chiropíitoß
handgeschnitzt .... ξυλόγλυπτος στο χέρι kßilóghliptoß ßto chéri
Handtasche .... τσάντα tßánda
Kalender .... ημερολόγιο imerolójio
Kanne .... κανάτα kanáta
Keramik .... κεραμικά keramiká
Kunsthandwerk .... χειροτεχνία chirotechnía
Leder .... δέρμα dhérma

Marmor	μάρμαρο mármaro
Miniaturstatue	αγαλματάκι aghalmatáki
mundgeblasenes Glas	φυσητό γυαλί fißitó jalí
Perlenschnur	κομπολόι kombolói
Rechnung	τιμολόγιο timolójio
religiöser Talisman	φυλαχτό filachtó
Schmuck	κοσμήματα koßmímata
Schüssel	μπολ bol
(Natur-)Schwamm	(φυσικό) σφουγγάρι (fißikó) ßfunggári
Seidentuch	μεταξωτό μαντίλι metakßotó mandíli
Spitze	δαντέλα dhandéla
Strohhut	ψάθινο καπέλο pßáthino kapélo
Tablett	δίσκος dhíßkoß
Tasse	φλιτζάνι flitsáni
Teppich	χαλί chalí
Terrakotta	αγγειοπλαστική angioplaßtikí
Tischdecke	τραπεζομάντιλο trapesomándilo
Töpferware	πήλινα pílina
Tuch	μαντίλι mandíli
typisch	χαρακτηριστικός charaktirißtikóß
Vase	βάζο wáso
Wandteller	διακοσμητικό πιάτο dhiakoßmitikó pjáto

Schreibwaren & Tabakwaren

Ich hätte gerne ...	Θα 'θελα ... tháthela ...
... eine (deutsche) Zeitung.	... μία (γερμανική) εφημερίδα. ... mía (jermanikí) efimerídha.

... eine (deutsche) Zeitschrift.	... ένα (γερμανικό) περιοδικό. ... éna (jermanikó) periodhikó.
... eine Karte der Umgebung.	... έναν χάρτη της περιοχής. ... énan chárti tiß periochíß.
... einen Stadtplan.	... έναν χάρτη της πόλης. ... énan chárti tiß póliß.
Haben Sie auch eine neuere Zeitung?	Έχετε και μία πιο πρόσφατη εφημερίδα; échete ke mía pjo próßfati efimerídha?
Haben Sie deutsche Bücher?	Έχετε γερμανικά βιβλία; échete jermaniká wiwlía?
Eine Schachtel ..., bitte.	Ένα κουτί ..., παρακαλώ. éna kutí ..., parakaló.
Eine Stange ..., bitte.	Μία κούτα ..., παρακαλώ. mía kúta ..., parakaló.
Ein Päckchen ..., bitte.	Ένα πακέτο ..., παρακαλώ. éna pakéto ..., parakaló.
... Pfeifentabak	... καπνό για πίπα ... kapnó ja pípa
... Zigarettentabak	... καπνό για τσιγάρα ... kapnó ja tßighára
Ein Feuerzeug, bitte.	Έναν αναπτήρα, παρακαλώ. énan anaptíra, parakaló.
Einmal Streichhölzer, bitte.	Ένα κουτί σπίρτα, παρακαλώ. éna kutí ßpírta, parakaló.

Weitere Wörter

Ansichtskarte .... καρτ-ποστάλ kart-poßtál
Aschenbecher .... τασάκι taßáki

Bleistift	μολύβι molíwi
Briefpapier	χαρτί αλληλογραφίας charti aliloghrafíaß
Briefumschlag	φάκελος fákeloß
Filzstift	μαρκαδόρος markadhóroß
Illustrierte	περιοδικό periodhikó
Klebeband	σελοτέιπ ßelotéip
Klebstoff	κόλλα kóla
Kochbuch	βιβλίο μαγειρικής wiwlío majirikíß
Krimi	αστυνομικό μυθιστόρημα aßtinomikó mithißtórima
Kugelschreiber	στυλό ßtiló
Papier	χαρτί chartí
Pfeife	πίπα pípa
Pfeifenreiniger	καθαριστικά πίπας katharißtiká pípaß
Radiergummi	γόμα ghóma
Radtourenkarte	χάρτης με ποδηλατικές διαδρομές chártiß me podhilatikéß dhiadhroméß
Reiseführer	ταξιδιωτικός οδηγός takßidhiotikóß odhighóß
Roman	μυθιστόρημα mithißtórima
Schreibblock	μπλοκ blok
Spielkarten	τράπουλα trápula
Spitzer	ξύστρα kßíßtra
Straßenkarte	οδικός χάρτης odhikóß chártiß
Tabak	καπνός kapnóß
Wanderkarte	οδοιπορικός χάρτης odhiporikóß chártiß
Wörterbuch	λεξικό lekßikó
Zigaretten	τσιγάρα tßighára
Zigarillos	πουράκια purákia
Zigarren	πούρα púra

Aktivitäten

... die wichtigsten Sätze

Wo geht es zum Strand?

Προς τα πού είναι η παραλία;
proß ta pu íne i paralía?

Darf man hier baden?

Επιτρέπεται το μπάνιο εδώ;
epitrépete to bánio edhó?

Ist es für Kinder gefährlich?

Είναι επικίνδυνο για τα παιδιά;
íne epikíndhino ja ta pedhjá?

Ich möchte einen Liegestuhl ausleihen.

▸Baden, S. 168

Θα 'θελα να νοικιάσω μία ξαπλώστρα.
tháthela na nikjáßo mía kßaplóßtra.

Darf ich mitspielen?

▸Spiele, S. 173

Μπορώ να παίξω κι εγώ;
boró na pékßo kjeghó?

Ich möchte nach ... wandern.

Θα 'θελα να κάνω μία πεζοπορία προς ...
tháthela na káno mía pesoporía proß ...

Können Sie mir eine leichte Tour empfehlen?

Μπορείτε να μου προτείνετε μία εύκολη πεζοπορία;
boríte na mu protínete mía éfkoli pesoporía?

Ist der Weg gut markiert?

Είναι καλά σηματοδοτημένο το μονοπάτι;
íne kalá ßimatodhotiméno to monopáti?

Wie weit ist es noch bis ...?
▸*Wandern & Trekking, S. 175*
Πόσο απέχει ...;
póßo apéc͜hi ...?

Ich möchte ein Fahrrad mieten.
Θα 'θελα να νοικιάσω ένα ποδήλατο.
tháthela na nikjáßo éna podhílato.

Ich möchte es für einen Tag mieten.
▸*Rad fahren, S. 177*
Θα 'θελα να το νοικιάσω για μία μέρα.
tháthela na to nikjáßo ja mía méra.

Wie viel kostet der Eintritt?
Πόσο κοστίζει η είσοδος;
póßo koßtísi i íßodhoß?

Eine Karte bitte.
Ένα εισιτήριο, παρακαλώ.
éna ißitírio, parakaló.

Darf man fotografieren?
▸*Besichtigungen, S. 179*
Επιτρέπεται η φωτογράφιση;
epitrépete i fotoghráfißi?

Wann beginnt die Vorstellung?
▸*Theater, Kino, Musik, S. 188*
Πότε αρχίζει η παράσταση;
póte arc͜hísi i paráßtaßi?

Gibt es hier eine nette Bar?
Υπάρχει κανένα καλό μπαράκι εδώ;
ipárc͜hi kanéna kaló baráki edhó?

Ist hier noch frei?
▸*Ausgehen, S. 191*
Είναι ελεύθερο εδώ;
íne eléfthero edhó?

Baden

Wo geht es zum Strand?	**Προς τα πού είναι η παραλία;** proß ta pu íne i paralía?
Darf man hier baden?	**Επιτρέπεται το μπάνιο εδώ;** epitrépete to bánio edhó?
Gibt es hier Strömungen?	**Υπάρχουν ρεύματα εδώ;** ipárchun réfmata edhó?
Ist es für Kinder gefährlich?	**Είναι επικίνδυνο για τα παιδιά;** íne epikíndhino ja ta pedhjá?
Wann ist ...	**Πότε είναι ...** póte íne ...
... Ebbe?	**... άμπωτη;** ... ámboti?
... Flut?	**... πλημμυρίδα;** ... plimirídha?
Gibt es hier Quallen?	**Υπάρχουν μέδουσες εδώ;** ipárchun médhußeß edhó?
Ich möchte ... ausleihen.	**Θα 'θελα να νοικιάσω ...** tháthela na nikjáßo ...
... einen Liegestuhl	**... μία ξαπλώστρα.** ... mía kßaplóßtra.
... einen Sonnenschirm	**... μία ομπρέλα.** ... mía ombréla.
... ein Boot	**... μία βάρκα.** ... mía wárka.
Ich möchte einen ... machen.	**Θα 'θελα να κάνω μαθήματα ...** tháthela na káno mathímata ...
... Tauchkurs	**... κατάδυσης.** ... katádhißiß.
... Windsurfkurs	**... σέρφινγκ.** ... ßérfing.

Kann man mit einem Fischerboot mitfahren?	**Μπορεί κανείς να πάει μαζί με κάποιο ψαροκάικο;** borí na pái kaníß na pái masí me kápjo pßarokáiko?
Wie viel kostet es pro ...	**Πόσο κοστίζει την ...** póßo koßtísi tin ...
... Stunde?	**... ώρα;** ... óra?
... Tag?	**... ημέρα;** ... iméra?
Können Sie kurz auf meine Sachen aufpassen?	**Μπορείτε να προσέξετε τα πράγματά μου για μία στιγμή, παρακαλώ;** boríte na proßékßete ta prághmatá_mu ja mía ßtighmí, parakaló?
Gibt es hier ein ...	**Υπάρχει ... πισίνα εδώ;** ipárchi ... pißína edhó?
... Freibad?	**... ανοιχτή** ... anichtí
... Hallenbad?	**... κλειστή** ... klißtí
Gibt es auch ein Kinderbecken?	**Υπάρχει και παιδική πισίνα;** ipárchi ke pedhikí pißína?
Wo sind die ...	**Πού είναι τα ...** pú íne ta ...
... Duschen?	**... ντους;** ... dúß?
... Umkleidekabinen?	**... αποδυτήρια;** ... apodhitíria?
Wo ist ...	**Πού είναι ...** pu íne ...
... der Bademeister/ die Bademeisterin?	**... ο ναυαγοσώστης, η ναυαγοσώστρια;** ... o nawaghoßóßtiß, nawaghoßóßtria?
... die Erste-Hilfe-Station?	**... οι πρώτες βοήθειες;** ... i próteß woíthjeß?

Weitere Wörter

Badekappe	σκουφάκι ßkufáki
Boot	βάρκα wárka
Bootsverleih	ενοίκιαση βαρκών enikíaßi warkón
fischen	ψαρεύω pßaréwo
FKK-Strand	παραλία γυμνιστών paralía jimnißtón
Handtuch	πετσέτα petßéta
Luftmatratze	φουσκωτό στρώμα fußkotó ßtróma
Meer	θάλασσα thálaßa
Motorboot	σκάφος ßkáfoß
Motorscooter	μηχανάκι michanáki
Muscheln	κοχύλια kochília
Nichtschwimmer	μη κολυμβητής mi kolimwitíß
Rettungsring	σωσίβιο ßoßíwio
Ruderboot	βάρκα κωπηλασίας wárka kopilaßíaß
Sand	άμμος ámoß
Sandstrand	αμμώδης παραλία amódhiß paralía
Schatten	σκιά ßkiá
Schlauchboot	φουσκωτό fußkotó
Schnorchel	αναπνευστήρας anapnefßtíraß
Schwimmbad	πισίνα pißína
Schwimmflossen	βατραχοπέδιλα watrachopédhila
Schwimmflügel	μπρατσάκια bratßákja
See	λίμνη límni
Seeigel	αχινός achinóß
Segelboot	ιστιοφόρο ißtiofóro
Sonne	ήλιος ílioß
Strand	παραλία paralía
Strandbad	οργανωμένη πλαζ orghanoméni plas
Strömung	ρεύμα réfma
Sturmwarnung	προειδοποίηση για επερχόμενη θύελλα proidhopíißi ja eperchómeni thíela
Surfbrett	ιστιοσανίδα ißtioßanídha

Taucheranzug	στολή κατάδυσης ßtolí katádhißiß
Taucherausrüstung	εξοπλισμός κατάδυσης ekßoplißmóß katádhißiß
Taucherbrille	μάσκα máßka
Tretboot	θαλάσσιο ποδήλατο thaláßio podhílato
Wasserski	θαλάσσιο σκι thaláßio ßki
Welle	κύμα kíma

Wellness

Gibt es hier ...	Υπάρχει ... εδώ; ipárchi ... edhó?
... eine Therme?	... ιαματικό λουτρό ... iamatikó lutró
... eine Sauna?	... σάουνα ... ßáuna
... ein Fitnessstudio?	... γυμναστήριο ... jimnaßtírio
Bieten Sie auch ... an?	Προσφέρετε και μαθήματα ... proßférete ke mathímata ...
... Pilateskurse	... pilates; ... piláteß?
... Yogakurse	... yoga; ... jóga?
Ich hätte gerne einen Termin für ...	Θα 'θελα ένα ραντεβού για ... tháthela éna randewú ja ...
Bitte eine ...	Παρακαλώ, ένα ... parakaló, éna ...
... Maniküre.	... μανικιούρ. ... manikjúr.
... Pediküre.	... πεντικιούρ. ... pedikjúr.
Ich möchte mir die ... färben lassen.	Θα 'θελα μία βαφή ... tháthela mía wafí ...
... Wimpern	... βλεφαρίδων. ... wlefarídhon.
... Augenbrauen	... φρυδιών. ... fridhjón.

Ich hätte gerne eine Gesichtsbehandlung.	Θα 'θελα μία περιποίηση προσώπου. tháthela mía peripíißi proßópu.
Ich habe ...	Έχω ... é~~ch~~o ...
... normale Haut.	... κανονική επιδερμίδα. ... kanonikí epidhermídha.
... fettige Haut.	... λιπαρή επιδερμίδα. ... liparí epidhermídha.
... trockene Haut.	... ξηρή επιδερμίδα. ... kßirí epidhermídha.
... Mischhaut.	... μικτή επιδερμίδα. ... miktí epidhermídha.
... empfindliche Haut.	... ευαίσθητη επιδερμίδα. ... ewéßthiti epidhermídha.

Weitere Wörter

Akupunktur	βελονισμός weloníßmóß
Algenbad	λουτρό με φύκια lutró me fíkja
Ampullenkur	θεραπεία με αμπούλες therapía me ambúleß
Aromaöl	αρωματικό έλαιο aromatikó éleo
Ayurveda	αγιουρβέδα ajurwédha
Dampfbad	ατμόλουτρο atmólutro
Fango	λάσπη láßpi
Fußreflexzonenmassage	ρεφλεξολογία reflekßolojía
Hamam	χαμάμ ~~ch~~amám
Hautdiagnose	καθορισμός του τύπου δέρματος kathorißmóß tu típu dhérmatoß
Heilbad	ιαματικά λουτρά iamatiká lutrá
Kompresse	κομπρέσα kombréßa
Lymphdrainage	λεμφικό ντρενάζ lemfikó drenás

Maske	μάσκα ομορφιάς máßka omorfjáß
Massage	μασάζ maßás
Meditation	διαλογισμός dhialojißmóß
Peeling	πίλινγκ píling
Reinigung	καθαρισμός kathanißmóß
Sandbad	αμμόλουτρο amólutro
Solarium	σολάριουμ ßolárium
Thermalbad	θερμά λουτρά thermá lutrá
Whirlpool®	υδρομασάζ idhromaßás

Spiele

Darf ich mitspielen?	Μπορώ να παίξω κι εγώ; boró na pékßo kjeghó?
Wir hätten gern einen Squashcourt für eine halbe Stunde.	Θα θέλαμε ένα γήπεδο σκουός για μισή ώρα. tha thélame éna jípedho ßkuóß ja mißí óra.
Wir hätten gern einen ... für eine Stunde.	Θα θέλαμε ένα γήπεδο ... για μία ώρα. tha thélame éna jípedho ... ja mía óra.
... Tennisplatz	... τέννις ... téniß
... Badmintonplatz	... μπάντμιντον ... bádminton
Wo kann man hier ... spielen?	Πού μπορεί κανείς να παίξει ... εδώ; pu borí kaníß na pékßi ... edhó?
... Bowling	... μπόουλινγκ ... bóuling
... Billard	... μπιλιάρδο ... biljárdho
Ich möchte ... ausleihen.	Θα 'θελα να δανειστώ ... tháthela na dhanißtó ...

Haben Sie Spielkarten?	Έχετε μία τράπουλα; échete mía trápula?
Haben Sie Gesellschaftsspiele?	Έχετε επιτραπέζια παιχνίδια; échete epitrapésia pechnídhia?
Wollen wir Backgammon spielen?	Να παίξουμε τάβλι; na pékßume táwli?
Spielen Sie Schach?	Παίζετε σκάκι; pésete ßkáki?
Können wir ein Schachspiel ausleihen?	Μπορούμε να δανειστούμε ένα σκάκι; borúme na dhanißtúme éna ßkáki?

Weitere Wörter

Ball	μπάλα bála
Basketball	μπάσκετ báßket
Beachvolleyball	μπιτς-βόλεϊ bítß-wólei
Federballschläger	ρακέτα μπάντμιντον raketa bádminton
Fußballplatz	γήπεδο ποδοσφαίρου ghípedo podhoßféru
Fußballspiel	ποδόσφαιρο podhóßfero
gewinnen	κερδίζω kerdhíso
Golfplatz	γήπεδο γκολφ jípedho golf
Handball	χάντμπολ chándbol
Kegelbahn	μπόουλινγκ bóuling
Mannschaft	ομάδα omádha
Minigolfplatz	γήπεδο μίνι γκολφ jípedho míni golf
Schiedsrichter(in)	διαιτητής dhietitíß, διαιτήτρια dhietítria
Sieg	νίκη níki
Spiel	παιχνίδι pechnídhi
Spielplatz	παιδική χαρά pedhikí chará

Squash	σκουός ßkuóß
Tennisschläger	ρακέτα του τένις rakéta tu téniß
Tischtennis	πινγκ πονγκ ping pong
Tor *(Treffer)*	γκολ gol
Torwart	τερματοφύλακας termatofílakaß
unentschieden	ισοπαλία ißopalía
verlieren	χάνω cháno
Volleyball	βόλεϊ wólei

Wandern & Trekking

Ich möchte nach ... wandern.	**Θα 'θελα να κάνω μία πεζοπορία προς ...** tháthela na káno mía pesoporía proß ...
Ich möchte auf den ... steigen.	**Θα 'θελα ν' ανεβώ στο ...** tháthela nanewó ßto ...
Können Sie mir eine ... Tour empfehlen?	**Μπορείτε να μου προτείνετε μία ... πεζοπορία;** boríte na mu protínete mía ... pesoporía?
... leichte	**... εύκολη** ... éfkoli
... mittelschwere	**... μέτρια** ... métria
Wie lange dauert sie ungefähr?	**Πόσο διαρκεί περίπου;** póßo dhiarkí perípu?
Ist der Weg gut ...	**Είναι ... το μονοπάτι;** íne ... to monopáti?
... markiert?	**... καλά σηματοδοτημένο** ... kalá ßimatodhotiméno
... gesichert?	**... ασφαλές** ... aßfaléß
Kann man unterwegs einkehren?	**Υπάρχει ταβέρνα στο δρόμο;** ipárchi tawérna ßto dhrómo?

Kann ich in diesen Schuhen gehen?	Μπορώ να περπατήσω με αυτά τα παπούτσια; boró na perpatíßo me aftá ta papútßja?
Gibt es geführte Touren?	Γίνονται πεζοπορίες με οδηγό; jínonde pesoporíeß me odhighó?
Sind wir auf dem richtigen Weg nach ...?	Πάμε καλά για ...; páme kalá ja ...?
Wie weit ist es noch bis ...?	Πόσο απέχει ...; póßo apéchi ...?

Weitere Wörter

Berg	βουνό wunó
Bergführer	οδηγός ορειβασίας odhighóß oriwaßíaß
Bergsteigen	κάνω ορειβασία káno oriwaßía
Bergwacht	ομάδα διάσωσης omádha dhiáßoßiß
Gipfel	κορυφή korifí
Hütte	καταφύγιο katafíjio
Schlucht	χαράδρα charádhra
Schutzhütte	καταφύγιο katafíjio
schwindelfrei sein	δε ζαλίζομαι dhe salísome
Seil	σκοινί ßkiní
Seilbahn	τελεφερίκ teleferík
Sessellift	εναέριος αναβατήρας enaérioß anawatíraß
Steigeisen	κραμπόν krambón
Tal	κοιλάδα kiládha
Teleskopstöcke	μπατόν batón
Wanderkarte	χάρτης πεζοπορίας chártiß pesoporíaß
wandern	κάνω πεζοπορία káno pesoporía

Wanderschuhe	παπούτσια πεζοπορίας papútßia pesoporíaß
Wanderweg	μονοπάτι monopáti

Rad fahren

Ich möchte ein ... mieten.	Θα 'θελα να νοικιάσω ένα ... tháthela na nikjáßo éna ...
... Fahrrad	... ποδήλατο. ... podhílato.
... Mountainbike	... ποδήλατο mountain bike. ... podhílato máunten báik.
Ich hätte gern ein Fahrrad mit ... Gängen.	Θα 'θελα ένα ποδήλατο με ... ταχύτητες. tháthela éna podhílato me ... tachítiteß.
Haben Sie auch ein Fahrrad mit Rücktritt?	Έχετε και ποδήλατο με κόντρα φρένο; échete ke podhílato me kóndra fréno?
Ich möchte es für ... mieten.	Θα 'θελα να το νοικιάσω για ... tháthela na to nikjáßo ja ...
... einen Tag	... μία μέρα. ... mía méra.
... zwei Tage	... δύο μέρες. ... dhío méreß.
... eine Woche	... μία βδομάδα. ... mía wdhomádha.
Bitte stellen Sie mir die Sattelhöhe ein.	Σας παρακαλώ να μου ρυθμίσετε το ύψος της σέλας. ßaß parakaló na mu rithmíßete to ípßoß tiß ßélaß.
Bitte geben Sie mir einen Fahrradhelm.	Παρακαλώ, δώστε μου ένα κράνος. parakaló, dhóßte mu éna kránoß.

Kann ich einen Kinderfahrradsitz ausleihen?	Μπορώ να νοικιάσω ένα παιδικό κάθισμα για το ποδήλατο; boró na nikjáßo éna pedhikó káthißma ja to podhílato?
Haben Sie eine Fahrradkarte?	Έχετε έναν χάρτη ποδηλατόδρομων; échete énan chárti podhilatódhromon?

Weitere Wörter

Dynamo	δυναμό dhinamó
Fahrradflickzeug	κιτ επισκευής kit epißkewíß
Fahrradkorb	καλάθι για ποδήλατο kaláthi ja podhílato
Handbremse	φρένο fréno
Kinderfahrrad	παιδικό ποδήλατο pedhikó podhílato
Lampe	λάμπα lámba
Licht	φως foß
Luftpumpe	τρόμπα trómba
Radweg	ποδηλατόδρομος podhilatódhromoß
Reifen	λάστιχο láßticho
Reifendruck	πίεση στα λάστιχα píeßi ßta láßticha
Reifenpanne	σκασμένο λάστιχο ßkaßméno láßticho
Rücklicht	πίσω φως píßo foß
Sattel	σέλα ßéla
Satteltaschen	τσάντες ποδηλάτου tßándeß podhilátu
Schlauch	σαμπρέλα ßabréla
Ventil	βαλβίδα walwídha
Vorderlicht	μπροστινό φως broßtinó foß

Adventure-Sports

Ausritt	εκδρομή ιππασίας ekdhromí ipaßíaß
Ballonfahrt	πτήση με αερόστατο ptíßi me aeróßtato

Bungee-Jumping	μπάντζι-τζάμπινγκ	bándsi dsámping
Drachenfliegen	αιωροπτερισμός	eoropterißmóß
Fallschirmspringen	πτώση με αλεξίπτωτο	ptóßi me alekßíptoto
Freeclimbing	ελεύθερη αναρρίχηση	eléftheri anaríchißi
Gleitschirmfliegen	πτήση με αλεξίπτωτο πλαγιάς	ptíßi me alekßíptoto plajáß
Kajak	καγιάκ	kaják
Kitesurfen	κάιτ σερφ	káit ßerf
Pferd	άλογο	álogho
Rafting	ράφτινγκ	ráfting
reiten	κάνω ιππασία	káno ipaßía
Ruderboot	βάρκα κωπηλασίας	wárka kopilaßíaß
Segelflugzeug	ανεμόπτερο	anemóptero
segeln	κάνω ιστιοπλοΐα	káno ißtioploía
Thermik	θερμικοί άνεμοι	thermikí ánemi

Besichtigungen

Wann ist ... geöffnet? — Πότε είναι ανοιχτό ...; póte íne anichtó ...?

Wie viel kostet ... — Πόσο κοστίζει η ... póßo koßtísi i ...

... der Eintritt? — ... είσοδος; ... íßodhoß?

... die Führung? — ... ξενάγηση; ... kßenájißi?

Gibt es auch Führungen auf Deutsch? — Γίνονται και ξεναγήσεις στα γερμανικά; jínonde ke kßenajíßiß ßta jermaniká?

Wann beginnt die Führung? — Πότε αρχίζει η ξενάγηση; póte archísi i kßenájißi?

Gibt es eine Ermäßigung für ... — Υπάρχει έκπτωση για ... ipárchi ékptoßi ja ...

... Familien?	**... οικογένειες;** ... ikojénieß?
... Kinder?	**... παιδιά;** ... pedhjá?
... Senioren und Seniorinnen?	**... ηλικιωμένους και ηλικωμένες;** ... ilikioménuß ke ilikioméneß?
... Studierende?	**... φοιτητές και φοιτήτριες;** ... fititéß ke fitítrieß?
Eine Karte bitte.	**Ένα εισιτήριο, παρακαλώ.** éna ißitírio, parakaló.
Zwei Karten bitte.	**Δύο εισιτήρια, παρακαλώ.** dhío ißitíria, parakaló.
Zwei Erwachsene, zwei Kinder, bitte.	**Για δύο ενηλίκους και για δύο παιδιά, παρακαλώ.** ja dhío enilíkuß ke ja dhío pedhjá, parakaló.
Haben Sie einen ...	**Έχετε έναν ...** échete énan ...
... Katalog?	**... κατάλογο;** ... katálogho?
... Führer?	**... οδηγό;** ... odhighó?
Ich hätte gern einen Audioguide ...	**Θα 'θελα έναν ακουστικό οδιγό ...** tháthela énan akußtikó odhighó ...
... auf Deutsch.	**... στα γερμανικά.** ... ßta jermaniká.
... auf Englisch.	**... στα αγγλικά.** ... ßta anggliká.
Darf man fotografieren?	**Επιτρέπεται η φωτογράφιση;** epitrépete i fotoghráfißi?
Können Sie bitte ein Foto von ... machen?	**Μπορείτε να ... βγάλετε φωτογραφία, παρακαλώ;** boríte na ... wghálete fotoghrafía, parakaló?

... mir	... με ... me
... uns	... μας ... maß
Was für ein ... ist das?	Τι ... είναι αυτό; ti ... íne aftó?
... Gebäude	... κτίριο ... ktírio
... Denkmal	... μνημείο ... mnimío
Haben Sie das Bild als Postkarte?	Έχετε την εικόνα σε καρτ-ποστάλ; échete tin ikóna ße kart-poßtál?

Weitere Wörter

abstrakt	αφηρημένος afiriménoß
Abtei	αβαείο awaío
Akropolis	Ακρόπολη akrópoli
Altertum	αρχαιότητα archeótita
Altstadt	παλιά πόλη paljá póli
Altar *(christlich)*	Αγία Τράπεζα ajía trápesa
Altar *(heidnisch)*	βωμός womóß
Amphitheater	αμφιθέατρο amfithéatro
antik	αρχαίος archéoß
Antike	αρχαιότητα archeótita
antikes Theater	αρχαίο θέατρο archéo théatro
Aquädukt	υδραγωγείο idhraghojío
Aquarell	ακουαρέλα akuaréla
Archäologie	αρχαιολογία archeolojía
Architekt	αρχιτέκτονας architéktonaß
Architektur	αρχιτεκτονική architektonikí
Arkaden	στοές ßtoéß
Ausflug	εκδρομή ekdhromí
Ausflugsboot	εκδρομικό σκάφος ekdhromikó ßkáfoß
Ausgrabungen	ανασκαφές anaßkaféß
Aussicht	θέα théa

Ausstellung … έκθεση éktheßi
Barock … μπαρόκ barók
Basilika … βασιλικός waßilikóß
Berg … βουνό wunó
besichtigen … επισκέπτομαι epißképtome
Besichtigung … επίσκεψη epíßkepßi
Bibliothek … βιβλιοθήκη wiwliothíki
Bild … πίνακας pínakaß
Bildhauer … γλύπτης ghlíptiß
Blütezeit … περίοδος ακμής períodhoß akmíß
Botanischer Garten … βοτανικός κήπος wotanikóß kípoß
Bronze … μπρούντζος brúdsoß
Brücke … γέφυρα jéfira
Brunnen … πηγάδι pighádhi
Burg … κάστρο káßtro
Büste … προτομή protomí
byzantinisch … βυζαντινός wisandinóß
Chor … αψίδα apßídha
Decke … οροφή orofí
Denkmal … μνημείο mnimío
Denkmalschutz … προστασία μνημείων proßtaßía mnimíon
dorisch … δωρικός dhorikóß
Einfluss … επιρροή epiroí
Eintritt … είσοδος íßodhoß
Epoche … εποχή epochí
Expressionismus … εξπρεσιονισμός ekßpreßjonißmóß
Fassade … πρόσοψη próßopßi
Felsritzungen … ανάγλυφα σε βράχο anághlifa ße wrácho
Fenster … παράθυρο paráthiro
Festung … φρούριο frúrio
filmen … κινηματογραφώ kinimatoghrafó
Flohmarkt … υπαίθριο παζάρι ipéthrio pasári
Fluss … ποτάμι potámi
Fotografie … φωτογραφία fotoghrafía

fotografieren	**βγάζω φωτογραφίες** wgháso fotoghrafíeß
Freilichtkino	**θερινός κινηματογράφος** therinóß kinimatoghráfoß
Freilichtmuseum	**υπαίθριο μουσείο** ipéthrio mußío
Fremdenführer(in)	**ξεναγός** kßenaghóß
Fremdenverkehrsamt	**Γραφείο Τουρισμού** ghrafío turißmú
Fresko	**φρέσκο** fréßko
Friedhof	**νεκροταφείο** nekrotafío
Funde	**ευρήματα** ewrímata
Fußgängerzone	**πεζόδρομος** pesódhromoß
Galerie	**γκαλερί** galerí
Garten	**κήπος** kípoß
Gebäude	**κτίριο** ktírio
Gebirge	**οροσειρά** oroßirá
Gedenkstätte	**μνημείο** mnimío
Gegend	**περιοχή** periochí
Gemälde	**πίνακας** pínakaß
Gemäldesammlung	**συλλογή με πίνακες** ßilojí me pínakeß
geöffnet	**ανοιχτός** anichtóß
Geschichte	**ιστορία** ißtoría
geschlossen	**κλειστός** klißtóß
Gewölbe	**θόλος** thóloß
Glocke	**καμπάνα** kambána
Glockenturm	**καμπαναριό** kambanarjó
Gottesdienst	**λειτουργία** liturjía
Grab	**τάφος** táfoß
Griechen	**Έλληνες** élineß
Hafen	**λιμάνι** limáni
Halbinsel	**χερσόνησος** cherßónißoß
Hauptstadt	**πρωτεύουσα** protéwußa
Haus	**σπίτι** ßpíti
Heimatmuseum	**λαογραφικό μουσείο** laoghrafikó mußío
Hof	**αυλή** awlí

Höhle ... σπήλαιο ßpíleo

Höhlenkloster ... μονή σπηλαίων moní ßpiléon

Holzschnitt ... ξυλογραφία kßiloghrafía

Hügel ... λόφος lófoß

Ikone ... αγιογραφία ajioghrafía

Innenstadt ... κέντρο kéndro

Inschrift ... επιγραφή epighrafí

Insel ... νησί nißí

ionisch ... ιωνικός ionikóß

Jahrhundert ... αιώνας eónaß

jüdisch ... εβραϊκός ewraikóß

Jugendstil ... Αρ Νουβό ar nuwó

Kaiser ... αυτοκράτορας aftokrátoraß

Kaiserin ... αυτοκράτειρα aftokrátira

Kapelle ... παρεκκλήσι pareklíßi

Kapitell ... κιονόκρανο kionókrano

Katakomben ... κατακόμβες katakómweß

Katalog ... κατάλογος katáloghoß

Keramik ... κεραμικά keramiká

Kirche ... εκκλησία eklißía

Kirchturm ... καμπαναριό kambanarjó

Klassizismus ... κλασικισμός klaßikißmóß

Kloster ... μοναστήρι monaßtíri

König ... βασιλιάς waßiljáß

Königin ... βασίλισσα waßílißa

Kopie ... αντίγραφο andíghrafo

korinthisch ... κορινθιακός korinthiakóß

Kreuz ... σταυρός ßtawróß

Kreuzgang ... περιστύλιο perißtílio

Krypta ... κρύπτη krípti

Kunst ... τέχνη téchni

Künstler ... καλλιτέχνης kalitéchniß

Künstlerin ... καλλιτεχνίδα kalitechnídha

Landschaft ... τοπίο topío

Maler(in) .... ζωγράφος soghráfoß
Malerei .... ζωγραφική soghrafikí
Markt .... αγορά aghorá
Markthalle .... σκεπαστή αγορά ßkepaßtí aghorá
Marmor .... μάρμαρο mármaro
Mauer .... τείχος tíchoß
Mausoleum .... μαυσωλείο mafßolío
Minarett .... μιναρές minaréß
Mittelalter .... μεσαίωνας meßéonaß
Modell .... μοντέλο mondélo
modern .... μοντέρνος modérnoß
Mönch .... καλόγερος kalójeroß
Mosaik .... μωσαϊκό moßaikó
Moschee .... τζαμί tsamí
Mühle .... μύλος míloß
Museum .... μουσείο mußío
Nationalpark .... εθνικός δρυμός ethnikóß dhrimóß
Naturschutzgebiet .... προστατευόμενη φυσική περιοχή proßtatewómeni fißikí periochí
Obelisk .... οβελίσκος owelíßkoß
Ölmalerei .... ελαιογραφία eleoghrafía
Opernhaus .... λυρική σκηνή lirikí ßkiní
Orakel .... μαντείο mandío
Orden .... τάγμα tághma
Orgel .... όργανο εκκλησιαστικό órghano ekklißjaßtikó
Original .... πρωτότυπο protótipo
orthodox .... ορθόδοξος orthódhokßoß
Palast .... παλάτι paláti
Panorama .... πανόραμα panórama
Park .... πάρκο párko
Parthenon .... Παρθενώνας parthenónaß
Plakat .... αφίσα afíßa
Plan .... σχέδιο ßchédjo

Planetarium	**πλανητάριο**	planitário
Plastik	**πλαστική**	plaßtikí
Portal	**πύλη**	píli
Porträt	**πορτρέτο**	portréto
Poster	**αφίσα**	afíßa
Prospekt	**φυλλάδιο**	filádhio
Radierung	**γραμμική οξυγραφία**	ghramikí okßighrafía
Rathaus	**δημαρχείο**	dhimarchío
Realismus	**ρεαλισμός**	realißmóß
rekonstruieren	**αναπαλαιώνω**	anapaleóno
Relief	**ανάγλυφο**	anághlifo
Religion	**θρησκεία**	thrißkía
restaurieren	**συντηρώ**	ßindiró
restauriert	**ανακαινισμένο**	anakenißméno
romanisch	**ρομανικός**	romanikóß
romantisch	**ρομαντικός**	romandikóß
römisch	**ρωμαϊκός**	romaikóß
Ruine	**ερείπιο**	erípio
Saal	**αίθουσα**	éthußa
Sammlung	**συλλογή**	ßilojí
Sand	**άμμος**	ámoß
Sandstein	**ψαμμίτης**	pßamítiß
Sarkophag	**σαρκοφάγος**	ßarkofághoß
Säule	**κίονας**	kíonaß
Schatzkammer	**θησαυροφυλάκιο**	thißawrofilákjo
Schifffahrtsmuseum	**Ναυτικό Μουσείο**	naftikó mußío
Schloss	**παλάτι**	paláti
Schlucht	**φαράγγι**	farángi
Schnitzerei	**σκάλισμα**	ßkálißma
See *(Binnengewässer)*	**λίμνη**	límni
Sehenswürdigkeiten	**αξιοθέατα**	akßiothéata
Seilbahn	**τελεφερίκ**	teleferík
Skulptur	**γλυπτό**	ghliptó

Stadion ... στάδιο ßtádhio
Stadt ... πόλη póli
Stadtführung ... ξενάγηση kßenájißi
Stadtmauer ... τείχη της πόλης tíchi tiß póliß
Stadtplan ... χάρτης της πόλης chártiß tiß póliß
Stadtteil ... συνοικία ßinikía
Stadttor ... πύλη της πόλης píli tiß póliß
Stadtzentrum ... κέντρο της πόλης kéndro tiß póliß
Statue ... άγαλμα ághalma
Staudamm ... φράγμα frághma
Stausee ... ταμιευτήρας tamjeftíraß
Sternwarte ... αστεροσκοπείο aßteroßkopío
Stil ... στιλ ßtil
Surrealismus ... σουρεαλισμός ßurealißmóß
Symbolismus ... συμβολισμός ßimwolißmóß
Synagoge ... συναγωγή ßinaghoghí
Tal ... κοιλάδα kiládha
Tempel ... ναός naóß
Töpferei ... εργαστήριο αγγειοπλαστικής erghaßtírio anggioplaßtikíß
Tor ... πύλη píli
Tropfsteinhöhle ... καρστικό σπήλαιο karßtikó ßpíleo
Turm ... πύργος pírghoß
Überreste ... απομεινάρια apominárja
Umgebung ... περιβάλλον periwálon
Universität ... πανεπιστήμιο panepißtímio
Vase ... βάζο wáso
vergoldet ... επίχρυσο epíchrißo
Volkskundemuseum ... μουσείο λαϊκής τέχνης mußío laikíß téchniß
Vulkan ... ηφαίστειο iféßtio
Wachablösung ... αλλαγή φρουράς alají fruráß
Wald ... δάσος dháßoß

Wallfahrtsort	τόπος προσκυνήματος tópoß proßkinímatoß
Wandmalerei	τοιχογραφία tichoghrafía
Wappen	οικόσημο ikóßimo
Wasserfall	καταρράκτης kataráktiß
Weinberg	αμπελώνας ambelónaß
Weingut	οινοποιείο inopiío
Weinkeller	κελάρι κρασιών kelári kraßjón
Weinprobe	δοκιμή κρασιών dhokimí kraßjón
Werk	έργο érgho
Zeichnung	ζωγραφιά soghrafiá
Zoo	ζωολογικός κήπος soolojikóß kípoß

Theater, Kino, Musik

Welche Veranstaltungen finden … Woche statt?	Ποιες εκδηλώσεις θα γίνουν … εβδομάδα; pjeß ekdhilóßiß tha jínun … ewdhomádha?
… diese	… αυτήν την … aftín tin
… nächste	… την επόμενη … tin epómeni
Haben Sie einen Veranstaltungskalender?	Έχετε οδηγό πολιτιστικών εκδηλώσεων; échete odighó politißtikón ekdhilóßeon?
Was wird heute gespielt?	Τι παίζεται σήμερα; ti pésete ßímera?
Wo bekommt man Karten?	Πού βρίσκει κανείς εισιτήρια; pu wríßki kaníß ißitírja?
Wann beginnt …	Πότε αρχίζει … póte archísi …
… die Vorstellung?	… η παράσταση; … i paráßtaßi?

... das Konzert?	... η συναυλία; ... i ßinawlía?
... der Film?	... η ταινία; ... i tenía?
Ab wann ist Einlass?	Από ποια ώρα επιτρέπεται η είσοδος; apó pja óra epitrépete i íßodhoß?
Sind die Plätze nummeriert?	Είναι αριθμημένες οι θέσεις; íne arithmiméneß i théßiß?
Kann man Karten reservieren lassen?	Μπορεί να κλείσει κανείς εισιτήριο; borí na klíßi kaníß ißitírio?
Ich hatte Karten vorbestellt auf den Namen ...	Έχω κρατήσει εισιτήρια στο όνομα ... écho kratíßi ißitírja ßto ónoma ...
Haben Sie noch Karten für ...	Έχετε ακόμη εισιτήρια για ... échete akómi ißitírja ja ...
... heute?	... σήμερα; ... ßímera?
... morgen?	... αύριο; ... áwrio?
Bitte zwei Karten für ...	Παρακαλώ δύο εισιτήρια για ... parakaló dhío ißitírja ja ...
... heute.	... σήμερα. ... ßímera.
... heute Abend.	... απόψε. ... apópße.
... morgen.	... αύριο. ... áwrio.
... die Vorstellung um ... Uhr.	... την παράσταση στις ... η ώρα. ... tin paráßtaßi ßtiß ... i óra.
... den Film um ... Uhr.	... την ταινία στις ... η ώρα. ... tin tenía ßtiß ... i óra.
Wie viel kostet eine Karte?	Πόσο κάνει το εισιτήριο; póßo káni to ißitírio?

Gibt es eine Ermäßigung für ...	Υπάρχει έκπτωση για ... ipárchi ékptoßi ja ...
... Kinder?	... παιδιά; ... pedhjá?
... Senioren?	... ηλικιωμένους; ... ilikioménuß?
... Studenten?	... φοιτητές; ... fititéß?
Wann ist die Vorstellung zu Ende?	Πότε τελειώνει η παράσταση; póte teljóni i paráßtaßi?
Ich möchte ein Opernglas ausleihen.	Θα 'θελα να δανειστώ κιάλια. tháthela na dhanißtó kjálja.

An der Kasse

Abendkasse	ταμείο tamío
ausverkauft	εξαντλημένος ekßandliménoß
erster Rang	κεντρικό θεωρείο kendrikó theorío
Galerie	γαλαρία ghalaría
links	αριστερά arißterá
Loge	θεωρείο theorío
Mitte	μέση méßi
Parkett	πλατεία platía
Platz	θέση théßi
Rang	εξώστης ekßóßtiß
rechts	δεξιά dhekßiá
Reihe	σειρά ßirá
Stehplatz	θέση όρθιων théßi órthion
Vorverkauf	προπώληση propólißi
zweiter Rang	άνω θεωρείο áno theorío

Ausgehen

Was kann man hier abends unternehmen?	Τι μπορεί να κάνει κανείς εδώ το βράδυ; ti borí na káni kaníß edhó to wrádhi?
Gibt es hier eine nette Bar?	Υπάρχει κανένα καλό μπαράκι εδώ; ipárchi kanéna kaló baráki edhó?
Gibt es hier einen angesagten Club?	Υπάρχει κανένα δημοφιλής κλαμπ εδώ; ipárchi kanéna dhimofilíß klab edhó?
Ist dort mehr ... Publikum?	Το κοινό εκεί είναι περισσότερο ... to kinó ekí íne perißótero ...
... jüngeres	... νεανικό; ... neanikó?
... älteres	... ώριμης ηλικίας; ... órimiß ilikíaß?
Wo kann man hier tanzen gehen?	Που μπορεί να πάει κανείς να χορέψει εδώ; pu borí na pái kaníß na chorépßi edhó?
Trägt man dort Abendgarderobe?	Χρειάζεται επίσημη ενδυμασία εκεί; chriásete epíßimi endhimaßía ekí?
Ist hier noch frei? ‣*Flirten, S. 64*	Είναι ελεύθερο εδώ; íne eléfthero edhó?
Kann man hier auch etwas essen?	Σερβίρουν και φαγητό εδώ; ßerwírun ke fajitó edhó?
Darf ich Sie | dich zu einem Glas Wein einladen?	Να σας | σε κεράσω ένα ποτήρι κρασί; na ßaß | ße keráßo éna potíri kraßí?
Darf ich Sie | dich (zu einem Drink) einladen?	Να σας | σε κεράσω (ένα ποτό); na ßaß | ße keráßo (éna potó)?

Was möchten Sie | möchtest du trinken? ▸*Essen & Trinken, S. 85*	Τι θα πιείτε | πιείς; ti tha pjíte | pjiß?
Das Gleiche noch mal, bitte.	Ξανά το ίδιο, παρακαλώ. kßaná to ídio, parakaló.
Tanzen Sie | Tanzt du mit mir?	Χορεύετε | Χορεύεις μαζί μου; chorúwete | chorúwiß masí mu?
Sie tanzen | Du tanzt sehr gut.	Χορεύετε | Χορεύεις πολύ ωραία. choréwete | choréwiß polí oréa.
Können Sie mir ein Taxi rufen?	Μπορείτε να μου καλέσετε ένα ταξί; boríte na mu kaléßete éna takßí?

Weitere Wörter

Bar	μπαράκι baráki
Cocktail	κοκτέιλ koktéil
Drink	ποτό potó
laut	δυνατός dhinatóß
Lokal mit moderner griechischer Live-Musik	μπουζουξίδικο busukßídhiko
Lokal mit Rebetiko-Live-Musik	ρεμπετάδικο rebetádhiko
Livemusik	ζωντανή μουσική sondaní mußikí
Musikkapelle	ορχήστρα orchíßtra
Tanzabend	βραδιά χορού wradhiá chorú
Theke	μπαρ bar

Ernstfall

... die wichtigsten Sätze

Rufen Sie bitte einen Notarzt!

▸*Notruf, S. 196*

Παρακαλώ, καλέστε τις πρώτες βοήθειες!
parakaló, kaléßte tiß próteß woíthieß!

Ich habe ... verloren. **Έχασα ...** échaßa ...

Man hat mir mein Portemonnaie gestohlen.

Κάποιος μου έκλεψε το πορτοφόλι μου.
kápjoß mu éklepße to portofóli_mu.

Ich brauche eine Bescheinigung für meine Versicherung.

▸*Polizei, S. 197*

Χρειάζομαι ένα πιστοποιητικό για την ασφάλειά μου.
chriásome éna pißtopiitikó ja tin aßfáliá_mu.

Wo ist die nächste Apotheke?

Πού είναι το πλησιέστερο φαρμακείο;
pu íne to plißiéßtero farmakío?

Haben Sie etwas gegen ...?

Έχετε κάτι κατά ...;
échete káti katá ...?

Ich brauche dieses Medikament.

▸*Apotheke, S. 199*

Χρειάζομαι αυτό το φάρμακο.
chriásome aftó to fármako.

Können Sie mir einen Allgemeinarzt empfehlen?

▸*Medizinische Fachkräfte, S. 203*

Μπορείτε να μου συστήσετε έναν παθολόγο;
boríte na mu ßißtíßete énan pathológho?

Ich habe Kopfschmerzen.
Έχω πονοκέφαλο. écho ponokéfalo.

Ich fühle mich nicht wohl.
Δε νιώθω καλά. dhe niótho kalá.

Hier habe ich Schmerzen.
Εδώ πονάω. edhó ponáo.

Ich bin allergisch gegen Penizillin.
Είμαι ♂ αλλεργικός / ♀ αλλεργική στην πενικιλίνη. íme ♂ alerjikóß / ♀ alerjikí ßtin penikilíni.

Ich bin (im ... Monat) schwanger.
Είμαι έγκυος (στον ... μήνα).
íme énggioß (ßton ... mína).

Konnen Sie mir bitte helfen?
Μπορείτε να με βοηθήσετε, σας παρακαλώ; borite na me woithisete, sas parakalo?

Ich möchte mit einem Arzt/einer Ärztin sprechen.
Θα 'θελα να μιλήσω μ' έναν/με μία γιατρό.
tháthela na milíßo m‿énan/me mía jatró.

Bitte benachrichtigen Sie meine Familie.
▸*Im Krankenhaus, S. 209*
Παρακαλώ, ενημερώστε την οικογένειά μου.
parakaló, enimeróßte tin ikojéniá‿mu.

Dieser Zahn hier tut weh.
▸*Zahnheilkunde, S. 215*
Με πονάει αυτό το δόντι εδώ.
me ponái aftó to dhóndi edhó.

Info

Ein Krankenwagen (ασθενοφόρο aßthenofóro), die Polizei (αστυνομία aßtinomía) und die Feuerwehr (πυροσβεστική piroswestikí) sind rund um die Uhr über die einheitliche Notfallrufnummer 112 zu erreichen. Die Touristenpolizei (τουριστική αστυνομία turißtikí aßtinomía) mit der Rufnummer 171 bietet ebenfalls Tag und Nacht Hilfe an.

Notruf

Hilfe!	Βοήθεια! woíthia!
Es ist ein Unfall passiert!	Έγινε ατύχημα! éjine atíchima!
Rufen Sie bitte einen ...	Παρακαλώ, καλέστε ... parakaló, kaléßte ...
... Krankenwagen!	... ένα ασθενοφόρο! ... éna aßthenofóro!
... Notarzt!	... τις πρώτες βοήθειες! ... tiß próteß woíthieß!
Bitte helfen Sie!	Βοηθήστε, παρακαλώ! woithíßte, parakaló!
... Personen sind (schwer) verletzt.	... άτομα τραυματίστηκαν (σοβαρά). ... átoma trafmatíßtikan (ßowará).
Wohin bringen Sie ihn?	Πού τον πάτε; pu ton páte?
Wohin bringen Sie sie?	Πού την πάτε; pu tin páte?
Ich möchte mitkommen.	Θα 'θελα να έρθω μαζί. tháthela na értho masí.

Polizei

Wo ist das nächste Polizeirevier? ▸*Unfall, S. 49*	**Πού είναι το πλησιέστερο αστυνομικό τμήμα;** pu íne to plißiéßtero aßtinomikó tmíma?
Ich möchte ... anzeigen.	**Θα 'θελα να καταγγείλω ...** tháthela na katanggílo ...
... einen Diebstahl	**... μία κλοπή.** ... mía klopí.
... einen Überfall	**... μία επίθεση.** ... mía epítheßi.
... eine Vergewaltigung	**... έναν βιασμό.** ... énan wiaßmó.
Man hat mir ... gestohlen.	**Κάποιος μου έκλεψε ...** kápjoß mu éklepße ...
... meine Handtasche	**... την τσάντα μου.** ... tin tßánda‿mu.
... mein Portemonnaie	**... το πορτοφόλι μου** ... to portofóli‿mu.
Ich habe ... verloren.	**Έχασα ...** échaßa ...
Mein Auto ist aufgebrochen worden.	**Διέρρηξαν το αυτοκίνητό μου.** dhiérikßan to aftokínitó‿mu.
Ich bin ... worden.	**Έπεσα θύμα ...** épeßa thíma ...
... betrogen	**... απάτης.** ... apátiß.
... zusammengeschlagen	**... ξυλοδαρμού.** ... kßilodharmú.
Ich brauche eine Bescheinigung für meine Versicherung.	**Χρειάζομαι ένα πιστοποιητικό για την ασφάλειά μου.** chriásome éna pißtopiitikó ja tin aßfáliá‿mu.

Ich möchte mit ... sprechen.	Θέλω να μιλήσω με ... thélo na milíßo me ...
... meinem Anwalt/ meiner Anwältin	... τον/τη δικηγόρο μου. ... ton/ti dhikighóro‿mu.
... meinem Konsulat	... προξενείο μου. ... prokßenío‿mu.
Ich bin unschuldig.	Είμαι ♂ αθώος / ♀ αθώα. íme ♂ athóoß / ♀ athóa.

Das könnten Sie hören:

◂ Παρακαλώ, συμπληρώστε αυτό το έντυπο.
parakaló, ßimbliróßte aftó to éndipo.
Füllen Sie bitte dieses Formular aus.

◂ Την ταυτότητά σας, παρακαλώ.
tin taftótitá‿ßaß, parakaló.
Ihren Ausweis bitte.

◂ Πότε έγινε; póte éjine?
Wann ist es passiert?

◂ Πού έγινε; pu éjine?
Wo ist es passiert?

◂ Να απευθυνθείτε στο προξενείο σας, παρακαλώ.
na apefthinthíte ßto prokßenío ßaß, parakaló.
Wenden Sie sich bitte an Ihr Konsulat.

Weitere Wörter

Anzeige	καταγγελία katanggelía
Autoradio	ραδιόφωνο αυτοκινήτου radhiófono aftokinítu
belästigen	ενοχλώ enochló
Botschaft *(diplomatische Vertretung)*	πρεσβεία preswía

Dieb(in)	**κλέφτης, κλέφτρα** kléftiß, kléftra
Falschgeld	**πλαστό χαρτονόμισμα** plaßtó chartonómißma
Fundbüro	**γραφείο απολεσθέντων αντικειμένων** ghrafío apoleßthéndon andikiménon
Navigationsgerät	**GPS** dsi-pi-eß
Polizei	**αστυνομία** aßtinomía
Polizist(in)	**αστυνομικός** aßtinomikóß
Rauschgift	**ναρκωτικά** narkotiká
Taschendieb(in)	**πορτοφολάς, πορτοφολού** portofoláß, portofolú
Unfall	**ατύχημα** atíchima
verhaften	**συλλαμβάνω** ßilamwáno
Zeuge/Zeugin	**μάρτυρας** mártiraß

Apotheke

Wo ist die nächste Apotheke (mit Nachtdienst)?	**Πού είναι το πλησιέστερο (διανυκτερεύον) φαρμακείο;** pu íne to plißiéßtero (dhianikteréwon) farmakío?
Haben Sie etwas gegen ...? ▸*Krankheiten, S. 212*	**Έχετε κάτι κατά ...;** échete káti katá ...?
Ich brauche dieses Medikament.	**Χρειάζομαι αυτό το φάρμακο.** chriásome aftó to fármako.
Eine kleine Packung genügt.	**Η μικρή συσκευασία αρκεί.** i mikrí ßißkewaßía arkí.
Wie muss ich es einnehmen?	**Πώς πρέπει να το παίρνω;** poß prépi na to pérno?

Info

Apotheken (φαρμακείο farmakío) sind in Griechenland durch ein grünes Kreuz gekennzeichnet und Krankenhäuser (νοσοκομείο noßokomío) durch ein rotes Kreuz. Apotheken sind montags bis samstags von 8.30 bis 14.00/14.30 Uhr geöffnet, am Dienstag, Donnerstag und Freitag zusätzlich von 17 bis 20.30 Uhr (im Winter) und 17.30 bis 21.00 (im Sommer). In jeder Apotheke sind Nacht- und Sonderdienste angezeigt.

Das könnten Sie hören:

◂Αυτό το φάρμακο είναι με συνταγή.
aftó to fármako íne me ßindají.
Dieses Medikament ist rezeptpflichtig.

◂Δυστυχώς δεν το έχουμε.
dhißtichóß dhen to échume.
Das haben wir nicht da.

◂Πρέπει να το παραγγείλουμε.
prépi na to paranggílume.
Wir müssen es bestellen.

Wann kann ich es abholen? — Πότε μπορώ να περάσω να το πάρω; póte boró na peráßo na to páro?

Medikamente

Abführmittel .... καθαρτικό kathartikó
Antibabypille .... αντισυλληπτικό χάπι andißiliptikó chápi
Antibiotikum .... αντιβιοτικό andiwiotikó
Atemschutzmaske .... μάσκα προσώπου máska proßópu
Augentropfen .... οφθαλμικές σταγόνες ofthalmikéß ßtaghóneß
Beruhigungsmittel .... ηρεμιστικό iremißtikó

Desinfektionsmittel	**απολυμαντικό** apolimandikó
Einweghandschuhe	**γάντια μιας χρήσης** ghándia miaß chríßiß
Elastikbinde	**ελαστικός επίδεσμος** elaßtikóß epídheßmoß
fiebersenkendes Mittel	**αντιπυρετικό φάρμακο** andipiretikó fármako
Fieberthermometer	**θερμόμετρο** thermómetro
Halsschmerz-tabletten	**καραμέλες για το λαιμό** karaméleß ja to lemó
homöopathisch	**ομοιοπαθητικός** omiopathitikóß
Hustensaft	**σιρόπι για το βήχα** ßirópi ja to wícha
Insulin	**ινσουλίνη** inßulíni
Kohletabletten	**παστίλιες ενεργού άνθρακα** paßtíljeß energhú ánthraka
Kondome	**προφυλακτικά** profilaktiká
Kopfschmerz-tabletten	**παυσίπονα χάπια για πονοκέφαλο** pafßípona chápja ja ponokéfalo
Magentabletten	**χάπια για το στομάχι** chápja ja to ßtomáchi
Mittel gegen ...	**φάρμακο κατά ...** fármako katá ...
Mullbinde	**γάζα** ghása
Nasentropfen	**ρινικές σταγόνες** rinikéß ßtaghóneß
Ohrentropfen	**ωτικές σταγόνες** otikéß ßtaghóneß
Pflaster	**τραυμαπλάστ** trafmapláßt
Puder	**πούδρα** púdhra
Pulver	**σκόνη** ßkóni
Rezept	**συνταγή** ßindají
Salbe	**αλοιφή** alifí
Salbe gegen Juckreiz	**αλοιφή κατά της φαγούρας** alifí katá tiß faghúraß
Salbe gegen Mückenstiche	**αλοιφή για τσιμπήματα κουνουπιών** alifí ja tßimbímata kunupjón

Salbe gegen Sonnenallergie ... αλοιφή για την αλλεργία στον ήλιο alifí ja tin_alerjía ßton ílio
Salbe gegen Sonnenbrand ... αλοιφή για ηλιακά εγκαύματα alifí ja iliaká engáfmata
Schlaftabletten ... υπνωτικά χάπια ipnotiká chápia
Schmerzmittel ... παυσίπονο pafßípono
Spritze ... ένεση éneßi
Tabletten ... χάπια chápia
Tabletten gegen ... ... χάπια κατά ... chápia katá ...
Tropfen ... σταγόνες ßtaghóneß
Verbandszeug ... επίδεσμοι epídheßmi
Wundsalbe ... αντισηπτική αλοιφή andißiptikí alifí
Zäpfchen ... υπόθετο ipótheto

Medizinische Hilfe

Praxissuche

Können Sie mir einen ... empfehlen? — Μπορείτε να μου συστήσετε έναν ... boríte na mu ßißtíßete énan ...

... Allgemeinarzt — ... παθολόγο; ... patholóɡho?

... Zahnarzt — ... οδοντίατρο; ... odhondíatro?

Können Sie mir ... empfehlen? — Μπορείτε να μου συστήσετε ... boríte na mu ßißtíßete ...

... einen Kinderarzt — ... έναν παιδίατρο; ... énan pedhíatro?

... ein Kinderkrankenhaus — ... ένα παιδιατρικό νοσοκομείο; ... éna pedhjatrikó noßokomío?

Spricht er/sie Deutsch? — Μιλάει γερμανικά; milái jermaniká?

Spricht er/sie Englisch? — Μιλάει αγγλικά; milái anggliká?

Wo ist seine/ihre Praxis?	Πού είναι το γιατρείο του/της; pu íne to jatrío‿tu/tiß?
Wann hat er/sie Sprechstunde?	Ποιες ώρες δέχεται ασθενείς; pjeß óreß dhéc͜hete aßtheníß?
Kann er/sie herkommen?	Μπορεί να έρθει εδώ; borí na érthi edhó?
Meine Frau ist krank.	Η γυναίκα μου είναι άρρωστη. i jinéka‿mu íne ároßti.
Mein Mann ist krank.	Ο άντρας μου είναι άρρωστος. o ándras‿mu íne aroßtoß.

Medizinische Fachkräfte

Arzt	γιατρός jatróß
Ärztin	γιατρός jatróß
Augenarzt/-ärztin	οφθαλμίατρος ofthalmíatroß
Frauenarzt/-ärztin	γυναικολόγος jinekológhoß
Hals-Nasen-Ohren-Arzt/-ärztin	ωτορινολαρυγγολόγος otorinolaringológhoß
Hautarzt/-ärztin	δερματολόγος dhermatológhoß
Heilpraktiker(in)	πρακτικός γιατρός praktikóß jatróß
Internist(in)	εσωτερικός παθολόγος eßoterikóß pathológhoß
Kinderarzt/-ärztin	παιδίατρος pedhíatroß
Orthopäde/-din	ορθοπεδικός orthopedhikóß
Allgemeinarzt/-ärztin	παθολόγος pathológhoß
Tierarzt/-ärztin	κτηνίατρος ktiníatroß
Urologe/-gin	ουρολόγος urológhoß
Zahnarzt/-ärztin	οδοντίατρος odhondíatroß

Info

Die Bezeichnungen für Ärzte (γιατρός jatróß) sind im Griechischen geschlechtsneutral, der Artikel (männlich oder weiblich) allein macht den Unterschied. Wenn man explizit eine Ärztin sucht, kann man der Arztbezeichnung γυναίκα jinéka (Frau) voranstellen. Eine Frauenärztin ist μία (γυναίκα) γυναικολόγος mía (jinéka) jinekológhoß.

Im Behandlungsraum

Ich habe ...	Έχω ... écho ...
... Kopfschmerzen.	... πονοκέφαλο. ... ponokéfalo.
... Halsschmerzen.	... πονόλαιμο. ... ponólemo.
... hohes Fieber.	... ψηλό πυρετό. ... pßiló piretó.
... Fieber.	... πυρετό. ... piretó.
... eine Grippe.	... γρίπι. ... ghrípi.
... Durchfall.	... διάρροια. ... dhiária.
Ich habe Halsschmerzen.	Πονάει ο λαιμός μου. ponái o lemós‿mu.
Ich bin (stark) erkältet.	Είμαι (άσχημα) ♂ κρυωμένος / ♀ κρυωμένη. íme (áßchima) ♂ krioménoß / ♀ krioméni.
Ich fühle mich nicht wohl.	Δε νιώθω καλά. dhe niótho kalá.
Mir ist schwindelig.	Ζαλίζομαι. salísome.
Mir tut ... weh.	Με πονάει ... me ponái ...

‣*Körperteile, S. 210*

Mir tun ... weh.	Με πονάνε ... me ponáne ...
Hier habe ich Schmerzen.	Εδώ πονάω. edhó ponáo.
Ich habe mich (mehrmals) übergeben.	Έκανα (πολλές φορές) εμετό. ékana (poléß foréß) emetó.
Ich habe mir den Magen verdorben.	Ανακατεύτηκε το στομάχι μου. anakatéftike to ßtomáchi_mu.
Ich bin ohnmächtig geworden.	Λιποθύμησα. lipothímißa.
Ich kann ... nicht bewegen.	Δε μπορώ να κινήσω ... dhen boró na kiníßo ...
Ich habe mich verletzt.	Τραυματίστηκα. trafmatíßtika.
Ich bin gestürzt.	Έπεσα. épeßa.
Mich hat ... gestochen.	Με τσίμπησε ... me tßímbiße ...
Mich hat ... gebissen.	Με δάγκωσε ... me dhánggoße ...
Ich bin (nicht) gegen ... geimpft.	(Δεν) Έχω εμβολιαστεί κατά ... (dhen) écho emwoljaßtí katá ...
Ich bin allergisch gegen Penizillin.	Είμαι ♂ αλλεργικός / ♀ αλλεργική στην πενικιλλίνη. íme ♂ alerjikóß / ♀ alerjikí ßtin penikilíni.
Mein Kind ist allergisch gegen Milchprodukte.	Το παιδί μου έχει αλλεργία στα γαλακτοκομικά προϊόντα. to pedhí_mu échi alerjía ßta ghalaktokomiká projónda.

Ich habe einen hohen Blutdruck.	Έχω υψηλή πίεση. écho ipßilí pießi.
Ich habe einen niedrigen Blutdruck.	Έχω χαμηλή πίεση. écho chamilí pießi.
Ich habe einen Herzschrittmacher.	Έχω βηματοδότη. écho wimatodhóti.
Ich bin (im ... Monat) schwanger.	Είμαι έγκυος (στον ... μήνα). íme énggioß (ßton ... mína).
Ich bin Diabetiker.	Είμαι διαβητικός. íme dhiawitikóß.
Ich nehme regelmäßig diese Medikamente.	Παίρνω αυτά τα φάρμακα τακτικά. pérno aftá ta fármaka taktiká.

Das könnten Sie hören:

◂ Τι ενοχλήσεις έχετε; ti enochlíßiß échete?	Was für Beschwerden haben Sie?
◂ Πού πονάτε; pu ponáte?	Wo haben Sie Schmerzen?
◂ Αυτό πονάει; aftó ponái	Tut das weh?
◂ Ανοίξτε το στόμα. aníkßte to ßtóma.	Öffnen Sie den Mund.
◂ Βγάλτε τη γλώσσα σας. wghálte ti glóßa_ßaß.	Zeigen Sie die Zunge.

◂Γδυθείτε από τη μέση και πάνω, παρακαλώ.
ghdhithíte apó ti méßi ke páno, parakaló.
Bitte machen Sie den Oberkörper frei.

◂Ελευθερώστε το χέρι σας, παρακαλώ.
eleftheróßte to chéri_ßaß, parakaló.
Bitte machen Sie Ihren Arm frei.

◂Πρέπει να βγάλετε ακτινογραφία.
prépi na wghálete aktinoghrafía.
Wir müssen Sie röntgen.

◂Πάρτε μία βαθιά ανάσα. Κρατήστε την αναπνοή σας.
párte mía wathjá anáßa. kratíßte tin anapnoí_ßaß.
Atmen Sie tief ein. Atem anhalten.

◂Πόσον καιρό έχετε αυτές τις ενοχλήσεις;
póßonggeró échete aftéß tiß enochlíßiß?
Wie lange haben Sie diese Beschwerden schon?

◂Έχετε εμβολιαστεί κατά ...;
échete emwoljaßtí katá ...?
Sind Sie gegen ... geimpft?

◂Έχετε βιβλιάριο εμβολιασμών;
échete wiwliário emwoljaßmón?
Haben Sie einen Impfpass?

◂Πρέπει να κάνετε εξέταση ...
prépi na kánete ekßétaßi ...
Ihr ... muss untersucht werden.

... αίματος. ... ématoß. ... Blut

... ούρων. ... úron. ... Urin

◂Πρέπει να κάνετε εγχείρηση.
prépi na kánete engchíri‌ßi.
Sie müssen operiert werden.

◂Δεν είναι τίποτα σοβαρό.
dhen íne típota ßowaró.
Es ist nichts Ernstes.

◂Ελάτε πάλι αύριο.
eláte páli áwrio.
Kommen Sie morgen wieder.

◂Ελάτε πάλι σε ... μέρες.
eláte páli ße ... méreß.
Kommen Sie in ... Tagen wieder.

Können Sie mir ein Attest ausstellen?
Μπορείτε να μου δώσετε ένα πιστοποιητικό;
boríte na mu dhóßete éna pißtopiitikó?

Muss ich noch einmal kommen?
Πρέπει να ξανάρθω;
prépi na kßanártho?

Ich brauche eine Quittung für meine Versicherung.
Χρειάζομαι μία απόδειξη για την ασφάλειά μου.
chriásome mía apódhikßi ja tin aßfáliá_mu.

Im Krankenhaus

Spricht hier jemand Deutsch?
Μιλάει κανείς γερμανικά εδώ;
milái kaníß jermaniká edhó?

Ich möchte mit einem Arzt/einer Ärztin sprechen.
Θα 'θελα να μιλήσω μ' έναν γιατρό.
tháthela na milíßo m‿énan jatró.

Ich möchte mich lieber in Deutschland operieren lassen.
Θα προτιμούσα να εγχειριστώ στη Γερμανία. tha protimúßa na engchirißtó ßti jermanía.

Ich habe eine Versicherung für den Rücktransport.
Έχω ασφάλεια επαναπατρισμού.
écho aßfália epanapatrißmú.

Bitte benachrichtigen Sie meine Familie.
Παρακαλώ, ενημερώστε την οικογένειά μου.
parakaló, enimeróßte tin ikojéniá‿mu.

Können Sie mir bitte helfen?
Μπορείτε να με βοηθήσετε, σας παρακαλώ;
boríte na me woithíßete, ßaß parakaló?

Schwester, können Sie mir helfen?
Αδελφή, μπορείτε να με βοηθήσετε;
adhelfí, boríte na me woithíßete?

Pfleger, können Sie mir helfen?
Νοσοκόμε, μπορείτε να με βοηθήσετε;
noßokóme, boríte na me woithíßete?

Geben Sie mir bitte etwas ...
Δώστε μου κάτι για τον ..., σας παρακαλώ.
dhóßte mu káti ja ton ..., ßaß parakaló.

... gegen die Schmerzen.
... πόνο ... póno

... zum Einschlafen.
... ύπνο ... ípno

Körperteile

Arm .... χέρι chéri
Auge .... μάτι máti
Bandscheibe .... μεσοσπονδύλιος δίσκος meßoßpondhílioß dhíßkoß
Bauch .... κοιλιά kiljá
Becken .... λεκάνη lekáni
Bein .... πόδι pódhi
Blase .... κύστη kíßti
Blinddarm .... σκωληκοειδής απόφυση ßkolikoidhíß apófißi
Blut .... αίμα éma
Bronchien .... βρόγχοι wróngchi
Brust .... στήθος ßtíthoß
Coronavirus .... κορωνοϊός koronoióß
Covid-19 .... Covid-19 kówit dhekaenjá
Darm .... έντερο éndero
Ferse .... φτέρνα ftérna
Finger .... δάχτυλο dháchtilo
Fuß .... πόδι pódhi
Galle .... χολή cholí
Gehirn .... εγκέφαλος enggéfaloß
Gelenk .... άρθρωση árthroßi
Gesäß .... οπίσθια opíßthia
Geschlechtsorgane .... γεννητικά όργανα jenitiká órghana
Gesicht .... πρόσωπο próßopo
Hals .... λαιμός lemóß
Hand .... χέρι chéri
Haut .... δέρμα dhérma
Herz .... καρδιά kardhjá
Hüfte .... γοφός ghofóß
Schilddrüse .... θυρεοειδής αδένας thireoidhíß adhénaß
Knie .... γόνατο ghónato

Kniescheibe	επιγονατίδα epighonatídha
Knöchel	αστράγαλος aßtrághaloß
Knochen	κόκκαλο kókalo
Kopf	κεφάλι kefáli
Körper	σώμα ßóma
Leber	συκώτι ßikóti
Lunge	πνεύμονας pnéfmonaß
Magen	στομάχι ßtomáchi
Mandeln	αμυγδαλές amighdhaléß
Mund	στόμα ßtóma
Muskel	μυς miß
Nacken	σβέρκος swérkoß
Nase	μύτη míti
Nebenhöhle	ρινική κοιλότητα rinikí kilótita
Nerv	νεύρο néwro
Niere	νεφρό nefró
Ohr	αυτί aftí
Rippe	πλευρό plewró
Rücken	πλάτη pláti
Schienbein	κνήμη kními
Schleimhaut	βλεννογόνο μεμβράνη wlenoghóno memwráni
Schlüsselbein	κλείδα klídha
Schulter	ώμος ómoß
Sehne	τένοντας ténondaß
Stirn	μέτωπο métopo
Stirnhöhle	μετωπιαίος κόλπος metopiéoß kólpoß
Wade	γάμπα ghámba
Wirbel	σπόνδυλος ßpóndhiloß
Wirbelsäule	σπονδυλική στήλη ßpondhilikí ßtíli
Zahn	δόντι dhóndi
Zehe	δάχτυλο ποδιού dháchtilo podhjú
Zunge	γλώσσα ghlóßa

Krankheiten

Abszess	απόστημα	apóßtima
Aids	AIDS	éids
Allergie	αλλεργία	alerjía
Angina	αμυγδαλίτιδα	amighdhalítidha
ansteckend	κολλητικός	kolitikóß
Asthma	άσθμα	áßthma
Atembeschwerden	δύσπνοια	dhíßpnia
Ausschlag	εξάνθημα	ekßánthima
Bänderriss	ρήξη συνδέσμου	ríkßi ßindhéßmu
Bänderzerrung	διάστρεμμα	dhiáßtrema
Bindehautentzündung	επιπεφυκίτιδα	epipefikítidha
Biss	δάγκωμα	dhánggoma
Blase	κύστη	kíßti
Blase *(Haut)*	φουσκάλα	fußkála
Blasenentzündung	κυστίτιδα	kißtítidha
Blinddarmentzündung	σκωληκοειδίτιδα	ßkolikoidhítidha
hoher Blutdruck	υψηλή πίεση	ipßilí píeßi
niedriger Blutdruck	χαμηλή πίεση	chamilí píeßi
Blutung	αιμορραγία	emorajía
Blutvergiftung	σηψαιμία	ßipßemía
Bronchitis	βρογχίτιδα	wrongchítidha
Bypass	μπαϊπάς	baipáß
Diabetes	διαβήτης	dhiawítiß
Durchfall	διάρροια	dhiária
Entzündung	φλεγμονή	fleghmoní
Erbrechen	εμετός	emetóß
Erkältung	κρυολόγημα	kriolójima
Gallensteine	χολόλιθοι	cholólithi
gebrochen	σπασμένος	ßpaßménoß
Gehirnerschütterung	εγκεφαλική διάσειση	enggefalikí dhiáßißi

Geschlechtskrankheit	**αφροδίσιο νόσημα** afrodhíßio nóßima
Geschwür *(Haut)*	**εξόγκωμα** ekßónggoma
Grippe	**γρίπη** ghrípi
Hämorriden	**αιμορροΐδες** emoroídheß
Herpes	**έρπης** érpiß
Herzanfall	**καρδιακή προσβολή** kardhjakí proswolí
Herzinfarkt	**έμφραγμα** émfraghma
Herzschrittmacher	**βηματοδότης** wimatodhótiß
Heuschnupfen	**αλλεργική ρινίτιδα** alerjikí rinítidha
Hexenschuss	**λουμπάγκο** lumbágo
Hirnhautentzündung	**μηνιγγίτιδα** mininggítidha
Husten	**βήχας** wíchaß
Infektion	**λοίμωξη** límokßi
Ischias	**ισχιαλγία** ißchialjía
Keuchhusten	**κοκκύτης** kokítiß
Kolik	**κολικός** kolikóß
Krampf	**κράμπα** krámba
Krankheit	**ασθένεια** aßthénia
Krebs	**καρκίνος** karkínoß
Kreislaufstörungen	**κυκλοφοριακές διαταραχές** kikloforjakéß dhiatarachéß
Lebensmittelvergiftung	**τροφική δηλητηρίαση** trofikí dhilitiríaßi
Lungenentzündung	**πνευμονία** pnefmonía
Magenschmerzen	**στομαχόπονος** ßtomachóponoß
Mandelentzündung	**αμυγδαλίτιδα** amighdhalítidha
Masern	**ιλαρά** ilará
Menstruation	**περίοδος** períodhoß
Migräne	**ημικρανία** imikranía
Mittelohrentzündung	**οξεία μέση ωτίτιδα** okßía méßi otítidha
Mumps	**παρωτίτιδα** parotítidha
Muskelzerrung	**θλάση μυός** thláßi mióß
Nasenbluten	**ρινορραγία** rinorajía
Nierensteine	**πέτρες στα νεφρά** pétreß ßta nefrá

Pilzinfektion	μυκητίαση mikitíaßi
Prellung	μώλωπας mólopaß
Reisekrankheit	ναυτία naftía
Rheuma	ρευματισμός refmatißmóß
Röteln	ερυθρά erithrá
Salmonellen-vergiftung	σαλμονέλωση ßalmonéloßi
Scharlach	οστρακιά oßtrakjá
Scheidenentzündung	κολπίτιδα kolpítidha
Schlaganfall	εγκεφαλικό επεισόδιο enggefalikó epißódhio
Schnupfen	συνάχι ßináchi
Schock	σοκ ßok
Schüttelfrost	ρίγος ríghoß
Schweißausbruch	εφίδρωση efídhroßi
Schwellung	πρήξιμο príkßimo
Schwindel	ζάλη sáli
Sehnenzerrung	διάταση τένοντα dhiátaßi ténonda
Sodbrennen	καούρα kaúra
Sonnenbrand	ηλιακό έγκαυμα iliakó éngafma
Sonnenstich	ηλίαση ilíaßi
Stich	τσίμπημα tßímbima
Tetanus	τέτανος tétanoß
Übelkeit	αναγούλα anaghúla
Verbrennung	έγκαυμα éngafma
Verletzung	τραύμα tráfma
verrenkt	πιασμένος piasménoß
verstaucht	στραμπουλιγμένος ßtrambulighménoß
Verstopfung	δυσκοιλιότητα dhißkiliótita
Windpocken	ανεμοβλογιά anemowlojá
Wunde	πληγή plijí
Zeckenbiss	δάγκωμα από τσιμπούρι dhánggoma apó tßimbúri
Zyste	κύστη kíßti

Zahnheilkunde

Dieser Zahn hier tut weh.	Με πονάει αυτό το δόντι εδώ. me ponái aftó to dhóndi edhó.
Der Zahn ist abgebrochen.	Έσπασε το δόντι. éßpaße to dhóndi.
Ich habe eine Füllung verloren.	Μου έφυγε ένα σφράγισμα. mu éfije éna ßfrájißma.
Können Sie den Zahn provisorisch behandeln?	Μπορείτε να φτιάξετε το δόντι προσωρινά; boríte na ftjákßete to dhóndi proßoriná?
Den Zahn bitte nicht ziehen.	Παρακαλώ, μη βγάλετε το δόντι. parakaló, mi wghálete to dhóndi.
Geben Sie mir bitte eine Spritze.	Παρακαλώ, κάντε μου ένεση. parakaló, kánde‿mu éneßi.
Geben Sie mir bitte keine Spritze.	Παρακαλώ, μη μου κάνετε ένεση. parakaló, mi mu kánete éneßi.
Können Sie diese Prothese reparieren?	Μπορείτε να επισκευάσετε αυτήν την οδοντοστοιχία; boríte na epißkewáßete aftín tin odhondoßtichía?

Das könnten Sie hören:

◂Χρειάζεστε ... chriáseßte ...	Sie brauchen eine ...
... ένα σφράγισμα. ... éna ßfrájißma.	... Füllung.
... μία κορώνα. ... mía koróna.	... Krone.

◂Πρέπει να βγάλω το δόντι.
prépi na wghálo to dhóndi.
Ich muss den Zahn ziehen.

◂Παρακαλώ, ξεπλύντε καλά.
parakaló, kßeplínde kalá.
Bitte gut spülen.

◂Σας παρακαλώ, να μη φάτε τίποτα για δύο ώρες.
ßaß parakaló, na mi fáte típota ja dhío óreß.
Bitte zwei Stunden nichts essen.

Weitere Wörter

Amalgamfüllung ... σφράγισμα αμαλγάματος ßfrájißma amalghámatoß
Gebiss *(Prothese)* ... μασέλα maßéla
Inlay ... έμφραξη émfrakßi
Karies ... τερηδόνα teridhóna
Kiefer ... σαγόνι ßaghóni
Kunststofffüllung ... σφράγισμα σύνθετης ρητίνης ßfrájißma ßínthetiß ritíniß
Nerv ... νεύρο néwro
Parodontose ... περιοδοντίτιδα periodhondítidha
Provisorium ... προσωρινό σφράγισμα proßorinó ßfrájißma
Weisheitszahn ... φρονιμίτης fronimítiß
Wurzel ... ρίζα rísa
Zahn ... δόντι dhóndi
Zahnfleisch ... ούλα úla
Zahnfleischentzündung ... ουλίτιδα ulítidha
Zahnspange ... σιδεράκια ßidherákja
Zahnstein ... πέτρα pétra

Zeit & Wetter

... die wichtigsten Sätze

Wie spät ist es?	Τι ώρα είναι; ti óra íne?
Es ist ein Uhr.	Είναι μία (η ώρα). íne mía (i óra).
Es ist zwei Uhr.	Είναι δύο (η ώρα). íne dhío (i óra).
Es ist fünf nach vier.	Είναι τέσσερις και πέντε. íne téßeriß ke pénde.
Es ist Viertel nach fünf.	Είναι πέντε και τέταρτο. íne pénde ke tétarto.
Es ist halb sieben.	Είναι εφτά και μισή. íne eftá ke mißí.
Um wie viel Uhr?	Τι ώρα; ti óra?
In einer halben Stunde.	Σε μισή ώρα. ße mißí óra.
Zwischen zehn und zwölf Uhr.	Μεταξύ δέκα και δώδεκα. metakßí dhéka ke dhódheka.

Es ist (zu) spät.	**Είναι (πολύ) αργά.** íne (polí) arghá.
Es ist noch zu früh. ▸*Uhrzeit, S. 220*	**Είναι πολύ νωρίς ακόμη.** íne polí noríß akómi.
Was für ein schönes Wetter heute!	**Τί ωραίος καιρός σήμερα!** ti oréoß keróß ßímera!
Was sagt der Wetterbericht?	**Τι λέει το δελτίο καιρού;** ti léi to dheltío kerú?
Es wird schön.	**Θα κάνει καλό καιρό.** tha káni kaló keró.
Es ist ziemlich windig.	**Φυσάει αρκετά.** fißái arketá.
Es regnet.	**Βρέχει.** wréchi.
Wie viel Grad haben wir?	**Πόσους βαθμούς έχουμε;** póßuß wathmúß échume?
Es sind ... Grad. ▸*Wetter, S. 224*	**Έχουμε ... βαθμούς.** échume ... wathmúß.

Info

Bei der Zeitangabe kann man η ώρα i óra (die Uhr) hinzufügen. Auf Griechisch nennt man zuerst die Stunde, dann die Minuten. 10 nach 6 heißt also wörtlich 6 und 10 (έξι και δέκα ékßi ke dhéka); 10 vor 6 heißt wörtlich 6 minus 10 (έξι παρά δέκα ékßi pará dhéka). Zur Angabe der Uhrzeit verwendet man die Zahlen von 1 bis 12. Man kann το πρωί to proí (morgens), το μεσημέρι to meßiméri (mittags), το απόγευμα to apójefma (nachmittags), το βράδυ to wrádhi (abends) oder τη νύχτα ti níchta (nachts) ergänzen. Die Zahlen von 0 bis 24 werden nur bei offiziellen Zeitangaben verwendet.

Zeit

Uhrzeit

Wie spät ist es?	Τι ώρα είναι; ti óra íne?
Es ist ein Uhr.	Είναι μία (η ώρα). íne mía (i óra).
Es ist zwei Uhr.	Είναι δύο (η ώρα). íne dhío (i óra).
Es ist zwölf Uhr ...	Είναι δώδεκα το ... íne dhódheka to ...
... mittags.	... μεσημέρι. ... meßiméri.
... nachts.	... βράδυ. ... wrádhi.
Es ist fünf nach vier.	Είναι τέσσερις και πέντε. íne téßeriß ke pénde.
Es ist Viertel nach fünf.	Είναι πέντε και τέταρτο. íne pénde ke tétarto.

Es ist halb sieben.	Είναι έξι και μισή. íne ékßi ke mißí.
Es ist 15 Uhr 35.	Είναι τρεις και τριανταπέντε. íne triß ke triadapénde.
Es ist fünf nach halb vier.	Είναι τέσσερις παρά είκοσι πέντε. íne téßeriß pará íkoßi pénde.
Es ist Viertel vor neun.	Είναι εννιά παρά τέταρτο. íne enjá pará tétarto.
Es ist zehn vor acht.	Είναι οχτώ παρά δέκα. íne ochtó pará dhéka.
Um wie viel Uhr?	Τι ώρα; ti óra?
Um zehn Uhr.	Στις δέκα. ßtiß dhéka.
Bis elf Uhr.	Μέχρι τις έντεκα. méchri tiß éndeka.
Von acht bis neun Uhr.	Από τις οχτώ μέχρι τις εννέα. apó tiß ochtó méchri tiß enéa.
Zwischen zehn und zwölf Uhr.	Μεταξύ δέκα και δώδεκα. metakßí dhéka ke dhódheka.
In einer halben Stunde.	Σε μισή ώρα. ße mißí óra.
Es ist (zu) spät.	Είναι (πολύ) αργά. íne (polí) arghá.
Es ist noch zu früh.	Είναι πολύ νωρίς ακόμη. íne polí noríß akómi.

Zeitangaben

Abend	βράδυ wrádhi
abends	το βράδυ to wrádhi
bald	σε λίγο ße lígho
bis	μέχρι méchri
früh	νωρίς noríß
gestern	χτες chteß
heute	σήμερα ßímera
heute Abend	απόψε apópße
heute Morgen	σήμερα το πρωί ßímera to proí
heute Nachmittag	σήμερα το απόγευμα ßímera to apójefma
in 14 Tagen	σε δεκαπέντε μέρες ße dhekapénde méreß
Jahr	χρόνος chrónoß
jetzt	τώρα tóra
manchmal	καμιά φορά kamjá forá
Minute	λεπτό leptó
mittags	το μεσημέρι to meßiméri
Monat	μήνας mínaß
morgen	αύριο áwrio
morgens	το πρωί to proí
Morgen	πρωί proí
nächstes Jahr	του χρόνου tu chrónu
Nachmittag	απόγευμα apójefma
nachmittags	το απόγευμα to apójefma
Nacht	νύχτα níchta
nachts	τη νύχτα ti níchta
seit	από apó
Sekunde	δευτερόλεπτο dhefterólepto
spät	αργά arghá
später	αργότερα arghótera
halbe Stunde	μισή ώρα mißí óra

Tag	μέρα méra
übermorgen	μεθαύριο metháwrio
um	στις ßtiß
Viertelstunde	τέταρτο tétarto
vor einem Monat	πριν από έναν μήνα prin apó énan mína
vor Kurzem	πριν από λίγο prin apó lígho
vorgestern	προχτές prochtéß
vormittags	το πρωί to proí
Vormittag	πρωί proí
Woche	(ε)βδομάδα (e)wdhomádha
Zeit	χρόνος chrónoß

Jahreszeiten

Frühling	άνοιξη ánikßi
Sommer	καλοκαίρι kalokéri
Herbst	φθινόπωρο fthinóporo
Winter	χειμώνας chimónaß

Monate

Januar	Ιανουάριος ianuárioß
Februar	Φεβρουάριος fewruárioß
März	Μάρτιος mártioß
April	Απρίλιος aprílioß
Mai	Μάιος máioß
Juni	Ιούνιος iúnioß
Juli	Ιούλιος iúlioß
August	Άυγουστος áwghußtoß
September	Σεπτέμβριος ßeptémwrioß
Oktober	Οκτώβριος októwrioß
November	Νοέμβριος noémwrioß
Dezember	Δεκέμβριος dhekémwrioß

Wochentage

Montag	**Δευτέρα** dheftéra
Dienstag	**Τρίτη** tríti
Mittwoch	**Τετάρτη** tetárti
Donnerstag	**Πέμπτη** pémbti
Freitag	**Παρασκευή** paraßkewí
Samstag	**Σάββατο** ßáwato
Sonntag	**Κυριακή** kiriakí

Wetter

Was für ein ... Wetter heute!	**Τι ... καιρός σήμερα!** ti ... keróß ßímera!
... schönes	**... ωραίος** ... oréoß
... schlechtes	**... άσχημος** ... áßchimoß
Wie wird das Wetter ...	**Τι καιρό θα κάνει ...** ti keró tha káni ...
... heute?	**... σήμερα;** ... ßímera?
... morgen?	**... αύριο;** ... áwrio?
Was sagt der Wetterbericht?	**Τι λέει το δελτίο καιρού;** ti léi to dheltío kerú?
Es wird ...	**Θα κάνει ...** tha káni ...
... warm.	**... ζέστη.** ... séßti.
... heiß.	**... πολλή ζέστη.** ... polí séßti.
... kalt.	**... κρύο.** ... krío.
... schwül.	**... κουφόβραση.** ... kufówraßi.

Es wird ... geben.	**Θα έχει ...** tha échi ...
... Regen	**... βροχές.** ... wrochéß.
... ein Gewitter	**... καταιγίδες.** ... kateghídheß.
Die Sonne scheint.	**Ο ήλιος λάμπει.** o ílioß lámbi.
Es ist ziemlich windig.	**Φυσάει αρκετά.** fißái arketá.
Es regnet.	**Βρέχει.** wréchi.
Es schneit.	**Χιονίζει.** chionísi.
Wie viel Grad haben wir?	**Πόσους βαθμούς έχουμε;** póßuß wathmúß échume?
Es sind ... Grad (unter null).	**Έχουμε ... βαθμούς (κάτω από το μηδέν).** échume ... wathmúß (káto apo to midhén).

Weitere Wörter

bewölkt	**συννεφιασμένος** ßinefjaßménoß
Blitz	**κεραυνός** kerawnóß
Dämmerung *(abends)*	**σούρουπο** ßúrupo
Dämmerung *(morgens)*	**αυγή** awjí
diesig	**μουντός** mundóß
Donner	**βροντή** wrondí
feucht	**υγρός** ighróß
frieren	**παγώνω** paghóno
es friert	**κάνει παγωνιά** káni paghonjá
Frost	**παγετός** pajetóß
Glatteis	**πάγος** pághoß
Grad	**βαθμός** wathmóß
Hagel	**χαλάζι** chalási

heiter	**αίθριος** éthrioß
Hitze	**ζέστη** séßti
Hitzewelle	**καύσωνας** káfßonaß
Hoch	**υψηλό βαρομετρικό** ipßiló warometrikó
klar	**καθαρός** katharóß
Klima	**κλίμα** klíma
kühl	**ψυχρός** pßichróß
Luft	**αέρας** aéraß
Luftdruck	**ατμοσφαιρική πίεση** atmoßferikí píeßi
Mond	**φεγγάρι** fenggári
nass	**βρεγμένος** wreghménoß
Nebel	**ομίχλη** omíchli
Niederschläge	**βροχοπτώσεις** wrochoptóßiß
Nieselregen	**ψιχάλα** pßichála
Regenschauer	**μπόρα** bóra
regnerisch	**βροχερός** wrocheróß
Schnee	**χιόνι** chióni
Sonne	**ήλιος** ílioß
Sonnenaufgang	**ανατολή** anatolí
Sonnenuntergang	**ηλιοβασίλεμα** iliowaßílema
sonnig	**ηλιόλουστος** iliólußtoß
Stern	**αστέρι** aßtéri
Sturm	**θύελλα** thíela
stürmisch	**θυελλώδης** thielódhiß
tauen	**λιώνω** lióno
es taut	**λιώνει** lióni
Temperatur	**θερμοκρασία** thermokraßía
Tief	**χαμηλό βαρομετρικό** chamiló warometrikó
trocken	**ξηρός** kßiróß
Unwetter	**κακοκαιρία** kakokería
wechselhaft	**άστατος** áßtatoß
Wind	**άνεμος** ánemoß
Wolke	**σύννεφο** ßínefo

Deutsch – Griechisch

A

Abend βράδυ *n* wrádhi
Abendessen δείπνο *n* dhípno
abends το βράδυ *n* to wrádhi
aber αλλά alá
abfahren αναχωρώ anachoró
Abfahrt αναχώρηση *f* anachórißi
Abfall απορρίματα *n/pl* aporímata
Abflug αναχώρηση *f* anachórißi
abholen παίρνω pérno
Abreise αναχώρηση *f* anachórißi
abreisen φεύγω féwgho
Abschleppwagen γερανός *m* jeranóß
Abteil κουπέ *n/unv* kupé
Adapter αντάπτορας *m* adáptoraß
Adresse διεύθυνση *f* dhiéfthinßi
Akku μπαταρία *f* bataría
aktiv ενεργός energhóß
Akzent προφορά *f* proforá
Alkohol αλκοόλ *n* alko-ól
allein μόνος mónoß
Allergie αλλεργία *f* alerjía
alles όλα *n/pl* óla
Alter ηλικία *f* ilikía
Altstadt παλιά πόλη *f* paljá póli
Ampel φανάρι *n* fanári
an σε ße
Ananas ανανάς *m* ananáß
Andenken ενθύμιο *n* enthímio
Anfang αρχή *f* archí
Anfänger αρχάριος *m* archárioß
Angebot προσφορά *f* proßforá
Angestellter υπάλληλος *m/f* ipáliloß
Angst φόβος *m* fówoß
ankommen φτάνω ftáno
Ankunft άφιξη *f* áfikßi
Anlegestelle όρμος *m* órmoß
anmelden δηλώνω dhilóno
Anmeldung δήλωση *f* dhíloßi
anrufen παίρνω τηλέφωνο pérno tiléfono
Anschluss ανταπόκριση *f* andapókrißi
Anschlussflug ανταπόκριση *f* andapókrißi
Ansichtskarte καρτ *f/unv* ποστάλ kart poßtál
anstatt αντί andí
ansteckend κολλητικός *m* kolitikóß
anstrengend κουραστικός kuraßtikóß
antik αρχαίος archéoß
Antwort απάντηση *f* apándißi

antworten απαντώ apandó
Anzahlung προκαταβολή *f* prokatawolí
Anzug κοστούμι *n* koßtúmi
Apfel μήλο *n* mílo
Apotheke φαρμακείο *n* farmakío
Appartement διαμέρισμα *n* dhiamérisma
Aprikose βερύκοκο *n* werikoko
April Απρίλιος *m* aprílioß
Arbeit δουλειά *f* dhuljá
arbeiten δουλεύω dhuléwo
arbeitslos άνεργος ánerghoß
Architekt αρχιτέκτονας *m* architéktonaß
arm φτωχός ftochóß
Arm χέρι *n* chéri
Armband βραχιόλι *n* wrachióli
Art είδος *n* ídhoß
Arzt γιατρός *m* jatróß
Ärztin γιατρός *f* jatróß
Aschenbecher τασάκι *n* taßáki
Aubergine μελιτζάνα *f* melidsána
auch και ke
Aufenthalt διαμονή *f* dhiamoní
aufgeregt αναστατωμένος anaßtatoménoß
aufladen φορτώνω fortóno
aufschreiben γράφω ghráfo
aufstehen σηκώνομαι ßikónome
Aufzug ασανσέρ *n/unv* aßanßér
Auge μάτι *m* máti
August Άυγουστος *m* áwghußtoß
Ausflug εκδρομή *f* ekdhromí
Ausflugsboot εκδρομικό σκάφος *n* ekdhromikó ßkáfoß
Ausgang έξοδος *f* ékßodhoß
ausgehen βγαίνω wjéno
Auskunft πληροφορία *f* pliroforía
Ausnahme εξαίρεση *f* ekßéreßi
außen έξω ékßo
außerhalb έξω από ékßo apó
Aussicht θέα *f* théa
Aussprache προφορά *f* proforá
aussteigen κατεβαίνω katewéno
Ausstellung έκθεση *f* éktheßi
Ausverkauf ξεπούλημα *n* kßepúlima
auswechseln αλλάζω aláso
Ausweis ταυτότητα *f* taftótita
Auto αυτοκίνητο *n* aftokínito
Autobahn εθνική οδός *f* ethnikí odhóß
Autofähre φεριμπότ *n/unv* feribót
automatisch αυτόματος aftómatoß

B

Bäckerei φούρνος *m* fúrnoß
Bad μπάνιο *n* bánio
Badeanzug μαγιό *n/unv* majó

Badehose (ανδρικό) μαγιό *n/unv* (andhrikó) majó
baden κάνω μπάνιο káno bánio
Badewanne μπανιέρα *f* banjéra
Badminton μπάντμιντον *n/unv* bádminton
Bahnhof σταθμός *m* ßtathmóß
Bahnsteig αποβάθρα *f* apowáthra
bald σε λίγο ße lígho
Balkon μπαλκόνι *n* balkóni
Ball μπάλα *f* bála
Banane μπανάνα *f* banána
Bank *(Geldinstitut)* τράπεζα *f* trápesa; *(Sitzbank)* παγκάκι *n* pangkáki
bar τοις μετρητοίς tiß metritíß
Bar μπαράκι *n* baráki
Bart μούσι *n* múßi
Basilikum βασιλικός *m* waßilikóß
Basketball μπάσκετ *n/unv* báßket
Batterie μπαταρία *f* bataría
Bauernhof αγρόκτημα *n* aghróktima
Baum δέντρο *n* dhéndro
Baumwolle βαμβάκι *n* wamwáki
Beanstandung παράπονο *n* parápono
Becher κούπα *f* kúpa
beenden σταματάω ßtamatáo
Beginn αρχή *f* archí
Begleitperson συνοδός *m/f* ßinodhóß
behindertengerecht κατάλληλος για άτομα με ειδικές ανάγκες katáliloß ja átoma me idhikéß anánggeß
beide και οι δύο *m/f*, και τα δύο *n* ke i dhío, ke ta dhío
beige μπεζ bes
Beilage γαρνιτούρα *f* gharnitúra
Bein πόδι *n* pódhi
Beispiel παράδειγμα *n* parádhighma
beißen δαγκώνω dhanggóno
bekannt γνωστός ghnoßtóß
belästigen ενοχλώ enochló
benachrichtigen ειδοποιώ idhopjó
benutzen χρησιμοποιώ chrißimopjó
Benutzername όνομα *n* χρήστης ónoma chríßtiß
Benzin βενζίνη *f* wensíni
bequem άνετος ánetoß
bereit έτοιμος étimoß
Berg βουνό *n* wunó
Bergwacht ομάδα *f* διάσωσης omádha dhiáßoßiß
Beruf επάγγελμα *n* epánggelma
berühmt διάσημος dhiáßimoß
berühren ακουμπάω akubáo
Besen σκούπα *f* ßkúpa

besetzt πιασμένος piasménoß
besichtigen επισκέπτομαι epißképtome
Besichtigung επίσκεψη *f* epíßkepßi
besser καλύτερα *adv* kalítera
Besteck μαχαιροπίρουνα *n/pl* macheropíruna
bestellen παραγγέλνω paranggélno
Bestellung παραγγελία *f* paranggelía
besuchen επισκέπτομαι epißképtome
Betrag ποσό *n* poßó
betrunken μεθυσμένος methisménoß
Bett κρεβάτι *n* krewáti
Bettdecke κουβέρτα *f* kuwérta
Bettwäsche σεντόνια *n/pl* ßedónja
bewölkt συννεφιασμένος ßinefjasménoß
bezahlen πληρώνω pliróno
BH σουτιέν *n/unv* ßutjén
Bier μπίρα *f* bíra
Bikini μπικίνι *n* bikíni
Bild εικόνα *f* ikóna
billig φτηνός ftinóß
Bioladen κατάστημα *n* βιολογικών προϊόντων katáßtima wiolojikón projónton
Birne αχλάδι *n* achládhi
bis μέχρι méchri
ein bisschen λίγο lígho
bitte παρακαλώ parakaló
Blatt φύλλο *n* fílo
blau μπλε ble
bleiben μένω méno
blind τυφλός tiflóß
Blitz φλας *n/unv* flaß
blond ξανθός kßanthóß
Blume λουλούδι *n* lulúdhi
Bluse (γυναικείο) πουκάμισο *n* (jinekío) pukámißo
Blut αίμα *n* éma
Boden έδαφος *n* édhafoß
Boot βάρκα *f* wárka
Bootsverleih ενοικίαση *f* βαρκών eníkiaßi warkón
Bordkarte κάρτα *f* επιβίβασης kárta epiwíwaßiß
Brand πυρκαγιά *f* pirkajiá
brauchen χρειάζομαι chriásome
braun καφέ kafé
breit φαρδύς fardhíß
Bremse φρένο *n* fréno
brennen καίω kéo
Brief γράμμα *n* ghráma
Briefkasten γραμματοκιβώτιο *n* ghramatokiwótio
Briefmarke γραμματόσημο *n* ghramatóßimo
Brille γυαλιά *n/pl* jaljá
Brot ψωμί *n* pßomí
Brötchen ψωμάκι *n* pßomáki

Brücke γέφυρα *f* jéfira
Bruder αδελφός *m* adhelfóß
Brunnen πηγάδι *n* pighádhi
Brust στήθος *n* ßtíthoß
Buch βιβλίο *n* wiwlío
buchen κλείνω klíno
Bügeleisen σίδερο *n* ßídhero
Bungalow μπαγκαλόου *n/unv* banggalóu
bunt πολύχρωμος políchromoß
Büro γραφείο *n* ghrafío
Bus λεωφορείο *n* leoforío
Busbahnhof σταθμός Κ.Τ.Ε.Λ. *m* ßtathmóß ktel
Bushaltestelle στάση *f* του λεωφορείου ßtáßi tu leoforíu
Butter βούτυρο *n* wútiro

C

Café καφέ *n/unv* kafé
Campingplatz κάμπιγκ *n/unv* kámbing
CD σιντί *n/unv* ßidí
Cocktail κοκτέιλ *n/unv* koktéil
Computer υπολογιστής *m* ipolojißtíß

D

Dach σκεπή *f* ßkepí
dagegen κατά katá
Dame κυρία *f* kiría
danach μετά metá
danke ευχαριστώ efcharißtó
dasselbe το ίδιο to ídhio
Datum ημερομηνία *f* imerominía
Debitkarte χρεωστική κάρτα chreoßtikí kárta
Decke κουβέρτα *f* kuwérta
Denkmal μνημείο *n* mnimío
Deo αποσμητικό *n* aposmitikó
Desinfektionsmittel απολυμαντικό *n* apolimandikó
deutlich ξεκάθαρος kßekátharoß
deutsch γερμανικός jermanikóß
Deutsche Γερμανίδα *f* jermanídha
Deutscher Γερμανός *m* jermanóß
Deutschland Γερμανία *f* jermanía
Dezember Δεκέμβριος *m* dhekémwrioß
Diät δίαιτα *f* dhíeta
dick χοντρός chondróß
Dienstag Τρίτη *f* tríti
Digitalkamera ψηφιακή φωτογραφική μηχανή *f* pßifiakí fotoghrafikí michaní
direkt άμεσος ámeßoß
doch και όμως ke ómoß
Dolmetscher(in) διερμηνέας *m/f* dhierminéaß
Donner βροντή *f* wrondí
Donnerstag Πέμπτη *f* pémbti
Doppelbett διπλό κρεβάτι *n* dhipló krewáti

Dorf χωριό *n* chorió
dort εκεί (πέρα) ekí (péra)
Dose κονσέρβα *f* konßérwa
Dosenöffner ανοιχτήρι *n* anichtíri
draußen έξω ékßo
dringend επείγων epíghon
drinnen μέσα méßa
Drogerie κατάστημα *n* καλλυντικών katáßtima kalindikón
drucken εκτυπώνω ektipóno
du εσύ eßí
dumm χαζός chasóß
dunkel σκοτεινός ßkotinóß
dünn λεπτός leptóß
Durchfall διάρροια *f* dhiária
dürfen μπορώ boró
Durst δίψα *f* dhípßa
durstig sein διψάω dhipßáo
Dusche ντους *n/unv* duß
Duschgel αφρόλουτρο *n* afrólutro
DVD DVD *n* diwidí

E

Ebbe άμπωτη *f* ámboti
echt αυθεντικός afthendikóß
Ecke γωνία *f* ghonía
Ehefrau γυναίκα *f* jinéka
Ehemann άντρας *m* ándraß
Ehepaar ζευγάρι *n* sewghári
Ei αβγό *n* awghó
Eimer κουβάς *m* kuwáß
Einbahnstraße μονόδρομος *m* monódhromoß
einfach απλός aplóß
einfarbig μονόχρωμος monóchromoß
Eingang είσοδος *f* íßodhoß
einkaufen ψωνίζω pßoníso
Einkaufszentrum εμπορικό *n* κέντρο emborikó kéndro
einladen καλώ kaló
Einladung πρόσκληση *f* próßklißi
einmal μία φορά mía forá
einschalten ανοίγω anígho
einsteigen ανεβαίνω anewéno
Eintritt είσοδος *f* íßodhoß
Eintrittskarte εισιτήριο *n* ißitírio
Einwohner(in) κάτοικος *m/f* kátikoß
Einzelbett μονό κρεβάτι *n* monó krewáti
einzeln χωριστά choríßtá
Eis παγωτό *n* paghotó
Eltern γονείς *m/pl* ghoníß
Empfang ρεσεψιόν *f/unv* reßepßión
empfehlen προτείνω protíno
Ende τέλος *n* téloß
Endreinigung τελικός καθαρισμός *m* telikóß katharismóß
Endstation τέρμα *n* térma
eng στενός ßtenóß

entwerten **ακυρώνω** akiróno
Entzündung **φλεγμονή** *f* fleghmoní
er **αυτός** aftóß
Erdbeben **σείσμος** *m* ßismóß
Erdbeeren **φράουλες** *f/pl* fráuleß
Erde **γη** *f* ji
Erdgeschoss **ισόγειο** *n* ißójio
Erdnüsse **φυστίκια** *m/pl* fißtíkja
Erfolg **επιτυχία** *f* epitichía
Erkältung **κρυολόγημα** *n* kriolójima
erklären **εξηγώ** ekßighó
erlauben **επιτρέπω** epitrépo
Ermäßigung **έκπτωση** *f* ékptoßi
ernst **σοβαρός** ßowaróß
Ersatzteil **ανταλλακτικό** *n* andalaktikó
Erwachsener **ενήλικος** *m* enílikoß
erwarten **περιμένω** periméno
erzählen **διηγούμαι** dhi-ighúme
essen **τρώω** tró-o
Essen **φαγητό** *n* fajitó
essen gehen **πηγαίνω να φάω** pijéno na fáo
Essig **ξύδι** *n* kßídhi
Etage **όροφος** *m* órofoß
etwas **κάτι** káti
Euro **ευρώ** *n/unv* ewró
evangelisch **ευαγγελικός** ewangelikóß

F

Fähre **φέριμποτ** *n/unv* féribot
Fahrer **οδηγός** *m* odhighóß
Fahrkarte **εισιτήριο** *n* ißitírio
Fahrplan **δρομολόγιο** *n* dhromolójio
Fahrpreis **τιμή** *f* **εισιτηρίου** timí ißitiríu
Fahrrad **ποδήλατο** *n* podhílato
Fahrstuhl **ασανσέρ** *n/unv* aßanßér
Fahrt **διαδρομή** *f* dhiadhromí
Fahrzeugpapiere **χαρτιά** *n* **του αυτοκινήτου** chartjá tu aftokinítu
Familie **οικογένεια** *f* ikojénia
Farbe **χρώμα** *n* chróma
Fasching **Καρναβάλι** *n* karnawáli
fast **σχεδόν** *adv* ßchedhón
Februar **Φεβρουάριος** *m* fewruárioß
Federball *(Spiel)* **μπάντμιντον** *n/unv* bádminton
fehlen **λείπω** lípo
Fehler **λάθος** *n* láthoß
Feiertag **αργία** *f* arjía
Feld **χωράφι** *n* choráfi
Fenster **παράθυρο** *n* paráthiro
Fensterplatz **θέση** *f* **στο παράθυρο** théßi ßto paráthiro
Ferienhaus **τουριστική κατοικία** *f* turißtikí katikía

Ferienwohnung **ενοικιαζόμενο διαμέρισμα** *n* enikjasómeno dhiamérisma
Fernseher **τηλεόραση** *f* tileóraßi
fertig **έτοιμος** étimoß
Fest **γιορτή** *f* jortí
fett **λιπαρός** liparóß
feucht **υγρός** ighróß
Feuer **φωτιά** *f* fotjá
Feuerlöscher **πυροσβεστήρας** *m* pirosweßtíraß
Feuerzeug **αναπτήρας** *m* anaptíraß
Fieber **πυρετός** *m* piretóß
Filter **φίλτρο** *n* fíltro
finden **βρίσκω** wríßko
Finger **δάχτυλο** *n* dháchtilo
Firma **εταιρία** *f* etería
Fisch **ψάρι** *n* pßári
fischen **ψαρεύω** pßaréwo
FKK-Strand **παραλία** *f* **γυμνιστών** paralía jimnißtón
flach **επίπεδος** epípedhoß
Flasche **μπουκάλι** *n* bukáli
Flaschenöffner **ανοιχτήρι** *n* anichtíri
Fleck **λεκές** *m* lekéß
Fleisch **κρέας** *n* kréaß
fliegen **πετάω** petáo
Flohmarkt **υπαίθριο παζάρι** *n* ipéthrio pasári
Flug **πτήση** *f* ptíßi
Flughafen **αεροδρόμιο** *n* a-erodhrómio
Flugzeug **αεροπλάνο** *n* a-eropláno
Fluss **ποτάμι** *n* potámi
Flut **πλημμύρα** *f* plimíra
Föhn **πιστολάκι** *n* pißtoláki
folgen **ακολουθώ** akoluthó
Formular **έντυπο** *n* éndipo
Foto **φωτογραφία** *f* fotoghrafía
fotografieren **βγάζω φωτογραφίες** wgháso fotoghrafíeß
Frage **ερώτηση** *f* erótißi
fragen **ρωτάω** rotáo
Frau **γυναίκα** *f* jinéka; *(Anrede)* **κυρία** *f* kiría; *(Ehefrau)* **σύζυγος** *f* ßísighoß
frei **ελεύθερος** eléftheroß
Freitag **Παρασκευή** *f* paraßkewí
fremd **ξένος** kßénoß
Fremdenverkehrsamt **Γραφείο** *n* **Τουρισμού** ghrafío turismú
Freund **φίλος** *m* filoß; *(Partner)* **σύντροφος** *m* ßíndrofoß
Freundin **φίλη** *f* fíli; *(Partnerin)* **σύντροφος** *f* ßíndrofoß
freundlich **φιλικός** filikóß
Friedhof **νεκροταφείο** *m* nekrotafío
frieren **παγώνω** paghóno
frisch **φρέσκος** fréßkoß
Friseur **κομμωτής** *m* komotíß
Frisur **χτένισμα** *n* chténisma
früh **νωρίς** noríß
früher **νωρίτερα** norítera

Frühling ἀνοιξη *f* ánikßi
Frühstück πρωινό *n* pro-inó
frühstücken τρώω πρωινό tró-o pro-inó
Führerschein δίπλωμα *n* οδήγησης dhíploma odhíjißiß
Fundbüro γραφείο *n* απολεσθέντων αντικειμένων ghrafío apoleßthéndon andikiménon
funktionieren λειτουργώ liturghó
für για ja
Fuß πόδι *n* pódhi
Fußgängerzone πεζόδρομος *m* pesódhromoß

G

Gabel πιρούνι *n* pirúni
Gang ταχύτητα *f* tachítita
ganz τελείως *adv* telíoß
Garantie εγγύηση *f* enggí-ißi
Garderobe γκαρνταρόμπα *f* gardaróba
Garten κήπος *m* kípoß
Gaskocher γκαζάκι *n* gasáki
Gast καλεσμένος *m* kalesménoß
Gebäck κουλουράκι *n* kuluráki
Gebäude κτίριο *n* ktírio
geben δίνω dhíno
Gebirge οροσειρά *f* oroßirá
gebrochen σπασμένος ßpasménoß
Gebühr τέλη *n/pl* téli
Geburtstag γενέθλια *n/pl* jenéthlia
Gedeck κουβέρ *n/unv* kuwér
gefährlich επικίνδυνος epikíndhinoß
gefallen αρέσω aréßo
gegen κατά katá
Gegend περιοχή *f* periochí
Gegenteil αντίθετο *n* andítheto
gegenüber απέναντι apénandi
Geheimzahl προσωπικός μυστικός αριθμός *m* proßopikóß mißtikoß arithmóß
gehen πηγαίνω pijéno
Gel τζελ *n/unv* dsel
gelb κίτρινος kítrinoß
Geld λεφτά *n/pl* leftá
Geldautomat ATM e-itiém
Gemälde πίνακας *m* pínakaß
gemeinsam κοινός kinóß
Gemüse λαχανικά *m/pl* lachaniká
gemütlich άνετος ánetoß
genießen απολαμβάνω apolamwáno
genug αρκετά *adv* arketá
geöffnet ανοιχτός anichtóß
Gepäck αποσκευές *f/pl* apoßkewéß
Gepäckaufbewahrung χώρος *m* φύλαξης αποσκευών chóroß fílakßiß apoßkewón

Gepäckträger σχάρα *f* schára
geradeaus ευθεία efthía
Geräusch θόρυβος *m* thóriwoß
Gericht πιάτο *n* pjáto
gern ευχαρίστως *adv* efcharíßtoß
Geruch μυρωδιά *f* mirodhjá
Geschäft επιχείρηση *f* epichírißi
Geschäftsführer διοικητής *m* dhi-ikitíß
Geschenk δώρο *n* dhóro
Geschichte ιστορία *f* ißtoría
geschieden χωρισμένος chorisménoß
Geschirr πιάτα *n/pl* pjáta
Geschirrtuch πετσέτα *f* κουζίνας petßéta kusínaß
geschlossen κλειστός klißtóß
Geschmack γεύση *f* jéfßi
Geschwindigkeit ταχύτητα *f* tachítita
Geschwister αδέλφια *n/pl* adhélfja
Gesetz νόμος *m* nómoß
Gesicht πρόσωπο *n* próßopo
gesperrt κλεισμένος klisménoß
Gespräch συζήτηση *f* ßisítißi
gestern χτες chteß
gesund υγιής iji-íß
Getränk ποτό *n* potó
getrennt bezahlen πληρώνω ξεχωριστά pliróno kßechorißtá
Gewicht βάρος *n* wároß
gewinnen κερδίζω kerdhíso
Gewürze μπαχαρικά *m/pl* bacharikά
gewürzt με μπαχαρικά me bachariká
giftig δηλητηριώδης dhilitirjódhiß
Gipfel κορυφή *f* korifí
Glas γυαλί *n* jalí
glatt λείος líoß
glauben πιστεύω pißtéwo
gleich ίδιος ídhioß
Gleis γραμμή *f* ghramí
Glocke καμπάνα *f* kambána
Glück ευτυχία *f* eftichía
glücklich ευτυχισμένος eftichisménoß
Glühbirne λάμπα *f* lámba
Gold χρυσός *m* chrißóß
Golf γκολφ *n/unv* golf
Grad βαθμός *m* wathmóß
Gras χόρτο *n* chórto
Gräte ψαροκόκκαλο *n* pßarokókalo
gratulieren συγχαίρω ßingchéro
grau γκρίζος grísoß
Grenze σύνορο *n* ßínoro
Grieche Έλληνας *m* élinaß
Griechenland Ελλάδα *f* eládha
Griechin Ελληνίδα *f* elinídha
groß μεγάλος meghálоß
Größe μέγεθος *n* méjethoß

grün πράσινος práßinoß
Grund λόγος *m* lóghoß
Gruppe ομάδα *f* omádha
gültig έγκυρος énggiroß
Gürtel ζώνη *f* sóni
gut καλός kalóß

H

Haar μαλλιά *n/pl* maljá
Haargummi λαστιχάκι *n* laßticháki
haben έχω écho
Hafen λιμάνι *n* limáni
Hagel χαλάζι *n* chalási
Hähnchen κοτόπουλο *n* kotópulo
halb μισός mißóß
Halbinsel χερσόνησος *f* cherßónißoß
Hälfte μισό *n* mißó
Hals λαιμός *m* lemóß
Halstuch μαντίλι *n* mandíli
halten κρατάω kratáo
Haltestelle στάση *f* ßtáßi
Hammer σφυρί *n* ßfirí
Hand χέρι *n* chéri
Handball χάντμπολ *n/unv* chándbol
handgemacht χειροποίητος chiropí-itoß
Handgepäck χειραποσκευή *f* chirapoßkewí
Handtasche τσάντα *f* tßánda
Handtuch πετσέτα *f* petßéta
Handy κινητό *n* kinitó
Handynummer νούμερο *n* κινητού número kinitú
hart σκληρός ßkliróß
häufig συχνός ßichnóß
Hauptgericht κύριο πιάτο *n* kírio pjáto
Hauptsaison υψηλή περίοδος *f* ipßilí períodhoß
Hauptstadt πρωτεύουσα *f* protéwußa
Haus σπίτι *n* ßpíti
Hausfrau νοικοκυρά *f* nikokirá
hausgemacht σπιτικός ßpitikóß
Haustier κατοικίδιο ζώο *n* katikídhio só-o
Haut δέρμα *n* dhérma
heiraten παντρεύομαι pandréwome
heiß καυτός kaftóß
heißen λέγομαι léghome
Heizung θέρμανση *f* thérmanßi
helfen βοηθάω wo-itháo
hell φωτεινός fotinóß
Helm κράνος *n* kránoß
Hemd πουκάμισο *n* pukámißo
Herbst φθινόπωρο *n* fthinóporo
Herd μάτι *n* máti
Herr κύριος *m* kírioß
Herz καρδιά *f* kardhjá
heute σήμερα ßímera
hier εδώ edhó
Hilfe βοήθεια *f* woíthia

Himbeeren βατόμουρα *m/pl* watómura
Himmel ουρανός *m* uranóß
hinten πίσω píßo
hinter πίσω από píßo apó
Hitze ζέστη *f* séßti
Hobby χόμπι *n/unv* chóbi
hoch ψηλός pßilóß
höchstens το πολύ to polí
Hochzeit γάμος *m* ghámoß
hoffen ελπίζω elpíso
hoffentlich μακάρι makári
höflich ευγενικός ewjenikóß
Höhe ύψος *n* ípßoß
Höhle σπήλαιο *n* ßpíleo
holen φέρνω férno
Holz ξύλο *n* kßílo
hören ακούω akúo
Hose παντελόνι *n* pandelóni
Hotel ξενοδοχείο *n* kßenodochío
hübsch όμορφος ómorfoß
Hügel λόφος *m* lófoß
Hund σκύλος *m* ßkíloß
Hunger πείνα *f* pína
Husten βήχας *m* wíchaß
Hut καπέλο *n* kapélo
Hütte καταφύγιο *n* katafíjio

I

ich εγώ eghó
Idee ιδέα *f* idhéa
immer πάντα pánda
in σε ße
inbegriffen συμπεριλαμβανόμενος ßimberilamwanómenoß
Infektion λοίμωξη *f* límokßi
Information πληροφορία *f* pliroforía
Innenstadt κέντρο *n* (της πόλης) kéndro (tiß póliß)
innerhalb μέσα σε méßa ße
Insekt έντομο *n* éndomo
Insektenspray σπρέι *n* εντομοκτόνο ßpréi endomoktóno
Insektenstich τσίμπημα *n* εντόμου tßíbima endómu
Insel νησί *n* nißí
insgesamt συνολικά ßinoliká
intelligent έξυπνος ékßipnoß
interessant ενδιαφέρων endhjaféron
international διεθνής dhiethníß
Internetanschluss πρόσβαση *f* στο Ίντερνετ próswaßi ßto ínternet
Isomatte μονωτικό στρώμα *n* monotikó ßtróma

J

ja ναι ne
Jacke μπουφάν *n/unv* bufán
Jahr χρόνος *m* chrónoß
Jahrhundert αιώνας *m* eónaß
Januar Ιανουάριος *m* ianuárioß

jemand κάποιος kápjoß
jetzt τώρα tóra
Job δουλειά *f* dhuljá
joggen κάνω τζόγκινγκ káno dsóging
Joghurt γιαούρτι *n* jaúrti
jüdisch εβραϊκός ewra-ikóß
Jugendherberge ξενώνας *m* νεότητας kßenónaß neótitaß
Juli Ιούλιος *m* iúlioß
jung νέος néoß
Junge αγόρι *n* aghóri
Juni Ιούνιος *m* iúnioß
Juwelier κοσμηματοπωλείο *n* kosmimatopolío

K

Kaffee καφές *m* kaféß
Kajak καγιάκ *n* kaják
Kalbfleisch μοσχάρι *n* moßchári
Kalender ημερολόγιο *n* imerolójio
kalt κρύος kríoß
Kamin τζάκι *n* dsáki
Kanal διώρυγα *f* dhiórigha
Kanu κανό *n* kanó
Kapitän(in) πλοίαρχος *m* plíarchoß
kaputt χαλασμένος chalasménoß
Karte κάρτα *f* kárta
Kartoffeln πατάτες *f/pl* patáteß
Käse τυρί *n* tirí
Kasse ταμείο *n* tamío
Katalog κατάλογος *m* katáloghoß
katholisch καθολικός katholikóß
Katze γάτα *f* gháta
kaufen αγοράζω aghoráso
Kaution εγγύηση *f* enggíißi
Kekse μπισκότα *m/pl* bißkóta
Kellner σερβιτόρος *m* ßerwitóroß
Kellnerin σερβιτόρα *f* ßerwitóra
kennen γνωρίζω ghnoríso
Kerzen κεριά *m/pl* kerjá
Ketchup κέτσαπ *n/unv* kétßap
Kette αλυσίδα *f* alißídha
Kilometer χιλιόμετρο *n* chiliómetro
Kind παιδί *n* pedhí
Kinderarzt παιδίατρος *m/f* pedhíatroß
Kinderbett παιδικό κρεβάτι *n* pedhikó krewáti
Kindersitz παιδικό κάθισμα *n* pedhikó káthisma
Kinderwagen καροτσάκι *n* karotßáki
Kino κινηματογράφος *m* kinimatoghráfoß
Kirche εκκλησία *f* eklißía
Kirschen κεράσια *m/pl* keráßia
Kissen μαξιλάρι *n* makßilári
klar διαυγής dhiawjíß

Klebeband σελοτέιπ *n/unv* ßelotéip
Kleid φόρεμα *n* fórema
Kleiderbügel κρεμάστρα *f* kremáßtra
klein μικρός mikróß
Kleingeld ψηλά *n/pl* pßilá
klettern κάνω αναρρίχηση káno anaríchißi
Klima κλίμα *n* klíma
Klimaanlage αιρ-κοντίσιον *n/unv* er-kondíßjon
Klingel κουδούνι *n* kudhúni
klingeln χτυπάω το κουδούνι chtipáo to kudhúni
klug έξυπνος ékßipnoß
Kneipe μπαράκι *n* baráki
Knie γόνατο *n* ghónato
Knoblauch σκόρδο *n* ßkórdho
Knopf κουμπί *n* kubí
Koffer βαλίτσα *f* walítßa
kommen έρχομαι érchome
Konditorei ζαχαροπλαστείο *n* sacharoplaßtío
Kondom προφυλακτικό *n* profilaktikó
Konferenz διάσκεψη *f* dhiáßkepßi
können μπορώ boró
Konzert συναυλία *f* ßinawlía
Kopf κεφάλι *n* kefáli
Kopfkissen μαξιλάρι *n* makßilári
Kopie αντίγραφο *n* andíghrafo
Korkenzieher τιρμπουσόν *n/unv* tirbußón
Körperlotion λοσιόν *f/unv* σώματος loßjón ßómatoß
kosten κοστίζω koßtíso
kostenlos δωρεάν *adv* dhoreán
krank άρρωστοςároßtoß
Krankheit αρρώστια *f* aróßtja
Kräuter βότανα *n/pl* wótana
Krawatte γραβάτα *f* ghrawáta
Kreditkarte πιστωτική *f* κάρτα pißtotikí kárta
Kreuzfahrt κρουαζιέρα *f* kruasjéra
Kreuzung διασταύρωση *f* dhiaßtáwroßi
Krücke πατερίτσα *f* pateritßa
Küche κουζίνα *f* kusína
Kuchen γλυκό *n* ghlikó
Kuh αγελάδα *f* ajeládha
kühl ψυχρός pßichróß
Kühlschrank ψυγείο *n* pßijío
Kühltasche φορητό ψυγείο *n* foritó pßijío
Kunde πελάτης *m* pelátiß
Kunst τέχνη *f* téchni
Künstler καλλιτέχνης *m* kalitéchniß
Künstlerin καλλιτεχνίδα *f* kalitechnídha
Kurve στροφή *f* ßtrofí
kurz κοντός kondóß
Kuss φιλί *n* filí

küssen φιλάω filáo
Küste ακτή *f* aktí

L

lächeln χαμογελάω chamojeláo
lachen γελάω jeláo
Ladegerät φορτιστής *m* fortißtíß
Ladekabel καλώδιο *n* φόρτισης kalódhio fórtißiß
Lammfleisch αρνί *n* arní
Lampe λάμπα *f* lámba
Land χώρα *f* chóra
landen προσγειώνομαι prosjiónome
Landschaft τοπίο *n* topío
lang μακρύς makríß
Länge μάκρος *n* mákroß
langsam αργός arghóß
langweilig βαρετός waretóß
Lärm θόρυβος *m* thóriwoß
laut δυνατά *adv* dhinatá
leben ζω so
Lebensmittelgeschäft μπακάλικο *n* bakáliko
Leber συκώτι *n* ßikóti
Leder δέρμα *n* dhérma
ledig άγαμος ághamoß
leer άδειος ádhjoß
legen βάζω wáso
Lehrer δάσκαλος *m* dháßkaloß
Lehrerin δασκάλα *f* dhaßkála
leicht ελαφρύς elafríß
leider δυστυχώς dhißtichóß
leihen δανείζω dhaníso
Leihgebühr τιμή *f* ενοικίασης timí enikíaßiß
Leinen λινό *n* linó
leise σιγανός ßighanóß
lernen μαθαίνω mathéno
lesen διαβάζω dhiawáso
Leuchtturm φάρος *m* fároß
Leute κόσμος *m* kósmoß
Licht φως *n* foß
Lichtschutzfaktor δείκτης *m* προστασίας dhíktiß proßtaßíaß
Liebe αγάπη *f* aghápi
lieben αγαπάω aghapáo
lieber καλύτερα *adv* kalítera
Lied τραγούδι *n* traghúdhi
Liegestuhl ξαπλώστρα *f* kßaplóßtra
lila μωβ mow
Limonade λεμονάδα *f* lemonádha
links αριστερά arißterá
Lippenstift κραγιόν *n/unv* krajón
Loch τρύπα *f* trípa
Locken μπούκλες *f/pl* búkleß
Löffel κουτάλι *n* kutáli
Luft αέρας *m* a-éraß
Luftmatratze φουσκωτό στρώμα *n* fußkotó ßtróma
Luftpumpe τρόμπα *f* trómba
Lüge ψέμα *n* pßéma

Lunge πνεύμονας *m* pnéwmonaß
Lust όρεξη *f* órekßi
lustig αστείος aßtíoß

M

machen κάνω káno
Mädchen κορίτσι *n* korítßi
mager άπαχος ápachoß
Mai Μάιος *m* máioß
Mais καλαμπόκι *n* kalambóki
man κανείς kaníß
manchmal καμιά φορά kamjá forá
Mandeln αμυγδαλές *f/pl* amighdhaléß
Mann άντρας *m* ándraß; *(Ehemann)* σύζυγος *m* ßísighoß
Markt αγορά *f* aghorá
März Μάρτιος *m* mártioß
Maschine μηχανή *f* michaní
Massage μασάζ *n/unv* maßás
Material υλικό *n* ilikó
Matratze στρώμα *n* ßtróma
Mauer τείχος *n* tíchoß
Maut διόδια *n/pl* dhjódhja
Mayonnaise μαγιονέζα *f* majonésa
Meer θάλασσα *f* thálaßa
mehr πιο πολύ pjó polí
Mehrwertsteuer φόρος *m* προστιθέμενης αξίας (ΦΠΑ) fóroß proßtithémeniß akßíaß (fi-pi-á)
Meinung γνώμη *f* ghnómi
Mensch άνθρωπος *m* ánthropoß
Menü μενού *n/unv* menú
merken αντιλαμβάνομαι andilamwánome
Messer μαχαίρι *n* machéri
Meter μέτρο *n* métro
Miete νοίκι *n* níki
mieten νοικιάζω nikjáso
Migräne ημικρανία *f* imikranía
Milch γάλα *n* ghála
minderjährig ανήλικος aníllikoß
mindestens τουλάχιστον *adv* tuláchißton
Minute λεπτό *n* leptó
mischen ανακατεύω anakatéwo
Missverständnis παρεξήγηση *f* parekßíjißi
mit με me
Mitglied μέλος *n* méloß
mitnehmen παίρνω μαζί μου pérno masí mu
Mittag μεσημέρι *n* meßiméri
Mittagessen μεσημεριανό *n* meßimerjanó
mittags το μεσημέρι to meßiméri
Mitte μέση *f* méßi

Mittwoch Τετάρτη *f* tetárti
Möbel έπιπλο *n* épiplo
modern μοντέρνος modérnoß
mögen μου αρέσει mu aréßi
möglich δυνατός dhinatóß
Möglichkeit δυνατότητα *f* dhinatótita
Mohn παπαρούνα *f* paparúna
Moment στιγμή *f* ßtighmí
Monat μήνας *m* mínaß
Mond φεγγάρι *n* fenggári
Montag Δευτέρα *f* dheftéra
morgen αύριο áwrio
morgens το πρωί to proí
Moschee τζαμί *n* tsamí
Moskitonetz κουνουπιέρα *f* kunupjéra
Moskitospirale φιδάκι *n* fidháki
Motor μηχανή *f* michaní
Motorboot σκάφος *n* ßkáfoß
Motorrad μηχανή *f* michaní
Mücke κουνούπι *n* kunúpi
Mückenschutz προστασία *f* από τα κουνούπια proßtaßía apó ta kunúpja
müde κουρασμένος kurasménoß
Mühe κόπος *m* kópoß
Müll σκουπίδια *n/pl* ßkupídhja
Mülleimer σκουπιδοτενεκές *m* ßkupidhotenekéß
Mund στόμα *n* ßtóma
Münze κέρμα *n* kérma
Muscheln κοχύλια *m/pl* kochília
Museum μουσείο *n* mußío
Musik μουσική *f* mußikí
Müsli μούσλι *n/unv* múßli
müssen πρέπει prépi
Mutter μητέρα *f* mitéra
Muttersprache μητρική γλώσσα *f* mitrikí ghlóßa
Mütze σκούφος *m* ßkúfoß

N

Nachbar γείτονας *m* jítonaß
nachher μετά metá
Nachmittag απόγευμα *n* apójewma
nachmittags το απόγευμα *n* to apójewma
Nachname επώνυμο *n* epónimo
Nachricht μήνυμα *n* mínima
Nachsaison χαμηλή περίοδος *f* chamilí períodhoß
nächster επόμενος epómenoß
Nacht νύχτα *f* níchta
Nachtisch επιδόρπιο *n* epidhórpio
nachts τη νύχτα ti níchta
nackt γυμνός jimnóß
Nadel βελόνα *f* welóna
Nagellack μανόν *n/unv* manón
nah κοντινός kondinóß
Name όνομα *n* ónoma
Nase μύτη *f* míti
nass βρεγμένος wreghménoß

Nationalität εθνικότητα *f* ethnikótita
Nationalpark εθνικός δρυμός *m* ethnikóß dhrimóß
Natur φύση *f* fíßi
natürlich φυσικά *adv* fißiká
Naturschutzgebiet προστατευόμενη φυσική περιοχή *f* proßtatewómeni fißikí periochí
Navigationsgerät GPS *n* dsi-pi-eß
Nebel ομίχλη *f* omíchli
neben δίπλα dhípla
nehmen παίρνω pérno
nein όχι óchi
Nektarine νεκταρίνι *n* nektaríni
nett καλός kalóß
Netz δίχτυ *n* dhíchti
Netzspannung τάση *f* ηλεκτρικού δικτύου táßi ilektrikú dhiktíu
neu καινούργιος kenúrjoß
neugierig περίεργος períerghoß
Neujahr Πρωτοχρονιά *f* protochronjá
nicht δεν dhen
nichts τίποτα típota
Nichtschwimmer μη κολυμβητής *m* mi kolimwitíß
nie ποτέ poté
niedrig χαμηλός chamilóß
niemand κανείς kaníß
Niere νεφρό *n* nefró
noch ακόμα akóma
Norden βοριάς *m* woráß
normal κανονικός kanonikóß
Notausgang έξοδος *f* κινδύνου ékßodhoß kindhínu
Notfall περίπτωση *f* έκτακτης ανάγκης períptoßi éktaktiß anánggiß
nötig απαραίτητος aparétitoß
November Νοέμβριος *m* noémwrioß
Nudeln ζυμαρικά *m/pl* simariká
Nummer νούμερο *n* número
nur μόνο móno
nützlich χρήσιμος chríßimoß

O

oben πάνω páno
Objektiv φακός *m* fakóß
Obst φρούτα *n/pl* frúta
oder ή i
offen ανοιχτός anichtóß
öffentlich δημόσιος dhimóßioß
öffnen ανοίγω anígho
Öffnungszeiten ωράριο *n* λειτουργίας orário liturjíaß
oft συχνά *adv* ßichná
ohne χωρίς chóríß
Ohr αυτί *n* aftí
Ohrringe σκουλαρίκια *m/pl* ßkularíkja
ökologisch οικολογικός ikolojikóß

Oktober Οκτώβριος *m* októwrioß

Öl λάδι *n* ládhi

Oliven ελιές *f/pl* eljéß

Onkel θείος *m* thíoß

Oper όπερα *f* ópera

Orange πορτοκάλι *n* portokáli

Oregano ρίγανη *f* ríghani

Original πρωτότυπο *n* protótipo

Ort τόπος *m* tópoß

Ortszeit τοπική ώρα *f* topikí óra

Osten ανατολή *f* anatolí

Ostern Πάσχα *n* páßcha

östlich ανατολικός anatolikóß

Ozon όζον *n* óson

P

Paar ζευγάρι *n* sewghári

Packung συσκευασία *f* ßißkewaßía

Paket δέμα *n* dhéma

Panorama πανόραμα *n* panórama

Papier χαρτί *n* chartí

Papiere χαρτιά *n/pl* chartjá

Parfüm άρωμα *n* ároma

Park πάρκο *n* párko

parken παρκάρω parkáro

Parkhaus πάρκινγκ *n/unv* párking

Parkplatz πάρκινγκ *n/unv* párking

Parkuhr παρκόμετρο *n* parkómetro

Parkverbot απαγόρευση *f* στάθμευσης apaghórefßi ßtáthmefßiß

Pass διαβατήριο *n* dhiawatírio

Passwort κώδικας *m* πρόσβασης kódhikaß próswaßiß

Pause διάλειμμα *n* dhiálima

Person άτομο *n* átomo

Personalausweis ταυτότητα *f* taftótita

persönlich προσωπικός proßopikóß

Pfanne τηγάνι *n* tigháni

Pfeffer πιπέρι *n* pipéri

Pfeife πίπα *f* pípa

Pferd άλογο *n* álogho

Pfirsich ροδάκινο *n* rodhákino

Pflanze φυτό *n* fitó

Pflaster τραυμαπλάστ *n/unv* trawmapláßt

Pflaume δαμάσκηνο *n* dhamáßkino

Pilot πιλότος *m* pilótoß

Pilze μανιτάρια *m/pl* manitárja

Pinzette τσιμπιδάκι *f* tßimbidháki

Plan σχέδιο *n* ßchédhio

Plastik πλαστική *f* plaßtikí

Platz θέση *f* théßi

plötzlich ξαφνικά *adv* kßafniká

Polizei αστυνομία *f* aßtinomía

Polizist αστυνομικός *m* aßtinomikóß
Portion μερίδα *f* merídha
Post(amt) ταχυδρομείο *n* tachidhromío
Postkarte καρτ *f/unv* ποστάλ kart poßtál
Preis τιμή *f* timí
preisgünstig φθηνός fthinóß
Preisliste τιμοκατάλογος *m* timokatáloghoß
privat ιδιωτικός idhiotikóß
probieren *(versuchen)* δοκιμάζω dhokimáso
Problem πρόβλημα *n* prówlima
Produkt προϊόν *n* projón
Programm πρόγραμμα *n* próghrama
Prospekt προσπέκτους *n/unv* proßpéktuß
protestieren διαμαρτύρομαι djamartírome
prüfen εξετάζω ekßetáso
Pullover πουλόβερ *n/unv* pulówer
pünktlich συνεπής ßinepíß
pur αγνός aghnóß
putzen καθαρίζω katharíso
Putzmittel καθαριστικό *n* katharißtikó

Q

Qualität ποιότητα *f* pjótita
Quelle πηγή *f* pijí
Quittung απόδειξη *f* apódhikßi

R

Radio ραδιόφωνο *n* radhiófono
Radweg ποδηλατόδρομος *m* podhilatódhromoß
rasieren ξυρίζω kßiríso
Raststätte χώρος *m* αναψυχής chóroß anapßichíß
Rathaus δημαρχείο *n* dhimarchío
Rauch καπνός *m* kapnóß
rauchen καπνίζω kapníso
Rechnung λογαριασμός *m* loghariasmóß
rechts δεξιά dhekßiá
rechtzeitig έγκαιρος énggeroß
reden μιλάω miláo
Regel κανόνας *m* kanónaß
regelmäßig τακτικός taktikóß
Regenjacke αδιάβροχο *n* adhiáwrocho
Regierung κυβέρνηση *f* kiwérnißi
Region περιοχή *f* periochí
regnerisch βροχερός wrocheróß
reich πλούσιος plúßioß
Reihe γραμμή *f* ghramí
Reinigung καθαρισμός *m* katharismóß
Reis ρύζι *n* rísi
Reisebüro ταξιδιωτικό γραφείο *n* takßidhjotikó ghrafío

Reiseführer ταξιδιωτικός οδηγός *m* takßidhiotikóß odhighóß

Reisegruppe ταξιδιωτικό γκρουπ *n* takßidhjotikó grup

Reiseleiter(in) αρχηγός *m/f* ταξιδιωτικού γκρουπ archighóß takßidhjotikú grup

reisen ταξιδεύω takßidéwo

Reisepass διαβατήριο *n* dhiawatírio

Reisetasche σακ-βουαγιάζ *n/unv* ßak-wuajás

reiten ιππεύω ipéwo

Rentner(in) συνταξιούχος *m/f* ßindakßiúchoß

Reparatur επισκευή *f* epißkewí

Reservereifen ρεζέρβα *f* resérwa

reservieren κλείνω klíno

reserviert κλεισμένος klisménoß

Rest υπόλοιπο *n* ipólipo

Restaurant εστιατόριο *n* eßtjatório

Rettungsboot ναυαγοσωστική λέμβος *f* nawaghoßoßtikí lémwoß

Rettungsring σωσίβιο *n* ßoßíwio

Rezept συνταγή *f* ßindají

Rezeption ρεσεψιόν *f/unv* reßepßjón

richtig σωστός ßoßtóß

Richtung κατεύθυνση *f* katéfthinßi

Rindfleisch μοσχαρίσιο κρέας *n* moßcharíßio kréaß

Ring δαχτυλίδι *n* dhachtilídhi

Rock φούστα *f* fúßta

roh ωμός omóß

Rollstuhl αναπηρικό *n* καροτσάκι anapirikó karotßáki

Rolltreppe κυλιόμενη σκάλα *f* kiliómeni ßkála

romantisch ρομαντικός romandikóß

rosa ροζ ros

Rosmarin δεντρολίβανο *n* dhendrolíwano

rot κόκκινος kókinoß

Rotwein κόκκινο κρασί *n* kókino kraßí

Route διαδρομή *f* diadhromí

Rücken πλάτη *f* pláti

rückerstatten επιστρέφω epißtréfo

Rückflug πτήση *f* επιστροφής ptíßi epißtrofíß

Rucksack σακίδιο *n* ßakídhio

rückwärts όπισθεν ópißthen

Ruderboot βάρκα *f* κωπηλασίας wárka kopilaßíaß

ruhig ήσυχος íßichoß

Rundfahrt περίπλους *m* períplu߸

S

Sackgasse αδιέξοδος *f* adhiékßodhoß

Saft χυμός *m* c͜himóß

sagen λέω léo

Sahne κρέμα *f* γάλακτος kréma ghálaktoß

Salat σαλάτα *f* ßaláta

Salbe αλοιφή *f* alifí

Salz αλάτι *n* aláti

salzig αλατισμένος alatisménoß

sammeln μαζεύω maséwo

Samstag Σάββατο *n* ßáwato

Sand άμμος *f* ámoß

Sandstrand αμμουδιά *f* amudhjá

Sänger τραγουδιστής *m* traghudhißtíß

Sängerin τραγουδίστρια *f* traghudhíßtria

satt sein χόρτασα ~~ch~~órtaßa

sauber καθαρός katharóß

sauer ξινός kßinóß

Sauna σάουνα *f* ßáuna

Schaden ζημιά *f* simiá

Schaffner(in) εισπράκτορας *m* ißpráktoraß

Schal κασκόλ *n/unv* kaßkól

Schalter γκισέ *n/unv* gißé

scharf πικάντικος pikándikoß

Schatten σκιά *f* ßkiá

Schaufenster βιτρίνα *f* witrína

Schauspieler(in) ηθοποιός *m/f* ithopióß

Scheibenwischer υαλοκαθαριστήρας *m* ialokatharißtíraß

schenken χαρίζω ~~ch~~aríso

Schere ψαλίδι *n* pßalídhi

schicken στέλνω ßtélno

schieben σπρώχνω ßpró~~ch~~no

Schiff καράβι *n* karáwi

Schild πινακίδα *f* pinakídha

schlafen κοιμάμαι kimáme

Schlafsack σλίπινγκ-μπαγκ *n/unv* ßlíping-bág

Schlafwagen κλινάμαξα *f* klinámakßa

Schlange φίδι *n* fídhi

schlank λεπτός leptóß

Schlauchboot φουσκωτό *n* fußkotó

schlecht κακός kakóß

schließen κλείνω klíno

Schließfach θυρίδα *f* φύλαξης αποσκευών thirídha fílakßiß apoßkewón

schlimm άσχημος áßc͜himoß

Schloss παλάτι *n* paláti

Schlucht χαράδρα *f* ~~ch~~arádhra

Schluss τέλος *n* téloß

Schlüssel κλειδί *n* klidhí

Schlussverkauf εκπτώσεις *f/pl* ekptóßiß

schmal στενός ßtenóß
schmecken έχω γεύση écho jéfßi
Schmerz πόνος *m* pónoß
Schmerzmittel παυσίπονο *n* pafßípono
Schmetterling πεταλούδα *f* petalúdha
Schmuck κόσμημα *n* kósmima
schmutzig βρώμικος wrómikoß
Schnee χιόνι *n* chióni
schnell γρήγορος ghríghoroß
Schnorchel αναπνευστήρας *m* anapnefßtíraß
Schnuller πιπίλα *f* pipíla
Schnupfen συνάχι *n* ßináchi
Schock σοκ *n/unv* ßok
Schokolade σοκολάτα *n* ßokoláta
schön ωραίος oréoß
Schrank ντουλάπα *f* dulápa
Schraubenzieher κατσαβίδι *n* katßawídhi
schreiben γράφω ghráfo
schreien φωνάζω fonáso
Schuhe παπούτσια *m/pl* papútßja
Schule σχολείο *n* ßcholío
Schulter ώμος *m* ómoß
Schüssel μπολ *n/unv* bol
Schutzhütte καταφύγιο *n* katafíjio
schwach αδύνατος adhínatoß
Schwamm σφουγγάρι *n* ßfunggári
schwanger έγκυος énggioß
schwarz μελαχρινός melachrinóß
Schweinefleisch χοιρινό *n* κρέας chirinó kréaß
schwer βαρύς waríß
Schwester αδελφή *f* adhelfí
schwierig δύσκολος dhíßkoloß
Schwimmbad πισίνα *f* pißína
schwimmen κολυμπάω kolimbáo
Schwimmflügel μπρατσάκια *m/pl* bratßákja
Schwimmweste σωσίβιο *n* ßoßíwio
schwül αποπνικτικός apopniktikóß
See λίμνη *f* límni
Seeigel αχινός *m* achinóß
Segelboot ιστιοφόρο *n* ißtiofóro
segeln κάνω ιστιοπλοΐα káno ißtioploía
sehen βλέπω wlépo
Sehenswürdigkeiten αξιοθέατα *n/pl* axiothéata
sehr πολύ polí
Seide μετάξι *n* metákßi
Seife σαπούνι *n* ßapúni
Seil σκοινί *n* ßkiní
sein είμαι íme
seit από apó

Sekunde δευτερόλεπτο *n* dhefterólepto
Selbstbedienung σελφ-σέρβις *n* ßelf-ßérwiß
selbstständig ανεξάρτητος anekßártitoß
selten σπάνιος ßpánioß
Senf μουστάρδα *f* mußtárdha
September Σεπτέμβριος *m* ßeptémwrioß
Serviette χαρτοπετσέτα *f* chartopetßéta
Sessel πολυθρόνα *f* polithróna
Sex σεξ *n/unv* ßekß
Shampoo σαμπουάν *n/unv* ßambuán
sicher σίγουρος ßíghuroß
Sicherheitsgurt ζώνη *f* ασφαλείας sóni aßfalíaß
Sicherung ασφάλεια *f* aßfália
Sicht ορατότητα *f* oratótita
sich treffen συναντιέμαι ßinandjéme
Silber ασήμι *n* aßími
Silvester παραμονή *f* Πρωτοχρονιάς paramoní protochronjáß
singen τραγουδάω traghudháo
sinnlos παράλογος paráloghoß
sinnvoll λογικός lojikóß
Ski σκι *n/unv* ßki
SMS SMS *n* eßeméß
Socken κάλτσες *f/pl* káltßeß
sofort αμέσως améßoß
sogar ακόμα και akóma ke
Sohn γιός *m* joß
Sommer καλοκαίρι *n* kalokéri
Sonderangebot ειδική προσφορά *f* idhikí proßforá
Sonne ήλιος *m* ílioß
Sonnenaufgang ανατολή *f* anatolí
Sonnenbrand ηλιακό έγκαυμα *n* iliakó éngawma
Sonnenbrille γυαλιά *n/pl* ηλίου jaljá ilíu
Sonnencreme αντηλιακό *n* andiliakó
Sonnenhut καπέλο *n* ηλίου kapélo ilíu
Sonnenuntergang ηλιοβασίλεμα *n* iliowaßílema
sonnig ηλιόλουστος iliólußtoß
Sonntag Κυριακή *f* kirjakí
Soße σάλτσα *f* ßáltßa
spät αργά arghá
Spaziergang βόλτα *f* wólta
Speicherkarte κάρτα *f* μνήμης kárta mnímiß
Speicherkartenlesegerät memory card reader *n/unv* mémori kard ríder
Speisewagen βαγόνι-εστιατόριο *n* waghóni eßtjatório
Spezialität σπεσιαλιτέ *n/unv* ßpeßialité

Spiegel καθρέφτης *m* kathréftiß
Spiegelreflexkamera φωτογραφική μηχανή *f* ρεφλέξ fotoghrafikí michaní reflékß
Spiel παιχνίδι *n* pechnídhi
Spielkarten τράπουλα *f* trápula
Spielplatz παιδική χαρά *f* pedhikí chará
Spielzeug παιχνίδι *n* pechnídhi
Spinne αράχνη *f* aráchni
Sprache γλώσσα *f* ghlóßa
sprechen μιλάω miláo
Spülmittel υγρό *n* πιάτων ighró pjáton
Staatsangehörigkeit υπηκοότητα *f* ipiko-ótita
Stadion στάδιο *n* ßtádhio
Stadt πόλη *f* póli
Stadtplan χάρτης *m* της πόλης chártiß tiß póliß
Stadtteil συνοικία *f* ßinikía
Stadtzentrum κέντρο της πόλης *m* kéndro tiß póliß
stark δυνατός dhinatóß
Start ξεκίνημα *n* kßekínima
Stativ τρίποδο *n* trípodho
statt αντί andí
Stau μποτιλιάρισμα *n* botiljárisma
Staub σκόνη *f* ßkóni
Steckdose πρίζα *f* prísa
stehlen κλέβω kléwo
steil απότομος apótomoß
Stein πέτρα *f* pétra
Stern αστέρι *n* aßtéri
Stich τσίμπημα *n* tßímbima
Stift στυλό *n/unv* ßtiló
still σιωπηλός ßjopilóß
Stimme φωνή *f* foní
stinken βρωμάω wromáo
Stoff ύφασμα *n* ífasma
Strand παραλία *f* paralía
Straße δρόμος *m* dhrómoß
Straßenbahn τράμ *n/unv* tram
Streichhölzer σπίρτα *n/pl* ßpírta
Streik απεργία *f* aperjía
Stress στρες *n/unv* ßtreß
Strom ρεύμα *n* réwma
Strömung ρεύμα *n* réwma
Stück κομμάτι *n* komáti
Student φοιτητής *m* fititíß
studieren σπουδάζω ßpudháso
stufenlos επίπεδος epípedhoß
Stuhl καρέκλα *f* karékla
Stunde ώρα *f* óra
stündlich κάθε ώρα káthe óra
Sturm θύελλα *f* thíela
stürmisch θυελλώδης thi-elódhiß
Sturmwarnung προειδοποίηση *f* για επερχόμενη θύελλα pro-idhopíißi ja eperchómeni thíela
suchen ψάχνω pßáchno

Süden νότος *m* nótoß
Summe ποσό *n* poßó
Supermarkt σουπερμάρκετ *n* ßúpermárket
Suppe σούπα *f* ßúpa
süß γλυκός ghlikóß
Swimmingpool πισίνα *f* pißína
sympathisch συμπαθητικός ßimbathitikóß
Synagoge συναγωγή *f* ßinaghoghí

T

Tabak καπνός *m* kapnóß
Tag μέρα *f* méra
täglich καθημερινός kathimerinóß
Tal κοιλάδα *f* kiládha
Tankstelle βενζινάδικο *n* wensinádhiko
Tante θεία *f* thía
tanzen χορεύω c͟horéwo
Tasche τσάντα *f* tßánda
Taschenlampe φακός *m* fakóß
Taschenmesser σουγιάς *m* ßujáß
Tasse φλιτζάνι *n* flidsáni
taub κουφός kufóß
tauchen κάνω κατάδυση káno katádhißi
tauschen ανταλλάζω andaláso
Taxi ταξί *n* takßí
Technik τεχνολογία *f* tec͟hnolojía
Tee τσάι *n* tßái
Telefon τηλέφωνο *n* tiléfono
Telefonkarte τηλεκάρτα *f* tilekárta
Telefonnummer νούμερο *n* τηλεφώνου número tilefónu
Teller πιάτο *n* pjáto
Temperatur θερμοκρασία *f* thermokraßía
Tennis τέννις *n/unv* téniß
Terrasse ταράτσα *f* tarátßa
teuer ακριβός akriwóß
Theater θέατρο *n* théatro
Thunfisch τόνος *m* tónoß
Ticket εισιτήριο *n* ißitírio
tief βαθύς wathíß
Tier ζώο *n* só-o
Tierarzt κτηνίατρος *m/f* ktiníatroß
Tisch τραπέζι *n* trapési
Tischtennis πινγκ πονγκ *n/unv* ping pong
Tochter κόρη *f* kóri
Toilette τουαλέτα *f* tualéta
Toilettenpapier χαρτί *n* υγείας c͟hartí ijíaß
Tomate ντομάτα *f* domáta
Topf κατσαρόλα *f* katßaróla
tot νεκρός nekróß
Tradition παράδοση *f* parádhoßi
trampen κάνω οτοστόπ káno otoßtóp

träumen ονειρεύομαι oniréwome
traurig θλιβερός thliweróß
Treffen συναντώ ßinandó
sich treffen συναντιέμαι ßinandjéme
trennen χωρίζω choríso
Treppe σκάλες *f/pl* ßkáleß
Tretboot θαλάσσιο ποδήλατο *n* thaláßio podhílato
trinken πίνω píno
Trinkgeld πουρμπουάρ *n/unv* purbuár
Trinkwasser πόσιμο νερό *n* póßimo neró
trocken στεγνός ßteghnóß
T-Shirt μπλουζάκι *n* blusáki
tun κάνω káno
Tür πόρτα *f* pórta
türkis τυρκουάζ tirkuás
Turm πύργος *m* pírghoß
Turnschuhe αθλητικά παπούτσια *m/pl* athlitiká papútßja
Tüte σακούλα *f* ßakúla
typisch χαρακτηριστικός charaktirißtikóß

U

Übelkeit αναγούλα *f* anaghúla
üben εξασκούμαι ekßaßkúme
Übergepäck υπέρβαρο *n* ipérwaro
übermorgen μεθαύριο metháwrio
Übernachtung διανυκτέρευση *f* dhianiktérefßi
überqueren διασχίζω dhiaßchíso
Überschwemmung πλημμύρα *f* plimíra
übersetzen μεταφράζω metafráso
Übersetzung μετάφραση *f* metáfraßi
Überweisung έμβασμα *n* émwasma
üblich συνηθισμένος ßinithisménoß
übrig υπόλοιπος ipólipoß
Übung άσκηση *f* áßkißi
Ufer ακτή *f* aktí
Uhr ρολόι *n* rolói
um *(Zeit)* στις ßtiß
Umgebung περιβάλλον *n* periwálon
Umkleidekabine αποδυτήρια *m/pl* apodhitíria
umsteigen αλλάζω aláso
umtauschen αλλάζω aláso
Umweg κύκλος *m* kíkloß
Umweltschutz προστασία *f* του περιβάλλοντος proßtaßía tu periwálondoß
unbequem άβολος áwoloß
und και ke
Unfall ατύχημα *n* atíchima

unfreundlich **αγενής** ajeníß
ungefähr **περίπου** perípu
ungemütlich **δυσάρεστος** dhißáreßtoß
Unglück *(Pech)* **ατυχία** *f* atichía
ungültig **άκυρος** ákiroß
Universität **πανεπιστήμιο** *n* panepißtímio
unmöglich **αδύνατος** adhínatoß
unschuldig **αθώος** athó-oß
unten **κάτω** káto
Unterschied **διαφορά** *f* dhiaforá
unterschreiben **υπογράφω** ipoghráfo
Unterschrift **υπογραφή** *f* ipoghrafí
Untertitel **υπότιτλοι** *m/pl* ipótitli
Unterwäsche **εσώρουχα** *m/pl* eßórucha
unterwegs **στο δρόμο** ßto dhrómo
Unwetter **κακοκαιρία** *f* kakokería
Urlaub **διακοπές** *f/pl* dhiakopéß
Ursache **αιτία** *f* etía
USB-Stick **στικάκι USB** *n* ßtikáki jueßbí
UV-Filter **φίλτρο** *n* **υπεριώδους ακτινοβολίας** fíltro iperiódhuß aktinowolíaß

V

Vater **πατέρας** *m* patéraß
vegan **βίγκαν** wígan
Veganer(in) **βίγκαν** *m/f* wígan
Vegetarier(in) **χορτοφάγος** *m/f* chortofághoß
vegetarisch **χορτοφαγικός** chortofajikóß
Ventilator **ανεμιστήρας** *m* anemißtíraß
Verabredung **ραντεβού** *n/unv* randewú
verantwortlich **υπεύθυνος** ipéfthinoß
Verbandskasten **φορητό φαρμακείο** *n* foritó farmakío
Verbandszeug **επίδεσμοι** *m/pl* epídhesmi
Verbindungskabel **καλώδιο** *n* **σύνδεσης** kalódhio síndheßiß
verboten **απαγορευμένος** apaghorewménoß
verdienen **κερδίζω** kerdhíso
Verein **σύλλογος** *m* ßíloghoß
Verfallsdatum **ημερομηνία** *f* **λήξεως** imerominía líkßeoß
vergessen **ξεχνάω** kßechnáo
vergleichen **συγκρίνω** ßinggríno
verhaften **συλλαμβάνω** ßilamwáno
verheiratet **παντρεμένος** pandreménoß
verkaufen **πουλάω** puláo
Verkäufer **πωλητής** *m* politíß
Verkäuferin **πωλήτρια** *f* polítria

Verkehr κίνηση *f* kínißi
Verlängerungskabel μπαλαντέζα *f* baladésa
Verletzung τραύμα *n* tráwma
verlieren χάνω cháno
verlobt αρραβωνιασμένος arawonjasménoß
Verlobte αρραβωνιαστικιά *f* arawonjaßtikjá
Verlobter αρραβωνιαστικός *m* arawonjaßtikóß
vermieten ενοικιάζω enikjáso
verreisen πάω σε ταξίδι páo ße takßídhi
verschmutzt μολυσμένος molisménoß
Versicherung ασφάλεια *f* aßfália
Verspätung καθυστέρηση *f* kathißtérißi
versprechen υπόσχομαι ipóßchome
verstehen καταλαβαίνω katalawéno
Vertrag συμβόλαιο *n* ßimwóleo
verwöhnen κακομαθαίνω kakomathéno
viel πολύ polí
vielleicht ίσως íßoß
Vogel πουλί *n* pulí
voll γεμάτος jemátoß
Volleyball βόλεϊ *n/unv* wólei
volljährig ενήλικος enílikoß
Vollkornbrot ψωμί *n* ολικής αλέσεως pßomí olokíß aléßeoß
von από apó
Voranmeldung κράτηση *f* krátißi
Voraussetzung προϋπόθεση *f* pro-ipótheßi
voraussichtlich πιθανόν pithanón
Vorfahrt προτεραιότητα *f* protereótita
vorgestern προχτές prochtéß
vorläufig προσωρινός proßorinóß
Vormittag πρωί *n* proí
Vorname όνομα *n* ónoma
Vorort προάστιο *n* proáßtio
Vorsaison χαμηλή περίοδος *f* chamilí períodhoß
Vorschlag πρόταση *f* prótaßi
Vorschrift προδιαγραφή *f* prodhiaghrafí
vorsichtig προσεκτικός proßektikóß
Vorspeise ορεκτικό *n* orektikó

W

wach ξύπνιος kßípnioß
Wagenheber γρύλος *m* ghríloß
Waggon βαγόνι *n* waghóni
wählen επιλέγω epilégho
Wahrheit αλήθεια *f* alíthja
Währung νόμισμα *n* nómisma

Wald δάσος *n* dháßoß
Wand τοίχος *m* tíchoß
wandern κάνω πεζοπορία káno pesoporía
Wanderweg μονοπάτι *n* monopáti
wann πότε póte
warm ζεστός seßtóß
Warndreieck τρίγωνο *n* κινδύνου tríghono kindhínu
Warnung προειδοποίηση *f* pro-idhopíißi
warten περιμένω periméno
warum γιατί jatí
was τί tí
Waschbecken νιπτήρας *m* niptíraß
Wäsche ρούχα *n/pl* rúcha
Wäscheleine σκοινί *n* για άπλωμα ρούχων ßkiní ja áploma rúchon
waschen πλένω pléno
Waschmaschine πλυντήριο *n* plindírio
Waschmittel απορρυπαντικό *n* aporipandikó
Wasser νερό *n* neró
Wasserball μπάλα *f* θαλάσσης bála thaláßiß
Wasserfall καταρράχτης *m* katarácһtiß
Wasserhahn βρύση *f* wríßi
Wassermelone καρπούζι *n* karpúsi
Wasserski θαλάσσιο σκι *n/unv* thaláßio ßki
Watte βαμβάκι *n* wamwáki
WC τουαλέτα *f* tualéta
wechseln αλλάζω aláso
wecken ξυπνάω kßipnáo
Wecker ξυπνητήρι *n* kßipnitíri
weg μακριά makriá
wegfahren αναχωρώ anachoró
Wegweiser οδηγός *m* odhighóß
wehtun πονάω ponáo
weiblich θηλυκός thilikóß
weich μαλακός malakóß
Weihnachten Χριστούγεννα *n/pl* chrißtújena
weil γιατί jatí
Wein κρασί *n* kraßí
weinen κλαίω kléo
Weintrauben σταφύλια *n/pl* ßtafílja
weiß άσπρος áßproß
Weißwein άσπρο κρασί *n* áßpro kraßí
weit μακρύς makríß
Weitwinkelobjektiv ευρυγώνιος φακός *m* ewrighónioß fakóß
Welle κύμα *n* kíma
wenig λίγος líghoß
wer ποιός *m* pjoß
Werbung διαφήμιση *f* dhiafímißi
Werkstatt εργαστήριο *n* erghaßtírio

Werkzeug εργαλείο *n* erghalío
Wert αξία *f* akßía
Wertsachen πολύτιμα αντικείμενα *n/pl* polítima andikímena
wertvoll πολύτιμος polítimoß
Wespe σφήκα *f* ßfíka
Westen δύση *f* dhíßi
Wetter καιρός *m* keróß
Whirlpool® υδρομασάζ *n/unv* idhromaßás
wichtig σημαντικός ßimandikóß
wie πώς poß
wieder ξανά kßaná
wiederholen επαναλαμβάνω epanalamwáno
Wiese λιβάδι *n* liwádhi
Wind άνεμος *m* ánemoß
Winter χειμώνας *m* chimónaß
wir εμείς emíß
Wirbelsäule σπονδυλική στήλη *f* ßpondhilikí ßtíli
wissen ξέρω kßéro
WLAN WiFi wáifái; ασύρματη πρόσβαση *f* στο διαδίκτυο aßírmati próswaßi ßto dhiadhíktio
wo πού pu
Woche εβδομάδα *f* ewdhomádha
Wochenende Σαββατοκύριακο *n* ßawatokírjako
wohin πού pu
wohnen μένω méno
Wohnmobil τροχόσπιτο *n* trochóßpito
Wohnort τόπος *m* κατοικίας tópoß katikíaß
Wohnwagen τροχόσπιτο *n* trochóßpito
Wolke σύννεφο *n* ßínefo
Wolle μαλλί *n* malí
wollen θέλω thélo
Wort λέξη *f* lékßi
Wörterbuch λεξικό *n* lekßikó
Wunde πληγή *f* plijí
Wurst αλλαντικά *n/pl* alandiká
Wurzel ρίζα *f* rísa

Z

zahlen πληρώνω pliróno
Zahn δόντι *n* dhóndi
Zahnarzt οδοντίατρος *m/f* odhondíatroß
Zahnbürste οδοντόβουρτσα *f* odhondówurtßa
Zange πένσα *f* pénßa
Zehe δάχτυλο *n* ποδιού dháchtilo podhjú
zeigen δείχνω dhíchno
Zeit χρόνος *m* chrónoß
Zeitung εφημερίδα *f* efimerídha
Zelt σκηνή *f* ßkiní
zelten κατασκηνώνω kataßkinóno
zentral κεντρικός kendrikóß

zerbrechlich εύθραυστο éfthrafsto
Zertifikat πιστοποιητικό *n* pißtopi-itikó
Zettel χαρτάκι *n* chartáki
Zeuge/Zeugin μάρτυρας *m* mártiraß
ziehen τραβάω trawáo
Ziel στόχος *m* ßtóchoß
Zigaretten τσιγάρα *n/pl* tßighára
Zimmer δωμάτιο *n* dhomátio
Zitrone λεμόνι *n* lemóni
Zoll τελωνείο *n* telonío
Zoo ζωολογικός κήπος *m* so-olojikóß kípoß
Zucker ζάχαρη *f* sáchari
Zufall σύμπτωση *f* ßímbtoßi
zufrieden ευχαριστημένος efcharißtiménoß
Zug τρένο *m* tréno
Zukunft μέλλον *n* mélon
zulässig επιτρεπόμενος epitrepómenoß
Zunge γλώσσα *f* ghlóßa
zurück πίσω píßo
zurückgeben επιστρέφω epißtréfo
zurückkommen επιστρέφω epißtréfo
zusammen μαζί masí
zusammen bezahlen πληρώνω όλα μαζί pliróno óla masí
Zusammenstoß τρακάρισμα *n* trakárisma
zusätzlich επιπλέον *adv* epipléon
zuschauen παρακολουθώ parakoluthó
Zuschlag συμπλήρωμα *n* ßimblíroma
Zustand κατάσταση *f* katáßtaßi
zuständig αρμόδιος armódhjoß
zu viel πάρα πολύ pára polí
zu wenig πολύ λίγο polí lígho
Zweck σκοπός *m* ßkopóß
Zwiebel κρεμμύδι *n* kremídhi
zwischen μεταξύ metakßí
Zwischenlandung ενδιάμεση προσγείωση *f* endhjámeßi proßjíoßi

Griechisch – Deutsch

A α

αβγό *n* awghó **Ei**
άβολος áwoloß **unbequem**
άγαμος ághamoß **ledig**
αγαπάω aghapáo **lieben**
αγάπη *f* aghápi **Liebe**
αγελάδα *f* ajeládha **Kuh**
αγενής ajeníß **unfreundlich; unhöflich**
αγνός aghnóß **pur; rein**
αγορά *f* aghorá **Markt**
αγοράζω aghoráso **kaufen**
αγόρι *n* aghóri **Junge**
αγρόκτημα *n* aghróktima **Bauernhof**
άγχος *n* ángchoß **Angst; Sorge**
άδειος ádhjoß **leer**
αδελφή *f* adhelfí **Schwester**
αδέλφια *n/pl* adhélfja **Geschwister**
αδελφός *m* adhelfóß **Bruder**
αδιάβροχο *n* adhiáwrocho **Regenjacke**
αδιέξοδος *f* adhiékßodhoß **Sackgasse**
αδύνατος adhínatoß **schwach; unmöglich**
αέρας *m* a-éraß **Luft**
αεροδρόμιο *n* a-erodhrómio **Flughafen**
αεροπλάνο *n* a-eropláno **Flugzeug**
αθλητικά παπούτσια *n/pl* athlitiká papútßja **Turnschuhe**
αθώος athó-oß **unschuldig**
αίμα *n* éma **Blut**
αιρ-κοντίσιον *n/unv* er-kondíßjon **Klimaanlage**
αιτία *f* etía **Ursache**
αιώνας *m* eónaß **Jahrhundert**
ακολουθώ akoluthó **folgen**
ακόμα akóma **noch**
ακόμα και akóma ke **sogar**
ακουμπάω akubáo **berühren**
ακούω akúo **hören**
ακριβός akriwóß **teuer**
ακτή *f* aktí **Küste; Ufer**
άκυρος ákiroß **ungültig**
ακυρώνω akiróno **entwerten; stornieren**
αλάτι *n* aláti **Salz**
αλατισμένος alatisménoß **salzig**
αλήθεια *f* alíthja **Wahrheit**
αλκοόλ *n* alko-ól **Alkohol**
αλλά alá **aber**
αλλάζω aláso **umsteigen; umtauschen; wechseln**
αλλαντικά *n/pl* alandiká **Wurstwaren**
αλλεργία *f* alerjía **Allergie**

άλογο *n* álogho **Pferd**
αλοιφή *f* alifí **Salbe**
αλυσίδα *f* alißídha **Kette**
άμεσος ámeßoß **direkt**
αμέσως améßoß **sofort**
άμμος *f* ámoß **Sand**
αμμουδιά *f* amudhjá **Sandstrand**
άμπωτη *f* ámboti **Ebbe**
αμυγδαλές *f/pl* amighdhaléß **Mandeln**
ανοίγω anígho **einschalten**
αναγούλα *f* anaghúla **Übelkeit**
ανακατεύω anakatéwo **mischen**
ανανάς *m* ananáß **Ananas**
αναπηρικό καροτσάκι *n* anapirikó karotßáki **Rollstuhl**
αναπτήρας *m* anaptíraß **Feuerzeug**
αναστατωμένος anaßtatoménoß **aufgeregt**
ανατολικός anatolikóß **östlich**
ανατολή *f* anatolí **Osten; Sonnenaufgang**
αναχώρηση *f* anachórißi **Abfahrt; Abflug**
αναχωρώ anachoró **abfahren; wegfahren**
ανεβαίνω anewéno **einsteigen; hinaufgehen**
ανεμιστήρας *m* anemißtíraß **Ventilator**
άνεμος *m* ánemoß **Wind**
ανεξάρτητος anekßártitoß **selbstständig**
άνεργος ánerghoß **arbeitslos**
άνετος ánetoß **bequem; gemütlich**
ανήλικος anílikoß **minderjährig**
άνθρωπος *m* ánthropoß **Mensch**
ανοίγω anígho **öffnen**
άνοιξη *f* ánikßi **Frühling**
ανοιχτήρι *n* anichtíri **Dosenöffner; Flaschenöffner**
ανοιχτός anichtóß **offen**
ανταλλάζω andaláso **tauschen**
ανταλλακτικό *n* andalaktikó **Ersatzteil**
ανταπόκριση *f* andapókrißi **Anschluss; Anschlussflug**
αντάπτορας *m* adáptoraß **Adapter**
αντηλιακό *n* andiliakó **Sonnencreme**
αντί andí **anstatt; statt**
αντίγραφο *n* andíghrafo **Kopie**
αντίθετο *n* andítheto **Gegenteil**
αντιλαμβάνομαι andilamwánome **merken**
άντρας *m* ándraß **Mann; Ehemann**
αξιοθέατα *n/pl* axiothéata **Sehenswürdigkeiten**
αξία *f* akßía **Wert**
απορρυπαντικό *n* aporipandikó **Waschmittel**

απαγορευμένος apaghorewménoß **verboten**
απαγόρευση *f* στάθμευσης apaghórefßi ßtáthmefßiß **Parkverbot**
απάντηση *f* apándißi **Antwort**
απαντώ apandó **antworten**
απαραίτητος aparétitoß **nötig**
άπαχος ápachoß **mager**
απέναντι apénandi **gegenüber**
απεργία *f* aperjía **Streik**
απλός aplóß **einfach**
από apó **seit; von**
αποβάθρα *f* apowáthra **Bahnsteig**
απόγευμα *n* apójewma **Nachmittag**
απόδειξη *f* apódhikßi **Quittung**
αποδυτήρια *n/pl* apodhitíria **Umkleidekabine**
απολαμβάνω apolamwáno **genießen**
απολυμαντικό *n* apolimandikó **Desinfektionsmittel**
αποπνικτικός apopniktikóß **schwül; erstickend**
απορρίματα *n/pl* aporímata **Abfall**
αποσκευές *f/pl* apoßkewéß **Gepäck**
αποσμητικό *n* aposmitikó **Deo**
απότομος apótomoß **steil**
Απρίλιος *m* aprílioß **April**
αράχνη *f* aráchni **Spinne**
αργά arghá **spät**
αργία *f* arjía **Feiertag**
αργός arghóß **langsam**
αρέσω aréßo **gefallen**
αριστερά arißterá **links**
αρκετά *adv* arketá **genug**
αρμόδιος armódhjoß **zuständig**
αρνί *n* arní **Lammfleisch**
αρραβωνιασμένος arawonjasménoß **verlobt**
αρραβωνιαστικιά *f* arawonjaßtikjá **Verlobte**
αρραβωνιαστικός *m* arawonjaßtikóß **Verlobter**
αρρώστια *f* aróßtja **Krankheit**
άρρωστος ároßtoß **krank**
αρχαίος archéoß **antik**
αρχάριος *m* archárioß **Anfänger**
αρχή *f* archí **Anfang; Beginn**
αρχηγός *m/f* ταξιδιωτικού γκρουπ archighóß takßidhjotikú grup **Reiseleiter(in)**
αρχιτέκτονας *m* architéktonaß **Architekt**
άρωμα *n* ároma **Parfüm**
ασανσέρ *n/unv* aßanßér **Aufzug; Fahrstuhl**
ασήμι *n* aßími **Silber**
ασθενοφόρο *n* aßthenofóro **Krankenwagen**
άσκηση *f* áßkißi **Übung**
άσπρο κρασί *n* áßpro kraßí **Weißwein**

άσπρος áßproß **weiß**
αστείος aßtíoß **lustig**
αστέρι *n* aßtéri **Stern**
αστυνομία *f* aßtinomía **Polizei**
αστυνομικός *m* aßtinomikóß **Polizist**
ασύρματη πρόσβαση *f* **στο διαδίκτυο** aßírmati prósważi ßto dhiadhíktio **WLAN**
ασφάλεια *f* aßfália **Sicherung; Versicherung**
άσχημος áßchimoß **schlimm**
άτομο *n* átomo **Person**
άτομο *n* **με ειδικές ανάγκες** átomo me idhikéß anánggeß **Behinderter**
ατύχημα *n* atíchima **Unfall**
ατυχία *f* atichía **Unglück; Pech**
Άυγουστος *m* áwghußtoß **August**
αυθεντικός afthendikóß **echt**
αύριο áwrio **morgen**
αυτί *n* aftí **Ohr**
αυτοκίνητο *n* aftokínito **Auto**
αυτόματος aftómatoß **automatisch**
αυτός aftóß **er**
άφιξη *f* áfikßi **Ankunft**
αφορολόγητος aforolójitoß **zollfrei**
αφρόλουτρο *n* afrólutro **Duschgel**
αχινός *m* achinóß **Seeigel**
αχλάδι *n* achládhi **Birne**

Β β

βούτυρο *n* wútiro **Butter**
βαγόνι *n* waghóni **Waggon**
βαγόνι-εστιατόριο *n* waghóni eßtjatório **Speisewagen**
βάζω wáso **legen**
βαθμός *m* wathmóß **Grad**
βαθύς wathíß **tief**
βαλίτσα *f* walítßa **Koffer**
βαμβάκι *n* wamwáki **Baumwolle; Watte**
βαρετός waretóß **langweilig**
βάρκα *f* wárka **Boot**
βάρκα *f* **κωπηλασίας** wárka kopilaßíaß **Ruderboot**
βάρος *n* wároß **Gewicht**
βαρύς waríß **schwer**
βασιλικός *m* waßilikóß **Basilikum**
βατόμουρα *n/pl* watómura **Himbeeren**
βγάζω φωτογραφίες wgháso fotoghrafíeß **fotografieren**
βγαίνω wjéno **ausgehen**
βελόνα *f* welóna **Nadel**
βενζινάδικο *n* wensinádhiko **Tankstelle**
βενζίνη *f* wensíni **Benzin**
βερύκοκο *n* weríkoko **Aprikose**
βιβλίο *n* wiwlío **Buch**
βίγκαν *m/f* wígan **Veganer(in)**
βίγκαν wígan **vegan**
βιολογικός wiolojikóß **biologisch**

βιτρίνα *f* witrína **Schaufenster**
βλέπω wlépo **sehen**
βοηθάω wo-itháo **helfen**
βοήθεια *f* woíthia **Hilfe**
βόλτα *f* wólta **Spaziergang**
βοριάς *m* woráß **Norden**
βότανα *n/pl* wótana **Kräuter**
βουνό *n* wunó **Berg**
βράδυ *n* wrádhi **Abend**
βραχιόλι *n* wrachióli **Armband**
βρεγμένος wreghménoß **nass**
βρίσκω wríßko **finden**
βροντή *f* wrondí **Donner**
βροχερός wrocheróß **regnerisch**
βρύση *f* wríßi **Wasserhahn**
βρωμάω wromáo **stinken**
βρώμικος wrómikoß **schmutzig**

Γγ

γάλα *n* ghála **Milch**
γάμος *m* ghámoß **Hochzeit**
γαρνιτούρα *f* gharnitúra **Beilage**
γάτα *f* gháta **Katze**
γείτονας *m* jítonaß **Nachbar**
γελάω jeláo **lachen**
γεμάτος jemátoß **voll**
γενέθλια *n/pl* jenéthlia **Geburtstag**
γερανός *m* jeranóß **Abschleppwagen**
Γερμανία *f* jermanía **Deutschland**
γερμανικός jermanikóß **deutsch**
γεύση *f* jéfßi **Geschmack**
γέφυρα *f* jéfira **Brücke**
γη *f* ji **Erde**
για ja **für**
γιαούρτι *n* jaúrti **Joghurt**
γιατί jatí **warum; weil**
γιατρός *m* jatróß **Arzt; Ärztin**
γιατρός *m/f* πρώτων βοηθειών jatróß próton wo-ithjón **Notarzt; Notärztin**
γιορτή *f* jortí **Fest**
γιός *m* joß **Sohn**
γκαρνταρόμπα *f* gardaróba **Garderobe**
γκισέ *n/unv* gißé **Schalter**
γκολφ *n/unv* golf **Golf**
γκρίζος grísoß **grau**
γλυκό *n* ghlikó **Kuchen**
γλυκός ghlikóß **süß**
γλώσσα *f* ghlóßa **Sprache; Zunge**
γνώμη *f* ghnómi **Meinung**
γνωρίζω ghnoríso **kennen; kennenlernen**
γνωστός ghnoßtóß **bekannt**
γόνατο *n* ghónato **Knie**
γονείς *m/pl* ghoníß **Eltern**
γραβάτα *f* ghrawáta **Krawatte**
γράμμα *n* ghráma **Brief**
γραμματοκιβώτιο *n* ghramatokiwótio **Briefkasten**
γραμματόσημο *n* ghramatóßimo **Briefmarke**

γραμμή *f* ghramí **Gleis; Reihe**

γραφείο *n* ghrafío **Büro**

γραφείο *n* **απολεσθέντων αντικειμένων** ghrafío apoleßthéndon andikiménon **Fundbüro**

Γραφείο *n* **Τουρισμού** ghrafío turismú **Fremdenverkehrsamt**

γράφω ghráfo **(auf)schreiben**

γρήγορος ghríghoroß **schnell**

γρύλος *m* ghríloß **Wagenheber**

γυαλί *n* jalí **Glas**

γυαλιά *n/pl* jaljá **Brille**

γυαλιά *n/pl* **ηλίου** jaljá ilíu **Sonnenbrille**

γυμνός jimnóß **nackt**

γυναίκα *f* jinéka **Frau; Ehefrau**

γωνία *f* ghonía **Ecke**

GPS *n* dsi-pi-eß **Navigationsgerät; Navigationssystem**

Δ δ

δαγκώνω dhanggóno **beißen**

δαμάσκηνο *n* dhamáßkino **Pflaume**

δανείζω dhaníso **leihen**

δασκάλα *f* dhaßkála **Lehrerin**

δάσκαλος *m* dháßkaloß **Lehrer**

δάσος *n* dháßoß **Wald**

δαχτυλίδι *n* dhachtilídhi **Ring**

δάχτυλο *n* dháchtilo **Finger**

δάχτυλο *n* **ποδιού** dháchtilo podhjú **Zehe**

δείκτης *m* **προστασίας** dhíktiß proßtaßíaß **Lichtschutzfaktor**

δείπνο *n* dhípno **Abendessen**

δείχνω dhíchno **zeigen**

Δεκέμβριος *m* dhekémwrioß **Dezember**

δέμα *n* dhéma **Paket**

δεν dhen **nicht**

δέντρο *n* dhéndro **Baum**

δεξιά dhekßiá **rechts**

δέρμα *n* dhérma **Haut; Leder**

Δευτέρα *f* dheftéra **Montag**

δευτερόλεπτο *n* dhefterólepto **Sekunde**

δηλητηριώδης dhilitirjódhiß **giftig**

δηλώνω dhilóno **anmelden**

δήλωση *f* dhíloßi **Anmeldung**

δημαρχείο *n* dhimarchío **Rathaus**

δημόσιος dhimóßioß **öffentlich**

διαβάζω dhiawáso **lesen**

διαβατήριο *n* dhiawatírio **Pass**

διαδρομή *f* diadhromí **Route; Fahrt**

δίαιτα *f* dhíeta **Diät**

διακοπές *f/pl* dhiakopéß **Urlaub; Ferien**

διάλειμμα *n* dhiálima **Pause**

διαμαρτύρομαι djamartírome **protestieren**

διαμέρισμα *n* dhiamérisma **Wohnung**

διαμονή *f* dhiamoní **Aufenthalt**

διανυκτέρευση *f* dhianiktérefßi **Übernachtung**
διάρροια *f* dhiária **Durchfall**
διάσημος dhiáßimoß **berühmt**
διασκεδάζω dhiaßdedháso **sich amüsieren**
διάσκεψη *f* dhiáßkepßi **Konferenz**
διασταύρωση *f* dhiaßtáwroßi **Kreuzung**
διασχίζω dhiaßchíso **überqueren**
διαυγής dhi-awjíß **klar**
διαφήμιση *f* dhiafímißi **Werbung**
διαφορά *f* dhiaforá **Unterschied**
διεθνής dhiethníß **international**
διεύθυνση *f* dhiéfthinßi **Adresse**
δίκλινο δωμάτιο *n* dhíklino dhomátio **Doppelzimmer**
δίκλινο δωμάτιο *n* με δύο μονά κρεβάτια dhíklino dhomátio me dhío moná krewátja **Zweibettzimmer**
δίνω dhíno **geben**
διόδια *n/pl* dhjódhja **Maut**
διοικητής *m*, διοικήτρια dhiikitíß, dhiikítria **Geschäftsführer(in)**
δίπλα dhípla **neben**
διπλό κρεβάτι *n* dhipló krewáti **Doppelbett**
δίπλωμα *n* οδήγησης dhíploma odhíjißiß **Führerschein**
δίχτυ *n* dhíchti **Netz**
δίψα *f* dhípßa **Durst**
διψάω dhipßáo **durstig sein**
διώρυγα *f* dhiórigha **Kanal**
δόντι *n* dhóndi **Zahn**
δουλειά *f* dhuljá **Arbeit; Job**
δουλεύω dhuléwo **arbeiten**
δρομολόγιο *n* dhromolójio **Fahrplan**
δρόμος *m* dhrómoß **Straße**
δυνατά *adv* dhinatá **laut**
δυνατός dhinatóß **möglich; stark**
δυσάρεστος dhißáreßtoß **ungemütlich**
δύση *f* dhíßi **Westen**
δύσκολος dhíßkoloß **schwierig**
δυστυχώς dhißtichóß **leider**
δωμάτιο *n* dhomátio **Zimmer**
δωρεάν *adv* dhoreán **kostenlos; gratis**
δώρο *n* dhóro **Geschenk**

Ε ε

εβδομάδα *f* ewdhomádha **Woche**
εβραϊκός ewra-ikóß **jüdisch**
εγγύηση *f* enggí-ißi **Garantie; Kaution**
έγκαιρος énggeroß **rechtzeitig**
έγκυος énggioß **schwanger**
έγκυρος énggiroß **gültig**

εγώ eghó **ich**
έδαφος *n* édhafoß **Boden**
εδώ edhó **hier**
εθνική οδός *f* ethnikí odhóß **Autobahn**
εθνικός δρυμός *m* ethnikóß dhrimóß **Nationalpark**
εθνικότητα *f* ethnikótita **Nationalität**
ειδική προσφορά *f* idhikí proßforá **Sonderangebot**
ειδοποιώ idhopjó **benachrichtigen**
είδος *n* ídhoß **Art**
εικόνα *f* ikóna **Bild; Ikone**
είμαι íme **sein**
εισιτήριο *n* ißitírio **Eintrittskarte; Fahrkarte; Ticket**
είσοδος *f* ißodhoß **Eintritt; Eingang**
εισπράκτορας *m* ißpráktoraß **Schaffner(in)**
εκδρομή *f* ekdhromí **Ausflug**
εκδρομικό σκάφος *n* ekdhromikó ßkáfoß **Ausflugsboot**
εκεί (πέρα) ekí (péra) **dort**
έκθεση *f* éktheßi **Ausstellung**
εκκλησία *f* eklißía **Kirche**
εκπτώσεις *f/pl* ekptóßiß **Schlussverkauf**
έκπτωση *f* ékptoßi **Ermäßigung**
εκτυπώνω ektipóno **drucken**
ελαφρύς elafríß **leicht**
ελεύθερος eléftheroß **frei**
ελιές *f/pl* eljéß **Oliven**
ελπίζω elpíso **hoffen**
email iméil **E-Mail**
έμβασμα *n* émwasma **Überweisung**
εμείς emíß **wir**
εμπορικό κέντρο *n* emborikó kéndro **Einkaufszentrum**
ενδιαφέρων endhjaféron **interessant**
ενεργός energhóß **aktiv**
ενήλικος enílikoß **volljährig**
ενθύμιο *n* enthímio **Andenken**
ενοικιαζόμενο διαμέρισμα *n* enikjasómeno dhiamérisma **Ferienwohnung**
ενοικιάζω enikjáso **vermieten**
ενοικίαση *f* **βαρκών** eníkiaßi warkón **Bootsverleih**
έντομο *n* éndomo **Insekt**
έντυπο *n* éndipo **Formular**
εξαντλημένος ekßandliménoß **ausverkauft**
εξασκούμαι ekßaßkúme **üben**
εξετάζω ekßetáso **prüfen**
εξηγώ ekßighó **erklären**
έξοδα *n/pl* ékßodha **Kosten; Ausgaben**
έξοδος *f* ékßodhoß **Ausgang**
έξοδος *f* **κινδύνου** ékßodhoß kindhínu **Notausgang**
έξυπνος ékßipnoß **intelligent; klug**

έξω ékßo **außen; draußen**
έξω από ékßo apó **außerhalb**
επάγγελμα *n* epánggelma **Beruf**
επαναλαμβάνω epanalamwáno **wiederholen**
επείγων epíghon **dringend**
επίδεσμοι *m/pl* epídhesmi **Verbandszeug**
επιδόρπιο *n* epidhórpio **Nachtisch**
επικίνδυνος epikíndhinoß **gefährlich**
επιλέγω epilégho **wählen**
επίπεδος epípedhoß **flach; stufenlos**
επιπλέον *adv* epipléon **zusätzlich**
έπιπλο *n* épiplo **Möbel**
επισκευή *f* epißkewí **Reparatur**
επίσκεψη *f* epíßkepßi **Besichtigung; Besuch**
επιστρέφω epißtréfo **rückerstatten; zurückgeben; zurückkommen**
επιστροφή *f* epißtrofí **Rückfahrt**
επιτρεπόμενος epitrepómenoß **zulässig**
επιτρέπω epitrépo **erlauben**
επιτυχία *f* epitichía **Erfolg**
επιχείρηση *f* epichíríßi **Unternehmen; Geschäft**
επόμενος epómenoß **nächster**
επώνυμο *n* epónimo **Nachname**
εργαλείο *n* erghalío **Werkzeug**
εργαστήριο *n* erghaßtírio **Werkstatt**
έρχομαι érchome **kommen**
ερώτηση *f* erótißi **Frage**
εστιατόριο *n* eßtjatório **Restaurant**
εσύ eßí **du**
εταιρία *f* etería **Firma**
έτοιμος étimoß **bereit; fertig**
ευαγγελικός ewangelikóß **evangelisch**
ευγενικός ewjenikóß **höflich**
ευθεία efthía **geradeaus**
εύθραυστος éfthrafsto **zerbrechlich**
ευρώ *n/unv* ewró **Euro**
ευτυχία *f* eftichía **Glück**
ευτυχισμένος eftichisménoß **glücklich**
ευχαριστημένος efcharißtiménoß **zufrieden**
ευχαριστώ efcharißtó **danke**
εφημερίδα *f* efimerídha **Zeitung**
έχω écho **haben**
έχω γεύση écho jéfßi **schmecken**

Ζ ζ

ζάχαρη *f* sáchari **Zucker**
ζαχαροπλαστείο *n* sacharoplaßtío **Konditorei**

ζέστη *f* séßti **Hitze**
ζεστός seßtóß **warm**
ζευγάρι *n* sewghári **Ehepaar**
ζημιά *f* simiá **Schaden**
ζυμαρικά *n/pl* simariká **Nudeln**
ζω so **leben**
ζώνη *f* sóni **Gürtel**
ζώνη *f* ασφαλείας sóni aßfalíaß **Sicherheitsgurt**
ζώο *n* só-o **Tier**
ζωολογικός κήπος *m* so-olojikóß kípoß **Zoo**

Η η

ή i **oder**
ηθοποιός *m/f* ithopióß **Schauspieler(in)**
ηλεκτρονικό ταχυδρομείο *n* ilektronikó tachidromío **E-Mail**
ηλιακό έγκαυμα *n* iliakó éngawma **Sonnenbrand**
ηλικία *f* ilikía **Alter**
ηλιοβασίλεμα *n* iliowaßílema **Sonnenuntergang**
ηλιόλουστος iliólußtoß **sonnig**
ήλιος *m* ílioß **Sonne**
ημερολόγιο *n* imerolójio **Kalender**
ημερομηνία *f* imerominía **Datum**
ημερομηνία *f* γεννήσεως imerominía jeníßeoß **Geburtsdatum**
ημερομηνία *f* λήξεως imerominía líkßeoß **Verfallsdatum**
ημιδιατροφή *f* imidhiatrofí **Halbpension**
ήσυχος íßichoß **ruhig**

Θ θ

θάλασσα *f* thálaßa **Meer**
θαλάσσιο ποδήλατο *n* thaláßio podhílato **Tretboot**
θαλάσσιο σκι *n/unv* thaláßio ßki **Wasserski**
θέα *f* théa **Aussicht**
θεατής *m/f* theatíß **Zuschauer(in)**
θέατρο *n* théatro **Theater**
θεία *f* thía **Tante**
θείος *m* thíoß **Onkel**
θέλω thélo **wollen**
θέρμανση *f* thérmanßi **Heizung**
θερμοκρασία *f* thermokraßía **Temperatur**
θέση *f* théßi **Platz**
θέση *f* στο παράθυρο théßi ßto paráthiro **Fensterplatz**
θηλυκός thilikóß **weiblich**
θλιβερός thliweróß **traurig**
θόρυβος *m* thóriwoß **Geräusch; Lärm**
θύελλα *f* thíela **Sturm**
θυρίδα *f* φύλαξης αποσκευών thirídha fílakßiß apoßkewón **Schließfach**

Ι ι

ιανουάριος *m* ianuárioß **Januar**
ιδέα *f* idhéa **Idee**
ιδιοκτήτης *m* idhjoktítiß **Besitzer**
ιδιωτικός idhiotikóß **privat**
Ιούλιος *m* iúlioß **Juli**
Ιούνιος *m* iúnioß **Juni**
ιππεύω ipéwo **reiten**
ισόγειο *n* ißójio **Erdgeschoss**
ιστιοφόρο *n* ißtiofóro **Segelboot**
ιστορία *f* ißtoría **Geschichte**
ίσως íßoß **vielleicht**

Κ κ

κουβέρτα *f* kuwérta **Bettdecke**
κούπα *f* kúpa **Becher**
καγιάκ *n* kaják **Kajak**
καθαρίζω katharíso **putzen**
καθαρισμός *m* katharismóß **Reinigung**
καθαριστικό *n* kathar ißtikó **Putzmittel**
καθαρός katharóß **sauber**
κάθε ώρα káthe óra **stündlich**
καθημερινός kathimerinóß **täglich**
καθολικός katholikóß **katholisch**
καθρέφτης *m* kathréftiß **Spiegel**
καθυστέρηση *f* kathißtérißi **Verspätung**
και ke **auch; und**
καινούργιος kenúrjoß **neu**
και όμως ke ómoß **doch**
καιρός *m* keróß **Wetter**
καίω kéo **brennen**
κακοκαιρία *f* kakokería **Unwetter**
κακομαθαίνω kakomathéno **verwöhnen**
κακός kakóß **schlecht**
καλαμπόκι *n* kalambóki **Mais**
καλλιτέχνης *m/f* kalitéchniß **Künstler(in)**
καλοκαίρι *n* kalokéri **Sommer**
καλός kalóß **gut; nett**
κάλτσες *f/pl* káltßeß **Socken**
καλύτερα *adv* kalítera **besser; lieber**
καλώ kaló **einladen**
καλώδιο *n* **φόρτισης** kalódhio fórtißiß **Ladekabel**
καλώδιο *n* **σύνδεσης** kalódhio síndheßiß **Verbindungskabel**
καμία *f* kamía **keine**
καμιά φορά kamjá forá **manchmal**
καμπάνα *f* kambána **Glocke**
κάμπιγκ *n/unv* kámbing **Campingplatz**
κανείς kaníß **man; niemand**
κανό *n* kanó **Kanu**
κανόνας *m* kanónaß **Regel**
κανονικός kanonikóß **normal**
κάνω káno **machen; tun**

κατάδυση *f* katádhißi **Tauchen**
κάνω μπάνιο káno bánio **baden**
κάνω πεζοπορία káno pesoporía **wandern**
κάνω τζόγκινγκ káno dsóging **joggen**
καπέλο *n* kapélo **Hut**
καπέλο *n* ηλίου kapélo ilíu **Sonnenhut**
καπνίζω kapníso **rauchen**
καπνός *m* kapnóß **Rauch; Tabak**
κάποιος kápjoß **jemand**
καράβι *n* karáwi **Schiff**
καράτι *n* karáti **Karat**
καρδιά *f* kardhjá **Herz**
καρέκλα *f* karékla **Stuhl**
Καρναβάλι *n* karnawáli **Fasching, Karneval**
καροτσάκι *n* karotßáki **Kinderwagen**
καρπούζι *n* karpúsi **Wassermelone**
κάρτα *f* επιβίβασης kárta epiwíwaßiß **Bordkarte**
κάρτα *f* μνήμης kárta mnímiß **Speicherkarte**
καρτ *f/unv* ποστάλ kart poßtál **Ansichtskarte; Postkarte**
καρφί *n* karfí **Nagel**
κασκόλ *n/unv* kaßkól **Schal**
κατά katá **dagegen; gegen**
καταιγίδα *f* katejídha **Gewitter**
καταλαβαίνω katalawéno **verstehen**
κατάλληλος για άτομα με ειδικές ανάγκες katáliloß ja átoma me idhikéß anánggeß **behindertengerecht**
κατάλογος *m* katáloghoß **Katalog; Speisekarte**
καταρράχτης *m* kataráchtiß **Wasserfall**
κατασκηνώνω kataßkinóno **zelten**
κατάσταση *f* katáßtaßi **Zustand**
κατάστημα *n* βιολογικών προϊόντων katáßtima wiolojikón projónton **Bioladen**
κατάστημα *n* καλλυντικών katáßtima kalindikón **Drogerie**
καταφύγιο *n* katafíjio **Hütte; Schutzhütte**
κατεβαίνω katewéno **aussteigen**
κατεύθυνση *f* katéfthinßi **Richtung**
κάτι káti **etwas**
κατοικίδιο ζώο *n* katikídhio só-o **Haustier**
κάτοικος *m/f* kátikoß **Einwohner(in)**
κατσαβίδι *n* katßawídhi **Schraubenzieher**
κατσαρόλα *f* katßaróla **Topf**
κάτω káto **unten**
καυτός kaftóß **heiß**

καφέ kafé **braun**
καφέ *n/unv* kafé **Café**
καφές *m* kaféß **Kaffee**
κεντρικός kendrikóß **zentral**
κέντρο *n* (της πόλης) kéndro (tiß póliß) **Innenstadt; Stadtzentrum**
κεράσια *n/pl* keráßia **Kirschen**
κερδίζω kerdhíso **gewinnen; verdienen**
κερί *n* kerí **Kerze**
κέρμα *n* kérma **Münze**
κέτσαπ *n/unv* kétßap **Ketchup**
κεφάλι *n* kefáli **Kopf**
κήπος *m* kípoß **Garten**
κιάλια *n/pl* kjálja **Fernglas**
κινηματογράφος *m* kinimatoghráfoß **Kino**
κίνηση *f* kínißi **Verkehr**
κινητό *n* kinitó **Handy**
κίτρινος kítrinoß **gelb**
κλαίω kléo **weinen**
κλέβω kléwo **stehlen**
κλειδί *n* klidhí **Schlüssel**
κλείνω klíno **buchen; reservieren; schließen**
κλεισμένος klisménoß **gesperrt; reserviert**
κλειστός klißtóß **geschlossen**
κλήση κυνδύνου *f* klíßi kindhínu **Notruf**
κλίμα *n* klíma **Klima**
κλινάμαξα *f* klinámakßa **Schlafwagen**
κλοπή *f* klopí **Diebstahl**
κοιλάδα *f* kiládha **Tal**
κοιμάμαι kimáme **schlafen**
κόκκινο κρασί *n* kókino kraßí **Rotwein**
κόκκινος kókinoß **rot**
κοκτέιλ *n/unv* koktéil **Cocktail**
κολυμπάω kolimbáo **schwimmen**
κομμάτι *n* komáti **Stück**
κομμωτής *m* komotíß **Friseur(in)**
κονσέρβα *f* konßérwa **Dose**
κοντά σε kondá ße **nahe bei**
κοντός kondóß **kurz**
κόπος *m* kópoß **Mühe**
κόρη *f* kóri **Tochter**
κορίτσι *n* korítßi **Mädchen**
κορυφή *f* korifí **Gipfel**
κόσμημα *n* kósmima **Schmuck**
κοσμηματοπωλείο *n* kosmimatopolío **Juwelier**
κόσμος *m* kósmoß **Leute; Welt**
κοστίζω koßtíso **kosten**
κοστούμι *n* koßtúmi **Anzug**
κοτόπουλο *n* kotópulo **Hähnchen**
κουβάς *m* kuwáß **Eimer**
κουβέρ *n/unv* kuwér **Gedeck**
κουβέρτα *f* kuwérta **Decke**
κουδούνι *n* kudhúni **Klingel**
κουζίνα *f* kusína **Küche**
κουλουράκι *n* kuluráki **Gebäck**
κουμπί *n* kubí **Knopf**
κουνούπι *n* kunúpi **Mücke**

κουνουπιέρα *f* kunupjéra **Moskitonetz**
κουπέ *n/unv* kupé **Abteil**
κουρασμένος kurasménoß **müde**
κουτάλι *n* kutáli **Löffel**
κουφός kufóß **taub**
κοχύλια *n/pl* kochília **Muscheln**
κράνος *n* kránoß **Helm**
κρασί *n* kraßí **Wein**
κρατάω kratáo **halten**
κράτηση *f* krátißi **Voranmeldung**
κρέας *n* kréaß **Fleisch**
κρεβάτι *n* krewáti **Bett**
κρέμα *f* kréma **Creme**
κρέμα *f* γάλακτος kréma ghálaktoß **Sahne**
κρεμάστρα *f* kremáßtra **Kleiderbügel**
κρεμμύδι *n* kremídhi **Zwiebel**
κρουαζιέρα *f* kruasjéra **Kreuzfahrt**
κρυολόγημα *n* kriolójima **Erkältung**
κρύος kríoß **kalt**
κτηνίατρος *m/f* ktiníatroß **Tierarzt; Tierärztin**
κτίριο *n* ktírio **Gebäude**
κυλιόμενη σκάλα *f* kiliómeni ßkála **Rolltreppe**
κύμα *n* kíma **Welle**
κυρία *f* kiría **Dame; Frau** *(Anrede)*
Κυριακή *f* kirjakí **Sonntag**
κύριο πιάτο *n* kírio pjáto **Hauptgericht**
κύριος *m* kírioß **Herr**
κώδικας *m* πρόσβασης kódhikaß próswaßiß **Passwort**

Λ λ

λάδι *n* ládhi **Öl**
λάθος *n* láthoß **Fehler**
λαιμός *m* lemóß **Hals**
λάμπα *f* lámba **Lampe; Glühbirne**
λαχανικά *n/pl* lachaniká **Gemüse**
λέγομαι léghome **heißen**
λείος líoß **glatt**
λείπω lípo **fehlen; vermissen**
λειτουργώ liturghó **funktionieren**
λεκές *m* lekéß **Fleck**
λεμονάδα *f* lemonádha **Limonade**
λεμόνι *n* lemóni **Zitrone**
λέξη *f* lékßi **Wort**
λεξικό *n* lekßikó **Wörterbuch**
λεπτό *n* leptó **Minute**
λεπτός leptóß **dünn; schlank**
λεφτά *n/pl* leftá **Geld**
λέω léo **sagen**
λεωφορείο *n* leoforío **Bus**
λιβάδι *n* liwádhi **Wiese**
λίγο lígho **ein bisschen**

λίγος líghoß **wenig**
λιμάνι *n* limáni **Hafen**
λίμνη *f* límni **See**
λινό *n* linó **Leinen**
λιπαρός liparóß **fett**
λογαριασμός *m* logharíasmóß **Rechnung**
λόγος *m* lóghoß **Grund**
λοίμωξη *f* límokßi **Infektion**
λοσιόν *f/unv* σώματος loßjón ßómatoß **Körperlotion**
λουλούδι *n* lulúdhi **Blume**
λόφος *m* lófoß **Hügel**
λύση *f* líßi **Lösung**

Μ μ

μολυσμένος molisménoß **verschmutzt**
μαγιό *n/unv* majó **Badeanzug; Badehose**
μαγιονέζα *f* majonésa **Mayonnaise**
μαζεύω maséwo **sammeln**
μαζί masí **zusammen**
μαθαίνω mathéno **lernen**
Μάιος *m* máioß **Mai**
μακάρι makári **hoffentlich**
μακριά makriá **weit; weg**
μάκρος *n* mákroß **Länge**
μακρύς makríß **lang; weit**
μαλακός malakóß **weich**
μαλλί *n* malí **Wolle**
μαλλιά *n/pl* maljá **Haar**
μανιτάρια *n/pl* manitárja **Pilze**
μανόν *n/unv* manón **Nagellack**
μαντίλι *n* mandíli **Halstuch**
μαξιλάρι *n* makßilári **Kissen; Kopfkissen**
Μάρτιος *m* mártioß **März**
μάρτυρας *m* mártiraß **Zeuge/ Zeugin**
μασάζ *n/unv* maßás **Massage**
μάτι *n* máti **Auge**
μαχαίρι *n* machéri **Messer**
μαχαιροπίρουνα *n/pl* macheropíruna **Besteck**
με me **mit**
μεγάλος megháloß **groß**
μέγεθος *n* méjethoß **Größe**
μεθαύριο metháwrio **übermorgen**
μελαχρινός melachrinóß **schwarz**
μέλλον *n* mélon **Zukunft**
μέλος *n* méloß **Mitglied**
με μπαχαρικά me bacharikà **gewürzt**
μενού *n/unv* menú **Menü**
μένω méno **bleiben; wohnen**
μέρα *f* méra **Tag**
μερίδα *f* merídha **Portion**
μέσα méßa **drinnen**
μέσα σε méßa ße **innerhalb**
μέση *f* méßi **Mitte**
μεσημέρι *n* meßiméri **Mittag**
μεσημεριανό *n* meßimerjanó **Mittagessen**
μετά metá **danach; nachher**

μετάξι *n* metákßi **Seide**
μεταξύ metakßí **zwischen**
μεταφράζω metafráso **übersetzen**
μετάφραση *f* metáfraßi **Übersetzung**
μέτρο *n* métro **Meter**
μέχρι méchri **bis**
μη κολυμβητής *m*, μη κολυμβήτρια mi kolimwitíß, mi kolimwítria **Nichtschwimmer(in)**
μήλο *n* mílo **Apfel**
μήνας *m* mínaß **Monat**
μήνυμα *n* mínima **Nachricht**
μητέρα *f* mitéra **Mutter**
μηχανή *f* michaní **Maschine; Motor; Motorrad**
μηχάνημα *n* αυτόματης ανάληψης μετρητών michánima aftómatiß análipßiß metritón **Geldautomat**
μία φορά mía forá **einmal**
μικρός mikróß **klein**
μιλάω miláo **reden; sprechen**
μισό *n* mißó **Hälfte**
μισός mißóß **halb**
μνημείο *n* mnimío **Denkmal**
μόνο móno **nur**
μονόδρομος *m* monódhromoß **Einbahnstraße**
μονόκλινο δωμάτιο *f* monóklino dhomátio **Einzelzimmer**
μονό κρεβάτι *n* monó krewáti **Einzelbett**
μονοπάτι *n* monopáti **Wanderweg**
μόνος mónoß **allein**
μοντέρνος modérnoß **modern**
μονωτικό στρώμα *n* monotikó ßtróma **Isomatte**
μοσχάρι *n* moßchári **Kalbfleisch**
μοσχαρίσιο κρέας *n* moßcharíßio kréaß **Rindfleisch**
μουσείο *n* mußío **Museum**
μούσι *n* múßi **Bart**
μουσική *f* mußikí **Musik**
μουσικός *m/f* mußikóß **Musiker(in)**
μούσλι *n/unv* múßli **Müsli**
μπαγκαλόου *n/unv* banggalóu **Bungalow**
μπακάλικο *n* bakáliko **Lebensmittelgeschäft**
μπάλα *f* bála **Ball**
μπάλα *f* θαλάσσης bála thaláßiß **Wasserball**
μπαλαντέζα *f* baladésa **Verlängerungskabel**
μπαλκόνι *n* balkóni **Balkon**
μπανάνα *f* banána **Banane**
μπανιέρα *f* banjéra **Badewanne**
μπάνιο *n* bánio **Bad**

μπάντμιντον *n/unv* bádminton **Badminton; Federball** *(Spiel)*
μπαράκι *n* baráki **Bar; Kneipe**
μπάσκετ *n/unv* báßket **Basketball**
μπαταρία *f* bataría **Akku; Batterie**
μπαχαρικά *n/pl* bachariká **Gewürze**
μπεζ bes **beige**
μπικίνι *n* bikíni **Bikini**
μπίρα *f* bíra **Bier**
μπισκότα *n/pl* bißkóta **Kekse**
μπιτς-βόλεϊ *n/unv* bítß-wólei **Beachvolleyball** *(Spiel)*
μπλε ble **blau**
μπλουζάκι *n* blusáki **T-Shirt**
μπολ *n/unv* bol **Schüssel**
μπορώ boró **können; dürfen**
μποτιλιάρισμα *n* botiljárisma **Stau**
μπουκάλι *n* bukáli **Flasche**
μπουφάν *n/unv* bufán **Jacke**
μυρωδιά *f* mirodhjá **Geruch**
μύτη *f* míti **Nase**
μωρό *n* moró **Baby**

Ν ν

νούμερο *n* **κινητού** número kinitú **Handynummer**
νούμερο *n* **τηλεφώνου** número tilefónu **Telefonnummer**
ναι ne **ja**
ναυαγοσωστική λέμβος *f* nawaghoßoßtikí lémwoß **Rettungsboot**
νεκρός nekróß **tot**
νεκροταφείο *n* nekrotafío **Friedhof**
νεκταρίνι *n* nektaríni **Nektarine**
νέος néoß **jung**
νερό *n* neró **Wasser**
νησί *n* nißí **Insel**
Νοέμβριος *m* noémwrioß **November**
νοίκι *n* níki **Miete**
νοικιάζω nikjáso **mieten**
νόμισμα *n* nómisma **Währung**
νόμος *m* nómoß **Gesetz**
νοσοκομείο *n* noßokomío **Krankenhaus**
νότος *m* nótoß **Süden**
νούμερο *n* número **Nummer**
ντομάτα *f* domáta **Tomate**
ντουλάπα *f* dulápa **Schrank**
ντους *n/unv* duß **Dusche**
νύχτα *f* níchta **Nacht**
νωρίς noríß **früh**
νωρίτερα norítera **früher**

Ξ ξ

ξανά kßaná **wieder**
ξανθός kßanthóß **blond**
ξαπλώστρα *f* kßaplóßtra **Liegestuhl**
ξαφνικά *adv* kßafniká **plötzlich**

ξεκίνημα *n* kßekínima **Start**

ξενοδοχείο *n* kßenodochío **Hotel**

ξένος kßénoß **fremd**

ξενώνας *m* **νεότητας** kßenónaß neótitaß **Jugendherberge**

ξεπούλημα *n* kßepúlima **Ausverkauf**

ξέρω kßéro **wissen**

ξεχνάω kßechnáo **vergessen**

ξύδι *n* kßídhi **Essig**

ξύλο *n* kßílo **Holz**

ξυπνάω kßipnáo **wecken**

ξυπνητήρι *n* kßipnitíri **Wecker**

ξύπνιος kßípnioß **wach**

ξυρίζω kßiríso **rasieren**

Ο ο

οδηγός *m* odhighóß **Fahrer; Wegweiser**

οδοντίατρος *m/f* odhondíatroß **Zahnarzt; Zahnärztin**

οδοντόβουρτσα *f* odhondówurtßa **Zahnbürste**

όζον *n* óson **Ozon**

οικογένεια *f* ikojénia **Familie**

οικολογικός ikolojikóß **ökologisch**

Οκτώβριος *m* októwrioß **Oktober**

όλα *n/pl* óla **alles**

ομάδα *f* omádha **Gruppe**

ομάδα *f* **διάσωσης** omádha dhiáßoßiß **Bergwacht**

ομίχλη *f* omíchli **Nebel**

όμορφος ómorfoß **hübsch**

ονειρεύομαι oniréwome **träumen**

όνομα *n* ónoma **Name; Vorname**

όνομα *n* **χρήστης** ónoma chríßtiß **Benutzername**

όπερα *f* ópera **Oper**

όπισθεν ópißthen **rückwärts**

ορατότητα *f* oratótita **Sicht**

ορεκτικό *n* orektikó **Vorspeise**

όρεξη *f* órekßi **Lust**

όρμος *m* órmoß **Anlegestelle**

οροσειρά *f* oroßirá **Gebirge**

όροφος *m* órofoß **Etage**

οτοστόπ *n/unv* otoßtóp **Autostopp**

ουρανός *m* uranóß **Himmel**

ουρολόγος *m/f* urológhoß **Urologe; Urologin**

οφθαλμίατρος *m/f* ofthalmíatroß **Augenarzt; Augenärztin**

όχι óchi **nein**

Π π

παγώνω paghóno **frieren**

παγωτό *n* paghotó **Eis**

παιδί *n* pedhí **Kind**

παιδίατρος *m/f* pedhíatroß **Kinderarzt; Kinderärztin**

παιδική χαρά *f* pedhikí chará **Spielplatz**

παιδικό κάθισμα *n* pedhikó káthisma **Kindersitz**

παιδικό κρεβάτι *n* pedhikó krewáti **Kinderbett**

παίρνω pérno **nehmen; abholen**

παίρνω μαζί μου pérno masí mu **mitnehmen**

παίρνω τηλέφωνο pérno tiléfono **anrufen**

παιχνίδι *n* pechnídhi **Spiel; Spielzeug**

παλάτι *n* paláti **Schloss**

παλιά πόλη *f* paljá póli **Altstadt**

πανεπιστήμιο *n* panepißtímio **Universität**

πανόραμα *n* panórama **Panorama**

πάντα pánda **immer**

παντελόνι *n* pandelóni **Hose**

παντρεμένος pandreménoß **verheiratet**

παντρεύομαι pandréwome **heiraten**

πάνω páno **oben**

παπούτσια *n/pl* papútßja **Schuhe**

παππούς *m* και γιαγιά *f* papúß ke jajá **Großeltern**

πάρα πολύ pára polí **sehr viel; zu viel**

παραγγελία *f* paranggelía **Bestellung**

παράδειγμα *n* parádhighma **Beispiel**

παράδοση *f* parádhoßi **Tradition**

παράθυρο *n* paráthiro **Fenster**

παρακαλώ parakaló **bitte**

παρακολουθώ parakoluthó **zuschauen; beobachten**

παραλία *f* paralía **Strand**

παραλία *f* γυμνιστών paralía jimnißtón **FKK-Strand**

παραμονή *f* Πρωτοχρονιάς paramoní protochronjáß **Silvester**

Παρασκευή *f* paraßkewí **Freitag**

παρεξήγηση *f* parekßíjißi **Missverständnis**

παρκάρω parkáro **parken**

πάρκινγκ *n/unv* párking **Parkhaus; Parkplatz**

πάρκο *n* párko **Park**

παρκόμετρο *n* parkómetro **Parkuhr**

Πάσχα *n* páßcha **Ostern**

πατάτες *f/pl* patáteß **Kartoffeln**

πατέρας *m* patéraß **Vater**

παυσίπονο *n* pafßípono **Schmerzmittel**

πάω σε ταξίδι páo ße takßídhi **verreisen**

πεζοπορία *f* pesoporía **Wandern**

πεζόδρομος *m* pesódhromoß **Fußgängerzone**

πείνα *f* pína **Hunger**

πεινάω pináo **hungrig sein**
πελάτης *m* pelátiß **Kunde**
Πέμπτη *f* pémbti **Donnerstag**
πένσα *f* pénßa **Zange**
περιβάλλον *n* periwálon **Umgebung**
περίεργος períerghoß **neugierig**
περιμένω periméno **(er)warten**
περιοχή *f* periochí **Gegend; Region**
περίπλους *m* perípluß **Rundfahrt**
περίπου perípu **ungefähr**
περίπτωση *f* έκτακτης ανάγκης períptoßi éktaktiß anánggiß **Notfall**
πεταλούδα *f* petalúdha **Schmetterling**
πετάω petáo **fliegen**
πέτρα *f* pétra **Stein**
πετσέτα *f* petßéta **Handtuch**
πετσέτα *f* κουζίνας petßéta kusínaß **Geschirrtuch**
πηγάδι *n* pighádhi **Brunnen**
πηγαίνω pijéno **gehen**
πηγαίνω να φάω pijéno na fáo **essen gehen**
πηγή *f* pijí **Quelle**
πιασμένος piasménoß **besetzt**
πιάτα *n/pl* pjáta **Geschirr**
πιάτο *n* pjáto **Gericht; Teller**
πιθανόν pithanón **voraussichtlich**
πικάντικος pikándikoß **scharf**
πιλότος *m/f* pilótoß **Pilot(in)**
πίνακας *m* pínakaß **Gemälde**
πινακίδα *f* pinakídha **Schild**
πίνω píno **trinken**
πιο πολύ pjó polí **mehr**
πίπα *f* pípa **Pfeife**
πιπέρι *n* pipéri **Pfeffer**
πιπίλα *f* pipíla **Schnuller**
πιρούνι *n* pirúni **Gabel**
πισίνα *f* pißína **Schwimmbad**
πιστεύω pißtéwo **glauben**
πιστολάκι *n* pißtoláki **Föhn**
πιστοποιητικό *n* pißtopi-itikó **Zertifikat**
πιστωτική κάρτα *f* pißtotikí kárta **Kreditkarte**
πίσω píßo **hinten; zurück**
πίσω από píßo apó **hinter**
πλάτη *f* pláti **Rücken**
πλένω pléno **waschen**
πληγή *f* plijí **Wunde**
πλημμύρα *f* plimíra **Flut; Überschwemmung**
πληροφορία *f* pliroforía **Auskunft; Information**
πληρώνω pliróno **(be)zahlen**
πλοίαρχος *m* plíarchoß **Kapitän(in)**
πλούσιος plúßioß **reich**
πλυντήριο *n* plindírio **Waschmaschine**
πνεύμονας *m* pnéwmonaß **Lunge**
ποδήλατο *n* podhílato **Fahrrad**

ποδηλατόδρομος *m* podhilatódhromoß **Radweg**
πόδι *n* pódhi **Bein; Fuß**
ποιός pjo **wer**
ποιότητα *f* pjótita **Qualität**
πόλη *f* póli **Stadt**
πολύ polí **viel**
πολυθρόνα *f* polithróna **Sessel**
πολύ λίγο polí lígho **sehr wenig; zu wenig**
πολύτιμα αντικείμενα *n/pl* polítima andikímena **Wertsachen**
πολύχρωμος políchromoß **bunt**
πόνος *m* pónoß **Schmerz**
πόρτα *f* pórta **Tür**
πορτοκάλι *n* portokáli **Orange**
πόσιμο νερό *n* pósimo neró **Trinkwasser**
ποσό *n* poßó **Betrag; Summe**
ποτάμι *n* potámi **Fluss**
ποτέ poté **nie**
πότε póte **wann**
ποτό *n* potó **Getränk**
πού pu **wo; wohin**
πουκάμισο *n* pukámißo **Hemd**
πουλάω puláo **verkaufen**
πουλερικά *n/pl* pulerikà **Geflügel**
πουλί *n* pulí **Vogel**
πουλόβερ *n/unv* pulówer **Pullover**
πουρμπουάρ *n/unv* purbuár **Trinkgeld**
προσεκτικός proßektikóß **vorsichtig**
προφυλακτικό *n* profilaktikó **Kondom**
πράσινος práßinoß **grün**
πρέπει prépi **müssen**
πρίζα *f* prísa **Steckdose**
προάστιο *n* proáßtio **Vorort**
πρόβλημα *n* prówlima **Problem**
πρόγραμμα *n* próghrama **Programm**
προειδοποίηση *f* pro-idhopíißi **Warnung**
προειδοποίηση *f* για επερχόμενη θύελλα pro-idhopíißi ja eperchómeni thíela **Sturmwarnung**
προϊόν *n* projón **Produkt**
προκαταβολή *f* prokatawolí **Anzahlung**
πρόσβαση *f* στο Ίντερνετ próswaßi ßto índernet **Internetanschluss**
πρόσκληση *f* próßklißi **Einladung**
προσπέκτους *n/unv* proßpéktuß **Prospekt**
προστασία *f* από τα κουνούπια proßtaßía apó ta kunúpja **Mückenschutz**
προστατευόμενη φυσική περιοχή *f* proßtatewómeni fißikí periochí **Naturschutzgebiet**

προσφορά *f* proßforá **Angebot**
προσωπικός μυστικός αριθμός *m* proßopikóß mißtikoß arithmóß **Geheimzahl**
πρόσωπο *n* próßopo **Gesicht**
προσωρινός proßorinóß **vorläufig**
πρόταση *f* prótaßi **Vorschlag**
προτείνω protíno **empfehlen**
προτεραιότητα *f* protereótita **Vorfahrt**
προϋπόθεση *f* pro-ipótheßi **Voraussetzung**
προφορά *f* proforá **Akzent; Aussprache**
προχτές proechtéß **vorgestern**
πρωί *n* proí **Vormittag**
πρωινό *n* pro-inó **Frühstück**
πρωτεύουσα *f* protéwußa **Hauptstadt**
πρωτότυπο *n* protótipo **Original**
Πρωτοχρονιά *f* protoechronjá **Neujahr**
πτήση *f* ptíßi **Flug**
πτήση *f* επιστροφής ptíßi epißtrofíß **Rückflug**
πτώση *n* με αλεξίπτωτο ptóßi me alekßíptoto **Fallschirmspringen**
πύργος *m* pírghoß **Turm**
πυρετός *m* piretóß **Fieber**
πυρκαγιά *f* pirkajiá **Brand**
πυροσβεστήρας *m* pirosweßtíraß **Feuerlöscher**
πωλητής *m*, πωλήτρια politíß, polítria **Verkäufer(in)**
πώς poß **wie**

Ρ ρ

ραδιόφωνο *n* radhiófono **Radio**
ραντεβού *n/unv* randewú **Verabredung**
ρεσεψιόν *f/unv* reßepßión **Empfang; Rezeption**
ρεύμα *n* réwma **Strom; Strömung**
ρίγανη *f* ríghani **Oregano**
ρίζα *f* rísa **Wurzel**
ροδάκινο *n* rodhákino **Pfirsich**
ροζ ros **rosa**
ρολόι *n* rolói **Uhr**
ρομαντικός romandikóß **romantisch**
ρούχα *n/pl* rúecha **Wäsche**
ρύζι *n* rísi **Reis**
ρωτάω rotáo **fragen**

Σ σ ς

Σάββατο *n* ßáwato **Samstag**
Σαββατοκύριακο *n* ßawatokírjako **Wochenende**
σακ-βουαγιάζ *n/unv* ßak-wuajás **Reisetasche**
σακίδιο *n* ßakídhio **Rucksack**
σακούλα *f* ßakúla **Tüte**
σαλάτα *f* ßaláta **Salat**

σάλτσα *f* ßáltßa **Soße**
σαμπουάν *n/unv* ßambuán **Shampoo**
σάουνα *f* ßáuna **Sauna**
σαπούνι *n* ßapúni **Seife**
σε ße **an; in**
σείσμος *m* ßismóß **Erdbeben**
σελφ-σέρβις *n* ßelf-ßérwiß **Selbstbedienung**
σεντόνια *n/pl* ßedónja **Bettwäsche**
σεξ *n/unv* ßekß **Sex**
Σεπτέμβριος *m* ßeptémwrioß **September**
σερβιτόρα *f* ßerwitóra **Kellnerin**
σερβιτόρος *m* ßerwitóroß **Kellner**
σημαντικός ßimandikóß **wichtig**
σήμερα ßímera **heute**
σιγανός ßighanóß **leise**
σίγουρος ßíghuroß **sicher**
σικ ßik **schick**
σιντί *n/unv* ßidí **CD**
σκάλες *f/pl* ßkáleß **Treppe**
σκάφος *n* ßkáfoß **Motorboot**
σκεπή *f* ßkepí **Dach**
σκηνή *f* ßkiní **Zelt**
σκι *n/unv* ßki **Ski**
σκιά *f* ßkiá **Schatten**
σκληρός ßkliróß **hart**
σκοινί *n* ßkiní **Seil**
σκόνη *f* ßkóni **Pulver; Staub**
σκοπός *m* ßkopóß **Zweck**
σκόρδο *n* ßkórdho **Knoblauch**
σκοτεινός ßkotinóß **dunkel**
σκουλαρίκια *n/pl* ßkularíkja **Ohrringe**
σκούπα *f* ßkúpa **Besen**
σκουπίδια *n/pl* ßkupídhja **Müll**
σκουπιδοτενεκές *m* ßkupidhotenekéß **Mülleimer**
σκούφος *m* ßkúfoß **Mütze**
σκύλος *m* ßkíloß **Hund**
σλίπινγκ-μπαγκ *n/unv* ßlíping-bág **Schlafsack**
σοβαρός ßowaróß **ernst**
σοκολάτα *f* ßokoláta **Schokolade**
σουγιάς *m* ßujáß **Taschenmesser**
σούπα *f* ßúpa **Suppe**
σουπερμάρκετ *n* ßúpermárket **Supermarkt**
σπάνιος ßpánioß **selten**
σπασμένος ßpasménoß **gebrochen**
σπεσιαλιτέ *n/unv* ßpeßialité **Spezialität**
σπήλαιο *n* ßpíleo **Höhle**
σπίρτα *n/pl* ßpírta **Streichhölzer**
σπίτι *n* ßpíti **Haus**
σπιτικός ßpitikóß **hausgemacht**
σπονδυλική στήλη *f* ßpondhilikí ßtíli **Wirbelsäule**
σπουδάζω ßpudháso **studieren**
σπρέι *n* εντομοκτόνο ßpréi endomoktóno **Insektenspray**

σπρώχνω ßpróchno **schieben**
στάδιο *n* ßtádhio **Stadion**
σταθμός *m* ßtathmóß **Bahnhof**
σταθμός *m* **Κ.Τ.Ε.Λ.** ßtathmóß ktel **Busbahnhof**
σταματάω ßtamatáo **beenden**
στάση *f* ßtáßi **Haltestelle**
στάση *f* **του λεωφορείου** ßtáßi tu leoforíu **Bushaltestelle**
σταφύλια *n/pl* ßtafílja **Weintrauben**
στεγνός ßteghnóß **trocken**
στέλνω ßtélno **schicken**
στενός ßtenóß **eng; schmal**
στήθος *n* ßtíthoß **Brust**
στιγμή *f* ßtighmí **Moment**
στικάκι *n* **USB** ßtikáki jueßbí **USB-Stick**
στις ßtiß **um** *(Zeit)*
στο δρόμο ßto dhrómo **unterwegs**
στόμα *n* ßtóma **Mund**
στόχος *m* ßtóchoß **Ziel**
στρες *n/unv* ßtreß **Stress**
στροφή *f* ßtrofí **Kurve**
στρώμα *n* ßtróma **Matratze**
στυλό *n/unv* ßtiló **Stift**
συγγενής *m/f* ßinggeníß **Verwandte; Verwandter**
συγκρίνω ßinggríno **vergleichen**
συγχαίρω ßingchéro **gratulieren**
συζήτηση *f* ßisítißi **Gespräch**
συκώνομαι ßikónome **aufstehen**
συκώτι *n* ßikóti **Leber**
σύλλογος *m* ßíloghoß **Verein**
συμβόλαιο *n* ßimwóleo **Vertrag**
συμπαθητικός ßimbathitikóß **sympathisch**
συμπλήρωμα *n* ßimblíroma **Zuschlag**
σύμπτωση *f* ßímbtoßi **Zufall**
συναγωγή *f* ßinaghoghí **Synagoge**
συναλλαγματική ισοτιμία *f* ßinalaghmatikí ißotimía **Kurs**
συναντιέμαι ßinandjéme **sich treffen**
συναυλία *f* ßinawlía **Konzert**
συνάχι *n* ßináchi **Schnupfen**
συνεπής ßinepíß **pünktlich**
συννεφιασμένος ßinefjasménoß **bewölkt**
σύννεφο *n* ßínefo **Wolke**
συνοδός *m/f* ßinodhóß **Begleitperson**
συνοικία *f* ßinikía **Stadtteil**
συνολικά ßinoliká **insgesamt**
σύνορο *n* ßínoro **Grenze**
συνταγή *f* ßindají **Rezept**
συνταξιούχος *m/f* ßindakßiúchoß **Rentner(in)**
σύντροφος *m/f* ßíndrofoß **Lebensgefährtin; Lebensgefährte**

συσκευασία *f* ßißkewaßía **Packung**
συχνός ßichnóß **häufig**
σφουγγάρι *n* ßfunggári **Schwamm**
σφήκα *f* ßfíka **Wespe**
σφυρί *n* ßfirí **Hammer**
σχάρα *f* **για ποδήλατο** **Gepäckträger**
σχέδιο *n* ßchédhio **Plan**
σχεδόν *adv* ßchedhón **fast**
σχολείο *n* ßcholío **Schule**
σωσίβιο *n* ßoßíwio **Rettungsring; Schwimmweste**
σωστός ßoßtóß **richtig**

Τ τ

τουρίστας *m* turíßtaß **Tourist**
τουρίστρια *f* turíßtria **Touristin**
ταινία *f* tenía **Film**
τακτικός taktikóß **regelmäßig**
ταμείο *n* tamío **Kasse**
τάξη *f* tákßi **Ordnung**
ταξί *n* takßí **Taxi**
ταξιδεύω takßidéwo **reisen**
ταξίδι *n* takßídhi **Reise**
ταξιδιωτικό γραφείο *n* takßidhjotikó ghrafío **Reisebüro**
ταράτσα *f* tarátßa **Terrasse**
τασάκι *n* taßáki **Aschenbecher**
τάση *f* **ηλεκτρικού δικτύου** táßi ilektrikú dhiktíu **Netzspannung**
ταυτότητα *f* taftótita **Ausweis; Personalausweis**
ταχύτητα *f* tachítita **Gang; Geschwindigkeit**
τείχος *n* tíchoß **Mauer**
τελείως *adv* telíoß **ganz**
τέλη *n/pl* téli **Gebühr**
τελικός καθαρισμός *m* telikóß katharismóß **Endreinigung**
τέλος *n* téloß **Ende; Schluss**
τελωνείο *n* telonío **Zoll**
τέννις *n/unv* téniß **Tennis**
τέρμα *n* térma **Endstation**
Τετάρτη *f* tetárti **Mittwoch**
τέχνη *f* téchni **Kunst**
τεχνολογία *f* technolojía **Technik**
τζάκι *n* dsáki **Kamin**
τζαμί *n* tsamí **Moschee**
τζελ *n/unv* dsel **Gel**
τζόγκινγκ *n* dsóging **Joggen**
τηγάνι *n* tigháni **Pfanne**
τηλεκάρτα *f* tilekárta **Telefonkarte**
τηλεόραση *f* tileóraßi **Fernseher**
τηλέφωνο *n* tiléfono **Telefon**
τη νύχτα ti níchta **nachts**
τί tí **was**
τιμή *f* timí **Preis**
τιμή *f* **εισιτηρίου** timí ißitiríu **Fahrpreis**
τιμή *f* **ενοικίασης** timí enikíaßiß **Leihgebühr**
τιμοκατάλογος *m* timokatáloghoß **Preisliste**

τίποτα típota **nichts**
τιρμπουσόν *n/unv* tirbußón **Korkenzieher**
το απόγευμα *n* to apójewma **nachmittags**
το βράδυ *n* to wrádhi **abends**
το μεσημέρι to meßiméri **mittags**
το πρωί to proí **morgens**
τοις μετρητοίς tiß metritíß **bar**
τοίχος *m* tíchoß **Wand**
τόνος *m* tónoß **Thunfisch**
τοπική ώρα *f* topikí óra **Ortszeit**
τοπίο *n* topío **Landschaft**
το πολύ to polí **höchstens**
τόπος *m* tópoß **Ort**
τόπος *m* γεννήσεως tópoß jeníßeoß **Geburtsort**
τόπος *m* κατοικίας tópoß katikíaß **Wohnort**
τουαλέτα *f* tualéta **Toilette; WC**
τουλάχιστον *adv* tuláchißton **mindestens**
τουριστική κατοικία *f* turißtikí katikía **Ferienhaus**
τραβάω trawáo **ziehen**
τραγουδάω traghudháo **singen**
τραγούδι *n* traghúdhi **Lied**
τραγουδιστής *m* traghudhißtíß **Sänger**
τραγουδίστρια *f* traghudhíßtria **Sängerin**
τράμ *n/unv* tram **Straßenbahn**
τραπέζι *n* trapési **Tisch**
τραύμα *n* tráwma **Verletzung**
τραυμαπλάστ *n/unv* trawmapláßt **Pflaster**
τρένο *m* tréno **Zug**
τρίγωνο *n* κινδύνου tríghono kindhínu **Warndreieck**
Τρίτη *f* tríti **Dienstag**
τρόμπα *f* trómba **Luftpumpe**
τροχόσπιτο *n* trochóßpito **Wohnmobil; Wohnwagen**
τρύπα *f* trípa **Loch**
τρώω tró-o **essen**
τρώω πρωινό tró-o pro-inó **frühstücken**
τσάι *n* tßái **Tee**
τσάντα *f* tßánda **Tasche; Handtasche**
τσιγάρα *n/pl* tßighára **Zigaretten**
τσίμπημα *n* tßímbima **Stich**
τσίμπημα *n* εντόμου tßíbima endómu **Insektenstich**
τσιμπιδάκι *n* tßimbidháki **Pinzette**
τυρί *n* tirí **Käse**
τυρκουάζ tirkuás **türkis**
τυφλός tiflóß **blind**
τώρα tóra **jetzt**

Υ υ

υγιής iji-íß **gesund**
υγρό *n* πιάτων ighró pjáton **Spülmittel**
υγρός ighróß **feucht**

υδρομασάζ *n/unv* idhromaßás **Whirlpool**
υλικό *n* ilikó **Material**
υπαίθριο παζάρι *n* ipéthrio pasári **Flohmarkt**
υπάλληλος *m/f* ipáliloß **Angestellte(r)**
υπεύθυνος ipéfthinoß **verantwortlich**
υπηκοότητα *f* ipiko-ótita **Staatsangehörigkeit**
υπογραφή *f* ipoghrafí **Unterschrift**
υπογράφω ipoghráfo **unterschreiben**
υπολογιστής *m* ipolojißtíß **Computer**
υπόλοιπο *n* ipólipo **Rest**
υπόλοιπος ipólipoß **übrig**
υπόσχομαι ipóßchome **versprechen**
υπότιτλοι *m/pl* ipótitli **Untertitel**
υψηλή περίοδος *f* ipßilí períodhoß **Hauptsaison**
ύψος *n* ípßoß **Höhe**

Φ φ

φορτιστής *m* fortißtíß **Ladegerät**
φαγητό *n* fajitó **Essen**
φακός *m* fakóß **Objektiv; Taschenlampe**
φανάρι *n* fanári **Ampel**
φαρδύς fardhíß **breit**
φαρμακείο *n* farmakío **Apotheke**
φάρμακο *n* fármako **Medikament**
φάρος *m* fároß **Leuchtturm**
Φεβρουάριος *m* fewruárioß **Februar**
φεγγάρι *n* fenggári **Mond**
φέριμποτ *n/unv* féribot **Fähre**
φέρνω férno **holen**
φεύγω féwgho **abreisen**
φθηνός fthinóß **preisgünstig**
φθινόπωρο *n* fthinóporo **Herbst**
φιδάκι *n* fidháki **Moskitospirale**
φίδι *n* fídhi **Schlange**
φιλάω filáo **küssen**
φίλη *f* fíli **Freundin**
φιλί *n* filí **Kuss**
φιλικός filikóß **freundlich**
φιλικός προς το περιβάλλον filikóß proß to periwálon **umweltfreundlich**
φίλος *m* filoß **Freund**
φίλτρο *n* fíltro **Filter**
φλας *n/unv* flaß **Blitz**
φλεγμονή *f* fleghmoní **Entzündung**
φλιτζάνι *n* flidsáni **Tasse**
φόβος *m* fówoß **Angst; Furcht**
φοιτητής *m* fititíß **Student**
φόρεμα *n* fórema **Kleid**
φορητός υπολογιστής *m* foritóß ipolojißtíß **Laptop**

φορητό φαρμακείο *n* foritó farmakío **Verbandskasten**
φορητό ψυγείο *n* foritó pßijío **Kühltasche**
φόρος *m* **προστιθέμενης αξίας (ΦΠΑ)** fóroß proßtithémeniß akßíaß (fi-pi-á) **Mehrwertsteuer**
φούρνος *m* fúrnoß **Bäckerei; Herd**
φούστα *f* fúßta **Rock**
φρούτα *n/pl* frúta **Obst**
φράουλες *f/pl* fráuleß **Erdbeeren**
φρένο *n* fréno **Bremse**
φρέσκος fréßkoß **frisch**
φτάνω ftáno **ankommen**
φτηνός ftinóß **billig**
φτωχός ftochóß **arm**
φύλλο *n* fílo **Blatt**
φύση *f* fíßi **Natur**
φυσικά *adv* fißiká **natürlich**
φυστίκια *n/pl* fißtíkja **Erdnüsse**
φυτό *n* fitó **Pflanze**
φωνάζω fonáso **schreien**
φωνή *f* foní **Stimme**
φως *n* foß **Licht**
φωτεινός fotinóß **hell**
φωτιά *f* fotjá **Feuer**
φωτογραφία *f* fotoghrafía **Foto**

Χ χ

χαζός chasóß **dumm**
χαλάζι *n* chalási **Hagel**
χαλασμένος chalasménoß **kaputt; defekt**
χαμηλή περίοδος *f* chamilí períodhoß **Nebensaison**
χαμηλός chamilóß **niedrig**
χαμογελάω chamojeláo **lächeln**
χάνω cháno **verlieren**
χαράδρα *f* charádhra **Schlucht**
χαρακτηριστικός charaktirißtikóß **typisch**
χαρίζω charíso **schenken**
χάρτης *m* chártiß **Landkarte**
χάρτης *m* **της πόλης** chártiß tiß póliß **Stadtplan**
χαρτί *n* chartí **Papier**
χαρτιά *n/pl* chartjá **Papiere**
χαρτί *n* **υγείας** chartí ijíaß **Toilettenpapier**
χειμώνας *m* chimónaß **Winter**
χειραποσκευή *f* chirapoßkewí **Handgepäck**
χειροποίητος chiropí-itoß **handgemacht**
χέρι *n* chéri **Arm; Hand**
χερσόνησος *f* cherßónißoß **Halbinsel**
χιλιόμετρο *n* chiliómetro **Kilometer**
χιόνι *n* chióni **Schnee**
χλιαρός chliaróß **lauwarm**
χοιρινό κρέας *n* chirinó kréaß **Schweinefleisch**
χόμπι *n/unv* chóbi **Hobby**
χοντρός chondróß **dick**

χορευτής *m* choreftíß **Tänzer**
χορεύτρια *f* choréftria **Tänzerin**
χορεύω choréwo **tanzen**
χορτοφαγικός chortofajikóß **vegetarisch**
χορτοφάγος *m/f* chortofághoß **Vegetarier(in)**
χρειάζομαι chriásome **brauchen**
χρησιμοποιώ chrißimopjó **benutzen**
χρήσιμος chríßimoß **nützlich**
Χριστούγεννα *n/pl* chrißtújena **Weihnachten**
χρόνος *m* chrónoß **Jahr; Zeit**
χρυσός *m* chrißóß **Gold**
χρώμα *n* chróma **Farbe**
χτένισμα *n* chténisma **Frisur**
χτες chteß **gestern**
χτυπάω το κουδούνι chtipáo to kudhúni **klingeln**
χυμός *m* chimóß **Saft**
χώρα *f* chóra **Land**
χωράφι *n* choráfi **Feld**
χωρίζω choríso **trennen**
χωριό *n* chorió **Dorf**
χωρίς choríß **ohne**
χωρίς γλουτένη choríß ghluténi **glutenfrei**
χωρίς λακτόζη choríß laktósi **laktosefrei**
χωρισμένος chorisménoß **geschieden**
χωριστά chorißtá **einzeln**
χώρος *m* αναψυχής chóroß anapßichíß **Raststätte**
χώρος *m* φύλαξης αποσκευών chóroß fílakßiß apoßkewón **Gepäckaufbewahrung**

Ψ ψ

ψαλίδι *n* pßalídhi **Schere**
ψαρεύω pßaréwo **fischen**
ψάρι *n* pßári **Fisch**
ψάχνω pßáchno **suchen**
ψέμα *n* pßéma **Lüge**
ψηλά *n/pl* pßilá **Kleingeld**
ψηλός pßilóß **hoch**
ψηφιακή φωτογραφική μηχανή *f* pßifiakí fotoghrafikí michaní **Digitalkamera**
ψυγείο *n* pßijío **Kühlschrank**
ψυχρός pßichróß **kühl**
ψωμάκι *n* pßomáki **Brötchen**
ψωμί *n* pßomí **Brot**
ψωμί *n* ολικής αλέσεως pßomí olokíß aléßeoß **Vollkornbrot**
ψωνίζω pßoníso **einkaufen**

Ω

ωθήσατε othíßate **drücken** *(Türaufschrift)*
ωμός omóß **roh**
ώμος *m* ómoß **Schulter**
ώρα *f* óra **Stunde**
ωραίος oréoß **schön**
ωράριο *n* λειτουργίας orário liturjíaß **Öffnungszeiten**

Bildnachweis:
Coverfoto: Shutterstock/Lucky-photographer
S. 27: Shutterstock Inc./Athina Psoma
S. 55: Shutterstock Inc./yiannisscheidt
S. 69: Shutterstock Inc./Yiannis Papadimitriou
S. 85: Shutterstock Inc./Shevdinov1
S. 117: Shutterstock Inc./kudla
S. 135: Shutterstock Inc./Nicole Kwiatkowski
S. 165: Shutterstock Inc./cdesgrange
S. 193: Shutterstock Inc./giogrigoriadisphotography
S. 217: Shutterstock Inc./Taras Detsyk

Langenscheidt
Sprachführer Griechisch

Entwickelt auf der Basis des
Langenscheidt Sprachführers Griechisch
ISBN 978-3-12-514171-1

Bearbeitet von: Caroline Michas

1. Auflage 2023 (1,03 – 2026)

www.langenscheidt.com/kontakt

Projektleitung: Helen Schmidt
Gestaltung und Satz: zweiband.media, Berlin
Druck und Bindung: Publikum d.o.o.

ISBN 978-3-12-514462-0